에너지 비즈니스

에너지 안보와 AI가 촉발시킨
전력산업의 변화하는 경제 패러다임

에너지 비즈니스

"전력electricity을 가진 자 세계를 리딩한다!"

문승희 지음

박영사

시작하며

인류의 역사와 함께한 에너지 산업, 에너지 비즈니스에 대한 끝없는 이야기와 부의 향배를 좌우하는 시대적 흐름에 주목하시기 바랍니다. 인류의 역사는 에너지 확보를 위한 도전과 응전의 기록이며, 지배력, 영향력으로 나타난 권력과 돈의 이동은 에너지의 발전 흐름과 함께 움직였습니다.

에너지 강국들의 에너지를 전략적으로 이용하여 자국의 힘을 공공연히 내세우고자 하는 에너지 지배(Energy Dominance)는 에너지 안보(Energy Security)에 대한 많은 경각심을 불러일으키는 것을 넘어, 전쟁까지 불사하는 상황으로 치닫고 있습니다.

에너지 패권주의(Energy Hegemony)에 따른 국가 전략을 기획하고, 어디와 손을 잡으며 경제 정책을 펼쳐 나가야 할지를 주도면밀하게 살펴봐야 하는 것은 과거의 교훈에서도, 현재의 어려움에서도 잘 알 수 있습니다. 인류의 지속가능한 생존과 성장을 위한 미래의 고민에 가장 우선시되어 고려해야 할 아젠다도 역시 에너지입니다.

2025년 전 세계에 막강한 영향력을 행사하는 미국의 리더가 바뀌며, 새로운 시대가 펼쳐지고 있습니다. Donald Trump가 다시 이끌게 되는 시대를 우리는 Trump 2.0이라 부르며, 그가 이끌었던 과거의 시기와 비교하여 공통점과 차이점을 찾고 있습니다. 격변하는 세계 정세를 비롯하여, 에너지 패권/기술 패권/달러 패권 등의 모든 분야의 리더 자리를 두고 벌이는 전쟁에서 승리하기 위해 1기 집권보다 더 독하게 전 세계를 몰아치고 있습니다. '미국 우선주의'와 '보호무역주의'를 기반으로 한 통상정책, 강력한 이민자 정책, 그리고 동맹국들에 대한 방위비 분담 증가 요구 등이 보이는 변화라면, 쉽게 드러나지 않지만 새로운 권력의 중요한 비즈니스의 흐름을 좌지우지하는 핵심적인 주제는 단연 에너지 산업, 그리고 '에너지 비즈니스'입니다. 변화하는 에너지 패권전쟁 속에 우리는 누구의 편에서 지속가능한 성장을 꿈꿀 수 있는지를 가늠해보는 시간이 반드시 필요합니다.

신·구시대의 전쟁이라 불리는 석유화학(Fossil Fuel) 기반 산업과 에너지 전환(Energy Transition)의 새로운 테마가 촉발시킨 신재생에너지 산업 간의 힘겨루기 속에 과연 누가 에너지 산업의 지형도를 바꾸게 될지 흥미진진한 관전 포인트가 되고 있습니다. 에너지 전환의 테마는 Trump 2.0 시대를 넘어 향후에도 전 세계가 주목하고 계속 진화 발전시켜야 하는 핵심 주제입니다. 실제로, 전 세계의 많은 국가들의 성장 동력 산업이 에너지 전환과 긴밀하게 연결되어 있습니다. 또한, 빅테크 기업의 역량과 초격차를 유지하는 수단으로 활용되고 있고, 기존 화석에너지 산업의 변화 방향과 지속가능한 생존과 성장을 할 수 있게 하는 전략과 촘촘히 연결되어 있습니다.

하지만 지금 한국의 현실은 극히 혼란스러운 국내외 정세로 인해, 급변하는 미래에 대한 논의가 제대로 이뤄지지 못하고 있습니다. 중요한 에너지 정책과 기반 산업에 대한 면밀한 이슈 제기와 대응 방안을 모색하는 내용은 찾아볼 수 없는 상황입니다. 거기에 더불어 정부 및 기업 경영과 관련하여 중요한 지침이 되었던 지속가능성(Sustainability), ESG(Environment, Social, Governance) 테마가 과연 지속될 것인지, 아닌지의 소모적인 논쟁이 펼쳐지고 있어 참으로 아쉽습니다.

이제, 전 세계인들은 변화하는 세계 정세 속, 불안정한 경제·에너지·이권다툼의 패권주의의 움직임 속에 끼리끼리 잘 살아갈 전략을 촘촘히 짜야 하는 어려움 앞에 서 있습니다. 에너지 산업은 세상에서 가장 오래된 산업이고, 에너지의 패권을 가진 자가 전 세계 부(富)를 거머쥐어 왔습니다. 다양한 비즈니스가 연결되어 형성된 세상에서 가장 오래되고, 규모가 큰 '에너지 비즈니스'가 이끄는 성장의 기회를 잡으실 차례입니다.

생명체처럼 유기적으로 변화하는 에너지 산업의 성장과 그 흐름에 동참할 수 있는 길을 **에너지 비즈니스**를 통해 보여드리겠습니다.

Trump 2.0 시대에 에너지 산업에서 펼쳐지는 다양하고 복합적인 에너지 비즈니스를 바라보기 위해서는 냉철한 시선과 함께 "실리추구(實利追求)"의 정신을 겸비해야 합니다. 우리에게 다가오는 위협과 기회 속에서 잃지 않는 투자를 하며, 앞으로도 지속과 번영이 함께할 에너지 비즈니스에 대한 혜안을 얻으시기를 바랍니다.

새로운 성장 동력이 시급한 지금, 빈약한 자원으로 세계 상위의 경제 대국으로 성장하고, 최첨단 산업을 리딩하고 있는 한국의 저력이 미래 비즈니스를 선도하는 에너지 비즈니스 분야에서도 여실히 발휘될 것을 믿습니다.

에너지 전환,

그 큰 변화의 한가운데서

문 승 희

목차

제4장

에너지 비즈니스에 모이는 Money

제5장

한국 에너지 비즈니스에 오는 위협과 기회

제6장

에너지 비즈니스의 시대적 흐름, 기회에 주목하라

제7장

新에너지 비즈니스가 이끄는 새로운 시대

제8장

에너지 비즈니스의 미래 기회와 준비

제1장

에너지(Energy)가 지배하는 세계

1.1

에너지 전쟁을 통해서 본 인류의 역사

인류는 자연상의 다양한 에너지의 모습을 발견하고, 그 효용에 집중하며 찬란한 역사를 만들어 왔습니다. 변화무쌍한 에너지를 잘 활용하고, 그 힘의 크기에 따라 적절한 도구로의 연결까지 시도한 선구자들은 항상 부(富, Wealth)와 권력(Power)을 향유하며 앞서 나가는 것을 역사 속에서 지속적으로 목도해왔습니다.

| 힘의 근원인 에너지란 무엇인가?

최고의 위치에 가고자 하는 시대의 요구에 에너지는 답을 해왔고, 그 시대적 흐름과 힘의 균형 사이에서도 에너지는 항상 주인공이었습니다. 공기처럼 우리 주변에 늘 함께할 것이라 느껴왔던 '에너지', 특히 에너지 중에서도 전력을 만드는 데 사용되는 에너지원에 주목하고, 제대로 알아야 하는 것이 더욱 중요한 시점에 이르렀습니다.

전 세계 전력 수급의 핵심이 되는 각광받는 에너지원과 미래를 움직일 에너지원에 대한 이해를 통해, 시대를 이끌어갈 동력을 확인하고 미래를 이끌어갈 단서를 찾아볼 수 있습니다.

● [참고] 사전적 의미로 살펴본 "에너지 정의" ●

에너지(Energy)의 정의*를 살펴보면, '일을 할 수 있는 힘이나 능력, 또는 인간이 활동하는 근원이 되는 힘'을 의미하며, 일반적으로 '석유 에너지', '원자력 에너지'와 같이 '에너지원(原, resource)' 뜻으로도 쓰이는 것을 확인할 수 있습니다.

(*출처: 네이버 사전 참고, https://terms.naver.com/entry.naver?docId=6556076&cid=62802&categoryId=62802, https://ko.wikipedia.org/wiki/에너지)

전 세계를 움직이는 '에너지 비즈니스'는 왜 중요한가?

에너지 산업과 관련된 다양한 기회와 부(富), 일자리, 기술, 정치/경제 협력을 이끄는 에너지 비즈니스는 인류의 삶과 같이 발전해 왔습니다. 에너지 비즈니스는 경제 성장을 견인하는 거대한 엔진이자 혁신과 기회의 장으로, 경제성장의 원동력이 되고 있습니다. 이제, 전 세계는 화석에너지를 넘어 신재생에너지 분야로 나아가는 큰 변화의 전기를 맞고 있습니다. 그 변화의 흐름을 '에너지 전환(Energy Transition)'이라 부르며, 전 세계가 주목하는 테마가 되었습니다. 에너지 전환의 흐름 속에 글로벌 리더가 되기 위한 기술 및 시설 투자 등의 보이는 경쟁뿐만 아니라 함께 할 파트너 간의 긴밀한 전략적 동맹 등의 보이지 않는 경쟁도 심화되고 있는 중입니다.

에너지 비즈니스는 기후변화 대응의 최전선에 있습니다. 많은 기업들이 온실가스 배출 감축, 에너지 효율 개선, 재생에너지 확대 등을 통해 넷제로(Net Zero) 목표 달성에 앞장서고 있습니다. 이는 환경 보호뿐만 아니라 기업의 평판 제고와 신기술 육성의 계기가 되며, 지속가능한 성장을 위해 에너지 산업의 스스로의 변화와 혁신을 하는 데 중요한 구심점이 되고 있습니다.

인류와 함께해 온 에너지 비즈니스의 역사를 통해, 에너지 확보를 위한 도전과 응분의 기록이 인류의 지속가능한 삶의 교훈으로 다가옴을 알 수 있습니다. 결국, 에너지 전쟁의 승리자가 모든 이권과 리더로서 지위를 차지하였고, 나라를 넘어 전 세계의 패권을 좌지우지할 수 있는 영향력을 가지게 되는 것을 볼 수 있습니다. 산업혁명 이후로 에너지 확보를 위한 열강의 다툼과 주요 사건들을 연대순으로 살펴보면, 에너지 전쟁의 승자가 누리는 글로벌 리더십과 현재의 국제정세의 흐름 등을 이해하는 데 많은 도움이 됩니다.

● 에너지 확보를 위한 연대별 주요 사건 정리 ●

• 산업혁명 (18-19세기)

산업혁명은 에너지 이용의 획기적인 전환점이 되었고, 석탄을 연료로 하는 증기기관의 발명으로 대규모 기계화 생산이 가능해지게 되었습니다.

이는 결국, 영국의 경제적·군사적 우위로 이어지며, '해가 지지 않는 나라'로서 전 세계에 명성을 떨치게 되었습니다.

1712년 - 토머스 뉴커먼의 증기기관 발명

1769년 - 제임스 와트의 개량형 증기기관 발명

• 석유 시대의 개막 (19-20세기)

석유의 발견과 정유 산업의 발전은 미국의 급격한 경제 성장을 이끌었고, 차츰 세계 경제 속에 America First의 위치를 차지하는 데 초석이 되었습니다.

1859년 - 미국 펜실베이니아주에서 최초의 상업용 유전 발견

1870년 - 록펠러의 스탠더드 오일 설립

• 전기의 상용화 (19-20세기)

전기의 상용화로 산업 생산성이 크게 향상되었고, '전류전쟁(War of Currents)'*의 두 천재의 경쟁으로 전기산업의 중요한 이론 · 개념이 상업적으로 활용될 수 있는 기반이 마련되면서, 현대 문명이 진일보하게 된 시기입니다.

1882년 - 에디슨의 최초 상업용 발전소 가동
1888년 - 테슬라의 교류 전기 시스템 개발
(*출처: 신동아, "'직류전기' 토머스 에디슨 vs '교류전기' 니콜라 테슬라', 2012.05.21, https://shindonga.donga.com/people/article/all/13/111141/1)

• 중동 석유의 부상 (20세기)

중동의 풍부한 석유 자원은 세계 에너지 지형을 바꾸었고, 중동 국가들의 정치적·경제적 영향력을 크게 높였습니다.

1908년 - 이란에서 중동 최초의 유전 발견
1938년 - 사우디아라비아에서 대규모 유전 발견

• 원자력 시대 (20세기 중반)

원자력 에너지의 등장은 새로운 에너지원의 가능성을 열었지만, 동시에 핵무기 개발로 인한 국제 정세의 변화를 가져왔습니다. 자국의 안보를 지키기 위해, 열강들은 핵무기 개발에 앞다퉈 나섰고, 각국의 군사력과 외교 관계에 큰 변화를 가져온 계기가 되었습니다.

1942년 - (미국, 시카고 파일 1호(CP-1)*) 최초의 핵분열 연쇄반응 성공**
1954년 - (소련 오브닌스크) 최초의 상업용 원자력 발전소 가동
(세계 최초의 원자로인 '시카고 파일 1호(CP-1)'의 시험 가동 성공 후 3년 뒤, CP-1에서 시작된 연구의 결과물인 원자폭탄이 일본에 투하되었고, 이로 인해 제2차 세계대전이 끝났습니다.)*
(* CP-1은 '핵분열(불안정한 방사성 원소가 더 작은 원자핵으로 분열되는 현상)'을 조절하는 원자로)
(** 동아사이언스, '[잠깐과학]페르미, 최초의 원자로를 만들다', 2020.12.05, https://m.dongascience.com/news.php?idx=42003)

• 신재생에너지의 부상 (20세기 말-현재)

기후위기를 해결하려는 전 지구적 논의의 협력체계가 마련되고, 에너지 전환에 대한 이슈가 지속가능한 미래의 가장 중요한 화두가 되면서 신재생에너지에 대한 관심이 고조되고 있습니다.
특히, 태양광, 풍력 등의 재생에너지에 대한 관심과 투자가 급증하면서, 기존의 화석에너지 강국들의 영향력 변화와 에너지 효율화를 비롯한 기후기술(온실가스의 감축과 적응에 집중하는 기술) 등의 새로운 기술 경쟁으로 이어지고 있습니다.

1997년 - COP3(제3차 유엔기후변화협약 당사국총회, UNFCCC* Conference of Parties) 교토 의정서 채택
2015년 - COP21(제21차 유엔기후변화협약 당사국총회, UNFCCC Conference of Parties) 파리 기후협정 체결
2023년 - COP28(제28차 유엔기후변화협약 당사국총회, UNFCCC Conference of Parties) '재생에너지 및 에너지 효율성 서약(재생에너지 용량을 3배로 확충하고 에너지 효율을 2배로 증대)'**

(* UNFCCC - United Nation Framework Convention on Climate Change, 유엔기후변화협약, https://namu.wiki/w/유엔기후변화협약%20당사국총회)
(** 법률신문, 2024.11.22, 'COP 28 주요 내용과 시사점', https://www.lawtimes.co.kr/LawFirm-NewsLetter/194497)

에너지 비즈니스는 향후에도 인류의 삶과 함께 지속 발전할 분야로, 어느 누구도 포기할 수 없는 No.1 비즈니스입니다.

새로운 시대적 흐름인 '에너지 전환'의 흐름이 우리에게 다시 온 큰 기회임에 분명합니다.

이 에너지 비즈니스에서 리더십을 확보하고, 세계 속의 중요한 플레이어로 참여하기 위한 그 힘찬 움직임은 이미 시작되었습니다. 그 중심에 우리 한국이 있습니다.

에너지 전환을 주도해온 주요 에너지원은?

WEF(World Economic Forum)에서 에너지 전환을 주도한 시대별 에너지원(석탄, 석유, 가스, 원자력, 재생에너지)을 제시하였습니다. 산업혁명 이후 전 세계 산업의 성장을 이끌었던 화석에너지의 급증하는 사용량을 통해 인류의 발전상도 그와 함께 매우 빠른 속도의 변화를 맞이했습니다.

에너지 전환의 역사

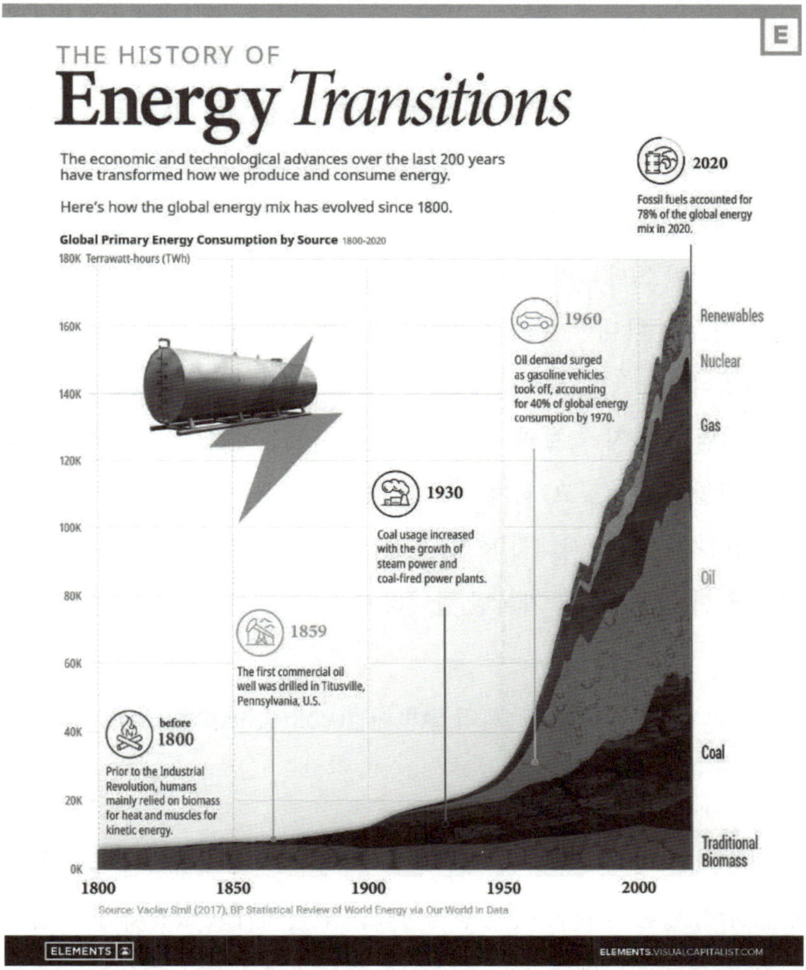

(출처: 'The 200-year history of mankind's energy transitions', Apr 13, 2022, WEF, https://www.weforum.org/stories/2022/04/visualizing-the-history-of-energy-transitions/)

세계 에너지 전환의 역사를 살펴보며, 지난 200년 동안 여러 차례의 에너지 전환이 있었음을 알 수 있습니다. 에너지원별로, 각각의 부상은 새로운 산업의 성장과 발전을 촉발시켰고, 돈과 사람이 모이게 하는 기폭제가 되었습니다. 석탄은 광산, 운하, 철도가 필요했고, 석유는 우물, 파이프라인, 정유소가 필요했으며, 전기는 발전기와 복잡한 전력망 그리드(Grid)를 필요로 하였습니다. 바람, 물, 지열 등의 청정에너지원으로 에너지를 얻는 "에너지 전환"은 새로운 성장 동력이자 에너지 패권주의의 새로운 기회 요소로서, 많은 관심을 받고 있습니다. 이렇게 저탄소 에너지원으로 완전히 전환하려면 천연자원, 인프라, 전력망 저장에 막대한 투자가 필요하며, 에너지 소비 습관도 바뀌어야 할 것입니다.

이처럼 에너지 확보와 전환에 관련된 주요 사건들은 인류 문명의 발전 방향을 결정짓고, 국제 정세와 경제 구조를 크게 변화시켜왔습니다. 에너지 전환의 시대적 흐름에 맞춰 제대로 준비하고 그 큰 혁신과 성과를 선점하는 길을 가야만 합니다.

화석에너지와 신재생에너지의 밸류체인(Valuechain)은 무엇이 비슷하고 무엇이 다를까요?

전통적인 화석에너지의 강자들은 미리부터 신재생에너지 산업에 진출하여, 많은 투자와 실제 운영사례를 만들어가고 있습니다. 그들이 잘하던 전통적인 에너지 비즈니스의 성장과 추가적인 확장을 고려하면서, 미래 성장 영역이자 신성장 동력으로 신재생에너지 분야의 우위를 선점하기 위한 투자를 착실히 진행해 가고 있습니다.

화석에너지 밸류체인은 상류(Upstream), 중류(Midstream), 하류

(Downstream) 부문으로 구분됩니다. 상류 부문은 탐사, 추출, 생산 활동을 포함하며, 석유 및 가스 산업에서는 원유와 천연가스의 탐사 및 생산이 이에 해당합니다. 중류 부문은 운송, 저장, 정제 활동을 담당하며, 파이프라인, 선박, 철도 등의 인프라를 운영합니다. 하류 부문은 최종 사용자에게 제품을 공급하는 마케팅 및 유통 활동을 포함하며, 석유 제품의 정제와 천연가스의 처리도 이에 해당합니다. 주요 기업들은 미국과 유럽의 에너지 기업들이 주도하고 있으며, ExxonMobil, Chevron, BP, Shell, ENGIE, Linde 등이 대표적입니다. 이들은 전체 밸류체인을 아우르는 통합 운영 모델을 채택하고 있습니다.

신재생에너지 밸류체인은 장비 제조, 발전 시설 건설 및 운영, 전력 저장 및 분배, 최종 소비자 공급의 단계로 구성됩니다. 프로젝트 개발자가 부지 확보, 허가 취득, 적합한 발전소 식별 등을 시작으로, 특수목적회사(SPV, Special Purpose Vehicle)를 설립하여 프로젝트를 진행합니다. 투자자들은 초기에는 개인 투자자였으나, 점차 시민 에너지 회사, 공공 유틸리티, 기관 투자자 등으로 확대되었습니다. 자산 관리는 장기 투자자가 담당하며, 운영 관리, 유지보수, 전력 마케팅, 보험, 회계 및 세무 등의 분야에서 다양한 컨설턴트 및 파트너와 협력합니다. 밸류체인의 효율적인 협력을 위해 디지털화가 진행되고 있으며, 이는 신재생에너지 프로젝트의 가속화와 에너지 전환 목표 달성에 기여하고 있습니다.

"석유화학 vs. 신재생에너지" 비즈니스의 밸류체인(Valuechain) 비교

단계	주요 활동	석유 화학 기업 예시	단계	주요 활동	신재생에너지 기업 예시
1. 탐사 및 생산	에너지 자원 탐사	Saudi Aramco	1. 탐사 및 생산	태양광, 풍력 발전소 개발 및 설치	First Solar, NextEra Energy, Orsted
	시추	ExxonMobil			
	채굴	Chevron			
2. 운송 및 저장	파이프라인 운송	Chevron Pipe Line Company	2. 운송 및 저장	전력망 연결, 에너지 저장 시스템(ESS) 구축	Tesla Energy, Fluence, Siemens Energy
	선박 운송				
	철도 운송				
	에너지 자원 저장				
3. 정제 및 가공	원유 정제	ExxonMobil	3. 변환 및 가공	재생에너지 변환, 스마트 그리드 기술	Enphase Energy, SMA Solar Technology
	천연가스 처리				
	재생에너지 변환				
4. 분배	원유 및 천연가스의파이프라인 관리및운송	Gazprom, Kinder Morgan, Enbridge	4. 분배	전력망 관리, 지역 전력회사 운영	Duke Energy, Iberdrola
5. 소비	가정 및 산업용 화석에너지 사용	(제품, 서비스 제공하는 현재 대부분의 회사)	5. 소비	가정 및 산업용 재생에너지 사용	Sunrun, Vivint Solar

에너지 비즈니스의 미래는 화석에너지 비즈니스, 신재생에너지 비즈니스가 한동안 서로 보완하고, 같이 성장하게 될 것이라 예상합니다. 그들의 수익성의 다변화와 미래를 위한 준비는 지금 동시에 일어나고 있습니다.

1.2

'에너지 패권주의'는 무엇인가?

'에너지 패권주의'는 에너지의 원천인 석탄, 석유, 천연가스 등의 화석에너지를 가진 국가들이 그들의 경제적 이득을 우선시하고, 시장 내에서 가격 협상력 및 에너지원(석탄, 석유, 천연가스 등) 생산의 증산/감산 등의 주도권을 가지고, 막강한 영향력을 끼치는 것을 의미합니다.

시대의 주류 에너지원이 되는 그 순간, 전 세계를 이끄는 힘과 권력이 함께 움직이며 경제 패권의 리더로 만들어주기에, "에너지 패권주의"의 큰 갈림길에서 어느 편에 서서 동반자가 되어야 할지가 국가별 숙명과제가 되고 있습니다. 국가별로 균등하게 에너지원이 존재하는 것이 아니기에, 항상 에너지원의 물동량에 전 세계의 이목이 쏠리고, 에너지 패권주의에 규합하는 국가들 간의 협약과 가이드에 따라 국제정세와 경제상황은 출렁이게 됩니다. 어느 국가도, 이 '에너지 패권주의'에서 자유로울 수 없으며, 서로의 눈치를 보며 자국에 이득이 되는 상황으로 때로는 서로 돕고, 때로는 서로 배반하며 위태로운 외줄을 타며 에너지 수급을 꾀하고 있는 실정입니다.

현재, 전 세계는 에너지 수급 불균형으로 인한 어려움을 이미 겪고 있습니다. 에너지 강대국들이 그들의 이익을 위한 자신만만한 행보가 이어질수록 에너지 빈국들의 어려움은 더 커지고 있습니다. '러시아-우크라이나' 전쟁을 통해 드러난 유럽의 영원하지 않은 '에너지 동맹'의 끝은 자국의 국민들의 희생과 경제적 파탄으로 귀결되고 있습니다.

'에너지 패권주의의 큰 흐름을 이루는 어느 편에 서서 자국의 실리를 얻을 것인가'는 안정적인 삶을 담보하기 위해서 외교적, 정치적, 경제적 논의 사항으로 반드시 최우선적으로 다뤄야 할 절실한 문제가 되었습니다. 전 세계 에너지 안보(Energy Security) 문제가 우선순위로 부상하고 있는 이유입니다.

향후에도, 에너지 패권주의 속에 누가 그 승기를 잡느냐가 전 세계의 흐름을 꿰뚫고 있는 중요한 이슈이며, 계속적인 정치, 안보, 군사, 경제적 화두가 될 것입니다.

● [참고] 에너지 패권주의를 가시화하는 대표적인 국제 단체 ●

OPEC(Organization of the Petroleum Exporting Countries, 석유수출국기구)*은 1960년에 이라크, 쿠웨이트, 사우디아라비아, 베네수엘라 등이 만든 석유 수출국 기구로서, OPEC의 회원국들은 전 세계의 석유 매장량 중 약 70% 정도를 차지한다고 알려져 있습니다.
석유 수출국들의 이익을 도모하기 위한 목적으로 결성되었으며, 주기적으로 회원국들의 석유공급량과 유가를 조정하고 있으며, 1973년 제4차 중동전쟁 이후 석유감산 조치를 취하면서 전 세계적인 오일쇼크를 몰고 오면서 존재감을 과시하였습니다.

OPEC+**는 기존의 OPEC 13개국에 러시아를 포함한 기존 비OPEC 산유국(미국, 러시아, 멕시코, 말레이시아, 오만, 카자흐스탄 등) 10개 국가로 회의가 구성되며 세계 석유 공급량의 55%, 매장량의 90%를 차지하고 있습니다.
2018년 이후 미국 셰일오일의 부상, 러시아, 멕시코, 말레이시아, 오만, 카자흐스탄 같은 주요 비OPEC 산유국의 성장으로 OPEC이 가지는 카르텔효과가 상실되자 OPEC 기구 자체는 그대로 두고 OPEC+비OPEC 산유국들이 모여서 회의를 통해 석유 생산량 제한을 논의하는 경우가 많아지고 있습니다.
OPEC+러시아 정도만 회의에 참석해도 OPEC+라고 부르는 등 확실한 국제기구 형태는 아닙니다.

(*, ** https://namu.wiki/w/석유%20수출국%20기구)

1.3

에너지 비즈니스를 움직이는 "에너지 트릴레마(Trilemma)"

트릴레마(Trilemma)의 본연적 의미는, 3가지의 선택사항 중 각각 받아들이기 어렵거나 불리한 어려운 선택을 뜻합니다.* 상충되는 3가지 선택지 중에서 결정을 내려야 하는 상황을 의미할 때 자주 사용됩니다.

에너지 비즈니스에서는 서로 간의 이해관계가 극명하게 존재하고, 상충하는 목표 가운데, 정책 입안자들과 에너지 리더들이 최적의 균형점을 찾아야 하는 도전적인 상황을 자주 마주하게 됩니다. 이 개념이 에너지 분야에 적용되면서 '에너지 트릴레마'가 탄생하였습니다.

| 에너지 비즈니스에서의 중요한 트릴레마(Trilemma)는 무엇일까요?

WEC(World Energy Council, 세계에너지협의회)는 에너지 트릴레마를 에너지 안보(Energy Security), 환경지속성(Environmental Sustainability), 에너지 형평성(Energy Equity)으로 설명합니다.

* https://ko.wikipedia.org/wiki/트릴레마

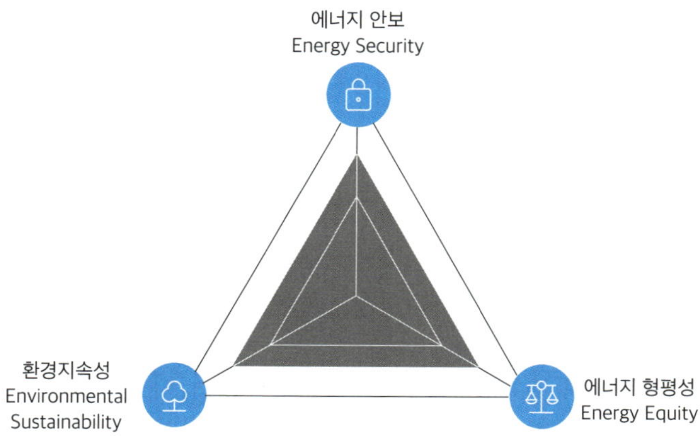

- **에너지 안보 (Energy Security)**

국내외 여러 에너지원으로부터의 효율적인 에너지 공급 관리, 안정적인 에너지 인프라 구축, 현재와 미래의 에너지 수요를 충족할 수 있는 에너지 공급 능력 제고

- **환경지속성 (Environmental Sustainability)**

공급과 수요 양 측면에서의 에너지 효율성 개선 및 신재생에너지와 기타 저탄소 에너지원 개발

- **에너지 형평성 (Energy Equity)**

에너지에 대한 보편적 접근성과 가격 합리성 확보

(출처: WEC 한국위원회, https://weckorea.org/world-energy-council/main-activities)

불가분의 관계에 있는 에너지 트릴레마의 3요소를 보면서, 균형을 잡지 못하고 한쪽으로 쏠리는 순간 전 세계의 혼돈이 야기됨을 알 수 있습니다. 에너지 안보(Energy Security)에 각국의 관심이 최고조로 이를 때, 급기야는 전쟁도 불사하는 무자비함으로 세계의 역사가 반복

되었음을 우리는 누누이 목격하였고, 그 어려움을 전방위로 느꼈습니다. 인류의 지속가능한 성장, 기후위기와 연결된 환경지속가능성의 이슈가 더 많이 관심을 받을 때는 "에너지 전환"의 이슈가 화두가 되고, 친환경 에너지 기술에 대한 논의가 본격화됩니다. 해당 신산업에 돈이 몰리고 새로운 일자리와 투자가 활발히 되는 것은 말할 것도 없습니다. 또한, "에너지 형평성"의 논의가 더 중심이 되는 시기에는 전 세계 에너지 수급 불균형을 타파하기 위한 개도국 지원 사업 등에 힘이 실리게 됩니다.

에너지 트릴레마의 주요 3요소에 기반한 균형 있는 에너지 비즈니스는 앞으로도 추구해야 할 기본 방향이지만, 에너지 패권에서 그 주도권을 가져가고자 하는 나라들은 에너지 안보(Energy Security)에서의 우선순위를 가진 우월함을 바탕으로 균형을 추구하는 방향으로 나아가지 않을 것입니다. 끊임없이 에너지 수급 불균형을 야기하고, 가격담합 등의 패권 싸움을 통해 그들의 리더십을 공고히 하고자 할 것입니다. 에너지 비즈니스야말로, 부익부 빈익빈으로 점철된 산업이고, 'Winner Takes it All'의 세계이기에 부의 향방을 이끌어온 전통 산업이자, 미래지향적인 산업임을 반드시 인지해야 합니다.

에너지 비즈니스를 면밀히 분석하면서, 전 세계 가장 현명한 현자들의 playground임을 수없이 느껴왔습니다. 추후 책에서 더 말씀드리고자 하는 에너지 비즈니스의 굳은자(리더)들이 어떻게 그들의 현재 Cash cow인 산업을 유지하면서, 미래를 준비하는지 그 영민함에 매혹되었으면 합니다.

● [참고] WEC의 에너지 트릴레마 지수(The World Energy Trilemma Index) ●

WEC(World Energy Council, 세계에너지총회)는 2010년부터 매년 국가별로 에너지 시스템에 대한 성과를 평가하는 '에너지 트릴레마 지수(The World Energy Trilemma Index)'를 발표하고 있으며, 에너지 안보, 에너지 형평성, 환경적 지속가능성의 3가지 핵심적 요소를 기반으로 평가를 진행하고 있습니다.

해당 평가 보고서*에 포함된 에너지 지속가능성 지수(Energy Sustainability Index)는 국가별 순위를 정해 각국 에너지 정책의 우수성을 판단하는 지표가 되고, 이를 통해 WEC는 산업 분야 및 정책 입안자들과 지속적인 대화를 나누는 플랫폼을 제공하는 역할을 하고 있습니다.

(* WEC 연례보고서: https://www.worldenergy.org/about-us/annual-reports)

• WEC의 2024년 트릴레마 지수 분석 (요약)

▶ (에너지안보) 러-우 전쟁의 영향으로 에너지 안보의 개념이 수요 기반 에너지 충격의 가능성을 포함한 다양한 새로운 도전 과제로 확장되었으며, 극한 기후 현상, 데이터와 기술, 핵심광물, 물리적 및 디지털 인프라에 대한 새로운 형태의 비대칭적 위협의 문제를 포함

▶ (형평성) 저렴한 에너지에 대한 접근성을 보장하는 개념을 넘어 비용, 가격 및 가치 간의 상호작용, 이러한 차원의 변화로 인한 재정적, 사회적 영향과 재생에너지로의 전환으로 인한 단기적 비용 증가에 대한 고려가 필요

▶ (환경적 지속가능성) 화석연료에서 탈피하여 에너지 시스템을 탈탄소화하고 다양화하기 위한 정책적 노력을 하는 국가들이 상위 순위에 있으며, 재생에너지 기술의 확산으로 자원순환의 필요성이 증가하고 있으며, 환경적 지속가능성을 위해 기업의 투명성을 강화해야 함

▶ 한국은 2023년 세계 에너지 트릴레마 지수 평가에서 에너지안보 62.2점, 에너지 형평성 95.9점, 환경적 지속가능성 63.9점을 받아 Balance 등급은 'BBCa', 종합 점수는 73.1점을 받아 27위를 차지

(출처: 세계 에너지시장 인사이트 제24-17호 2024.8.26. https://www.keei.re.kr/pdfOpen.es?bid=0014&list_no=123469&seq=1)

1.4

3D(Decarbonization, Decentralization, Digitalization) 방향성과 에너지 비즈니스

에너지 비즈니스는 글로벌 에너지 패러다임의 대전환에 따라 3D(Decarbonization, Decentralization, Digitalization)에 대한 부분이 많은 관심을 받고 있습니다. 이 3D 개념은 전 세계 "에너지 비즈니스"를 움직이는 Key-Driver이자 책 전체 내용의 많은 부분을 관통하는 주요 개념으로 활용되고 있습니다. 3D가 가져온 변화와 혁신의 사례를 확인하며, 향후 에너지 비즈니스를 성장시키는 전략 방향성과 시사점을 확인하시기 바랍니다.

| Decarbonization(탈탄소화)

탈탄소화는 온실가스 배출을 줄이고 궁극적으로 제거하여 기후변화에 대응하는 과정이며, 화석연료 사용을 줄이고 재생에너지로 전환하는 것을 의미합니다. 각국의 정부는 탈탄소화에 대한 계획과 온실가스 배출량의 많은 부분을 감축하겠다는 의지를 표명하고 있습니다. 기업들은 탄소 집약도를 낮추고 재생에너지 용량을 확대하는 목표를 설정하며 점차 탈탄소 산업으로의 전환을 추진하고 있습니다.

탈탄소화는 기후변화 대응과 지속가능한 경제 발전을 위한 필수적인 과정으로, 재생에너지 확대, 에너지 효율 개선, 탄소 포집 및 저장 기술 도입 등으로, 장기적으로 비용 절감, 녹색산업 일자리 창출, 화석 연료 의존도 감소로 인한 경제적 회복력 향상 등의 효과를 예상하고 있습니다.

Digitalization(디지털화)

디지털화는 ICT 기술을 접목한 IoE(Internet of Energy) 기반의 에너지 생산 · 유통 · 저장 · 사용 전반의 효율화를 추구합니다. 에너지 부문에서는 AI, IoT, 빅데이터 분석 등의 기술을 활용하여 생산, 분배, 소비 방식을 혁신하고 있습니다. 또한 실시간 모니터링, 예측 유지보수, 에너지 효율 개선 등이 이미 활용되고 있는 디지털화 적용 사례이며, 디지털화는 에너지 부문의 효율성, 지속가능성, 안정성을 높이는 핵심 요소입니다.

Decentralization(분산화)

분산화는 에너지 생산과 분배 시스템을 소비지 근처로 분산시키는 것을 의미하고, 중앙집중식 대규모 에너지 공급 방식에서 신재생에너지 중심의 분산형 에너지 시스템으로의 전환을 의미합니다. 이는 태양광 패널, 풍력 터빈, 가정용 배터리 저장장치 등 소규모 발전 시스템을 통해 구현됩니다. 전 세계적으로 분산 에너지 자원(Distributed Energy Resources, DERs) 도입이 확대되고 있으며, 특히 재생에너지와 마이크로그리드 분야에서 성장이 두드러집니다. 분산화는 에너지 시스템의 회복력과 안정성을 높이고, 환경 영향을 줄이며, 지역 사회의 에너지 자립도를 높입니다. 전략적으로는 스마트 그리드 기술 도입, 에너지 저장 기술 개선, 지역 단위의 에너지 관리 시스템 구축 등이 중요합니다. 분산화는 지속가능하고 안정적인 에너지 미래를 위한 핵심 요소로, 지역 경제 발전과 에너지 민주화에도 기여할 수 있습니다.

이러한 3D 혁명은 에너지 산업의 경쟁력을 부존자원 중심에서 기술력 중심으로 이동시키고 있습니다. 특히, 에너지 산업에서의 디지털화의 사례는 기업의 경쟁력을 높이는 데 크게 기여하고 있고, 혁신 사례들이 공유될 때마다 기업 가치를 우상향으로 올리는 데 기여하고 있습니다. 기업 가치 제고를 위해 에너지 비즈니스의 공고한 산업 분야에서도, AI(인공지능) 사용과 디지털화는 기본으로 고려해야 하는 요소가 되었습니다.

전통적인 화석에너지 기업뿐만 아니라, 신재생에너지 기업 모두, 그들의 업(業)에 따른 밸류체인(Valuechain)상에 디지털 기술요소를 입히면서 비용을 효율화하고, 혁신적인 시도를 다각도로 펼치고 있습니다. 또한 AI, 디지털 기술에 강한 빅테크 기업들이 새로운 접근 방식으로 시장의 리더들과 협업을 통해 에너지 비즈니스에 진출하고, 성공사례를 지속적으로 만들어내고 있습니다.

3D의 개념은 新에너지 비즈니스의 새로운 성장 영역으로 이어지고 있습니다. 책의 전반에서 3D를 기반으로 변화하는 에너지 비즈니스의 변화와 이로 인한 기회의 순간을 포착하실 수 있을 것이라 생각합니다.

제2장

Trump 2.0 시대가 예고하는 에너지 비즈니스의 방향

2.1

Trump 1.0 vs. Trump 2.0

'미국 우선주의(American First)'와 '보호무역주의'를 기반으로 펼쳐지는 Trump 2기 집권기(이하, Trump 2.0)는 MAGA(Make America Great Again)로 대표되는 웅장한 캐치프레이즈(선전구호)와 함께 역대급 행보를 보여주고 있습니다.

Trump의 재집권으로 인해, 기후·환경정책이 후퇴하고, 전 정부에서 의욕적으로 진행한 국가 사업과 세제 지원제도가 송두리째 바뀔 것이란 우려가 현실로 나타나는 듯합니다. 파리협정 탈퇴와 환경규제 완화, 청정에너지 인센티브 축소, 환경보호청(EPA)과 에너지부 등의 인력감축이 진행되는 상황에 미국의 기후리더십 약화와 청정에너지로의 전환이 지연되는 것이 기정사실화되고 있습니다. 석유와 석탄, 가스 등 화석연료 기반 에너지 산업의 규제 완화와 활성화를 강조하면서, 전 정부가 추구한 기후 에너지 정책과는 다른 방향으로, 많은 변화를 주도하고 있습니다. 국내외 다양한 산업에 호재가 되든, 악재가 되든 이러한 정책변화는 많은 영향을 미칠 것이고, 업계의 비용 효율화와 새로운 수익원 발굴이 더 중요해진 시기가 되고 있습니다.

Trump 2.0의 시대에서는 석유 산업 확대에 따른 에너지 독립과 에너지 안보의 가치를 높이는 방향으로 정책이 펼칠 것이며, 경제와 기후 정책을 실용적 측면에서 재검토하며 ESG 정책을 선택적으로 유리한 방향으로 추진할 것으로 예상됩니다. 취임 첫날부터 '이민, 에너지, 경제' 관련 수십 개의 행정명령 발동을 시작으로, 각종 다자간 외교의 결과물인 국제 협약의 탈퇴 선언을 본격화하였습니다. Trump 1.0 시절과 유사하게 대외 협상력을 유리하게 가져가기 위한 선언적 제스처를 취함과 동시에, 그들 편에 움직이는 동맹국들과의 단단한 공조 협력을 대내외에 보이고 "강건한 힘의 미국"을 과시하고자 합니다.

하지만, Trump 2.0의 시대는 이전과는 또 다르게 고려해야 할 것들이 많이 생겨났습니다. 다양한 패권전쟁에서의 우위를 점하기 위한 경쟁의 심화, 러시아-우크라이나 전쟁 및 지정학적 위협으로 인해 전 세계 공급망이 어지럽게 개편되고 있는 상황, 기술의 초격차까지도 고려해야 하는 세상이 되었습니다.

Trump의 재집권을 통해 많은 부분의 변화가 예상되지만, 전 세계 다양한 변수들의 돌발은 언제 어디서든 튀어나와, 그가 원하는 리더십을 가지게 할 것 같지 않습니다. Trump, 그가 집중하여 관심을 가져야 하는 것은 무엇일까요?

MAGA의 미국이 되기 위해서는, 전 세계 에너지 패권전쟁에서 미국이 반드시 우위를 선점해야 합니다.

중동과의 좋았던 시절도 미국의 셰일혁명으로 인한 에너지 자립도가 올라가고 전 세계로 수출 판로를 개척하는 순간부터 예전과 같지 않게 되어버렸습니다.

러시아-우크라이나 전쟁을 통해, 천연가스(LNG) 수급이 원활하지 않게 되자 유럽의 에너지 안보 이슈는 초미의 관심사가 되었고, 수급 불균형으로 인한 고통과 어려움이 계속되고 있는 상황입니다.

또한, 이스라엘-팔레스타인의 전쟁이 이란의 적극적인 참여를 이끌어내느냐의 기로 속에 있고, 언제든 국지적 도발과 전 세계 에너지 수급망이 단절될 수 있는 위험이 도사리고 있습니다.

이러한 전 지구적 에너지를 둘러싼 위협과 도발 속에 미국의 리더십은 자국 내 에너지 안보 확립과 세계로 수출이 가능한 정도의 풍족한 에너지에서 기반함을 Trump는 매우 잘 알고 있습니다.

[참고] 미국의 셰일혁명(Shale Revolution)이란?

미국의 셰일혁명은 수압파쇄법과 수평시추 기술을 결합하여 셰일층에서 대량의 석유와 천연가스를 추출하는 기술혁신을 말합니다.

셰일혁명을 통해 셰일오일은 42년, 셰일가스는 25년간 사용할 수 있는 물량을 확보하게 되었고 미국은 에너지 자립이 가능하게 되었습니다. 이로 인해, 미국은 세계 최대 천연가스 생산국이 되었고, 석유 생산량도 급증하여 에너지 수출국으로 변모하면서 글로벌 에너지 시장의 판도를 바꾸고 있습니다.

군사력과 달러화에 이어 에너지를 근간으로 세계 패권을 좌지우지할 새로운 무기를 얻게 된 것입니다.

셰일혁명을 통해, 미국은 세계 최대 산유국 지위에 오르게 되었고, 에너지 안보를 굳건히 하며, 중동에 미치는 영향이 더 과감해지고, 중국과의 긴 무역전쟁을 지속할 수 있는 경제적 체력을 확실히 다지게 되었습니다.

Trump를 지지하는 공화당 기반 주(州)들의 지속적 발전과 화석에너지 산업의 멈추지 않는 성장에 대한 해답을 제시해야 합니다.

Trump를 지지하는 유권자 수가 많은 주(州) 중에, 특히 텍사스 주와 같은 경우는 석유화학 산업의 본고장이기도 하였지만 현재는 다양한 신재생에너지 발전의 중심지역으로 각광받으며, 재생에너지 산업이 엄청난 속도로 발전하는 곳이기도 합니다.

에너지 비즈니스의 신구시대의 격전이 펼쳐지게 되는 이러한 아이러니 속에서 그의 에너지에 대한 관심과 변화는 어떻게 일어나게 될지, 관전 포인트 중에 포인트입니다.

2026년 중간선거를 앞두고 Trump 2.0 시대는 변화의 전기를 맞이할 것으로 보입니다. 지지자들의 표심을 붙잡기 위해 집권 초반의 행보와는 다른 행보를 보일 것으로 예측됩니다.

● [참고] "재생에너지, 신에너지, 신재생에너지" ●

• 재생에너지 (Renewable Energy)

재생에너지는 햇빛, 물, 바람과 같이 자연에서 얻는 무공해 에너지로, 지속적으로 재생 가능한 에너지원을 의미합니다.

재생에너지로 분류되는 에너지원의 종류는 나라별로 차이가 있으나, 한국은 '신에너지 및 재생에너지 개발 · 이용 · 보급 촉진법'에 의거하여, 8가지의 에너지(태양광, 태양열, 풍력, 지열, 수력, 해양, 바이오, 폐기물)를 재생에너지로 정의하고 있습니다.

• 신에너지 (New Energy 또는 Alternative Energy)

신에너지는 기존의 화석연료 자원에 새로운 기술을 도입해 보다 친환경적으로 얻는 에너지를 뜻하며, 화석연료를 가스 등으로 변환시켜 탄소 배출을 줄이거나, 수소 · 산소 등의 화학반응으로 전기 또는 열을 발생시키는 에너지를 가리킵니다.

한국에서는 '신에너지 및 재생에너지 개발 · 이용 · 보급 촉진법'에 의거하여, 수소에너지, 연료전지, 그리고 석탄을 가스화 · 액화한 에너지로 정의하고 있습니다.

• 신재생에너지 (New and Renewable Energy)

재생에너지와 신에너지를 한꺼번에 지칭하며, 자연에서 얻는 에너지 및 기존 화석연료를 변환한 새로운 에너지원까지 포함하는 더 넓은 개념입니다.

• **에너지 정의에 따른 비교 표**

구분	재생에너지 (Renewable Energy)	신에너지 (New Energy 또는 Alternative Energy)	신재생에너지 (New and Renewable Energy)
정의	자연에서 얻는 무공해 에너지	친환경 기술로 만드는 청정에너지	신에너지와 재생에너지를 통칭
특징	자연적으로 재생되는 천연자원(햇빛, 물, 바람 등) 활용하여 탄소 배출 없음 COP28(제28차 유엔 기후변화협약 당사국 총회) 결의된 '2030년까지 재생에너지 설치 용량 3배 확충' 목표에 동참	친환경적 기술 적용하여, 기존 화석연료 화학반응으로 변환하여 에너지 생산 향후, 기후기술의 핵심분야로, 높은 발전 가능 예상	화석연료를 대체할 수 있는 새로운 기술과 지속 가능한 에너지원을 모두 포함하는 광범위한 의미 가짐
종류	태양광, 태양열, 풍력, 지열, 수력, 해양, 바이오, 폐기물	수소 에너지, 연료전지, 석탄 가스화 · 액화 에너지	재생에너지와 신에너지의 모든 종류

(출처: 법제처 국가법령정보센터 – '신에너지 및 재생에너지 개발 · 이용 · 보급 촉진법', https://www.law.go.kr/)

> 신재생에너지 비즈니스에서 가장 발 빠른 행보를 보이는 중국을 어떻게 견제하고, 기후리더십을 겸비하면서 에너지 산업 리더를 차지할 것인가에 대한 질문이 끊임없이 그의 발목을 잡을 것입니다.

중국은 AI 굴기, 반도체 굴기, 배터리 굴기… 등의 여러 '굴기(崛起)'를 실행하고 있습니다. 국가적 지원을 받으며 해당 산업에서 No.1이 되어, 전 세계 시장을 석권하겠다는 포부를 실현하고자 정말 열심히 달리고 있습니다.

그들의 다음 행보는 **'신재생에너지 굴기'**입니다. 아찔해지는 순간이 아닐 수 없습니다.

모든 산업의 밑거름이 되고, 기반이 되는 것을 다 선점하며 성장하겠다는 그들의 의지가 이 에너지 비즈니스와 맞물려 산업에 주는 영향은 "전 세계 다양한 산업 분야 및 비즈니스 기회의 압도적 쟁취, 잠식"으로 귀결될 것입니다. 이는 산업의 기본적인 인프라가 된 에너지 산업, 그중 전력산업을 쥐고 있기 때문입니다.

주요국 재생에너지 발전용량 추이를 보면, 중국이 단연 1위로 앞서고 있습니다. 단일국가로 미국이 그 뒤를 추격하고 있지만 이미 발전량 차이에서는 압도적인 차이를 보이고 있습니다. 해당 발전용량의 숫자가 주는 임팩트에만 집중하면 안 됩니다. 그 재생에너지 산업을 뒷받침하고 있는 중국의 재생에너지 비즈니스 내의 다양한 산업과 기술, 전문가, 이미 구축된 밸류체인과 인프라, 국가적 차원의 투자가 함께하는 숫자임에 주목해야 할 것입니다.

주요국 재생에너지 발전용량 추이

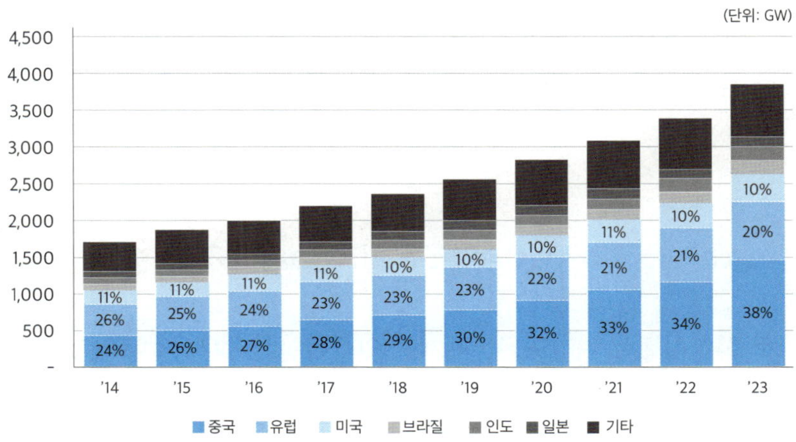

(출처: '2024 미 대선 이후 재생에너지 정책 전망과 시사점', KIEP 대외경제정책연구원, 2024.10.25)

중국은 이미 여러 산업 분야에서 싼 가격과 대량의 물량공세를 통해서, 주변 산업을 초토화시키는 전략으로 세계 시장을 석권하고 있습니다. 이제는 해당 산업의 전체 밸류체인(Valuechain)과 공급망 내에서의 우위를 선점하고, 기술적 격차도 많은 부분 따라잡으며 리더로 우뚝 서있습니다.

산업의 쌀이라 불리는 반도체 업계의 상황도 다르지 않습니다. 중국은 기술 리더들과의 격차를 매우 빠르게 따라잡으며 시장의 큰손이 되었습니다. 기술 집약적인 하이테크 분야에서의 고전(苦戰)을 하면서, 최고의 기술 리더가 되지 못했던 이유를 세세히 분석해서, 그 교훈을 다른 산업에도 전파하고 있습니다.

중국이 차세대 성장 산업으로 선택한 신재생에너지 분야에서는 그러한 교훈을 기반으로, 특허 등록과 기술 연구에 매우 공을 들이며 시장을 리딩하고 있습니다. 신재생에너지 관련 비즈니스에서 전 세계 특허의 대다수를 중국이 보유하고 있다고 해도 과언이 아닐 정도로 기술 리더십을 확보하며, 시장을 빠르게 선점하며 달려가고 있습니다.

이러한 흐름을 Trump는 모른척할 수 없을 것입니다. 향후 지속가능한 성장 산업을 육성하고 투자를 함께 하는 길을 선택해야 할 것입니다.

| 'Trump 2.0 = 인플레이션과의 전쟁' 시기가 될 것인가?

코로나 시절을 지나며, 전 세계는 인플레이션(Inflation)과의 전쟁을 펼치고 있고, 미국도 이제 겨우 인플레이션의 늪에서 헤어나오고 있지만 안심할 수 없습니다.

Trump의 자국 내 감세 정책은 결국, 통상/외교 부문의 전가를 통한 대미 관세 정책으로 이어지는 연쇄효과를 불러일으키게 됩니다. 관세는 상품 물가에 직접적인 영향을 가하게 되어, 직접적인 물가 인상의 요소가 됩니다. 불법 이민자를 추방하고 신규 이민을 제한하겠다는 이민정책 또한 고용시장 내 신규인력의 진입 제한으로 이어지고, 이민자들이 주로 취업하는 서비스 분야의 일손 부족을 일으키게 됩니다. 이는 결국 임금과 서비스 물가를 밀어 올리게 되는 요인이 됩니다. 이러한 물가를 자극하기 쉬운 Trump의 관세 정책과 이민정책은 미국의 인플레이션 진행 경로에 그늘을 드리우고 있습니다. Trump 정책발 인플레이션 압력으로 표현되는 트럼플레이션(Trumplation)으로 치닫지 않기 위한 묘수를 어디서 찾을지, 지속적인 성장의 모멘텀과 해답을 찾기 위해 그의 눈과 귀는 계속 분주하게 움직일 것입니다.

> 각종 전쟁과 이권다툼으로 인해, 전 세계는 에너지 패권전쟁 속으로 빠르게 휘말리고 있는 상황입니다. 앞으로의 에너지 비즈니스를 단순히 재단할 수 있을까요?

전 세계 곳곳에서 일어나고 있는 크고 작은 전쟁뿐만 아니라, 주요 해협과 운하에서 펼쳐지는 이권다툼이 에너지 안보 관련 위협으로 이어지고 있습니다.

주요 해협과 운하는 글로벌 에너지 및 상품 교역의 핵심 통로로, 지정학적 긴장과 이권다툼의 중심에 있습니다. 호르무즈 해협은 전 세계 원유 해상물량의 21%가 통과하는 전략적 요충지로, 이란의 봉쇄 위협과 미국 주도의 호위연합체 구성 등 갈등이 지속되고 있습니다. 수에즈 운하 역시 글로벌 해상 무역의 중요 경로로, 최근 중동 분쟁으로 인해 통행량이 감소하고 해운 운임이 급증하는 등 글로벌 공급망에 큰 영향을 미치고 있습니다. 말라카 해협은 일본, 중국, 한국으로 운송되는 많은 석유가 통과하는 전략적 요충지입니다. 이러한 해협과 운하에서의 긴장 고조는 국제 유가 상승, 에너지 안보 위협, 글로벌 물류 차질 등 광범위한 경제적 파급효과를 초래하고 있으며, 주요국들의 군사적 개입과 외교적 대응을 야기하고 있습니다. 이는 에너지 의존도가 높은 국가들에게 에너지 공급원 다변화, 대체 운송로 개발, 전략 비축 확대 등 새로운 에너지 안보 전략 수립의 필요성을 제기하고 있습니다.

이러한 Trump 2.0 시대에 국내외 어려움을 탈피하기 위한 중요한 해결의 실마리와 가장 중요한 주제는 바로, '에너지 비즈니스'입니다. 전 세계 패권 다툼의 기저에 자리 잡고 있는 에너지 비즈니스의 기초가 되는 역사, 현황, 기술, 기업, 돈의 움직임에 관심을 가져본다면, 가장 큰돈의 흐름과 시장을 움직이는 모든 산업이 에너지 비즈니스와 연결되어 있음을 알게 됩니다.

지금, 우리 산업 발전의 밀알이 되었던 석유화학산업, 자동차 산업을 비롯해, 향후 성장의 기반이 되는 반도체, 배터리, 신재생에너지 산업까지, 향후 에너지 비즈니스의 중요한 흐름과 정책, 플레이어를 모르고는 미래에 대한 예측, 전략을 준비할 수 없습니다.

2.2

전 세계를 움직이는 '에너지 비즈니스'의 주인공이 되고 싶은 미국

국제정세를 이끌어가는 주요한 국가들의 경제패권의 다툼 한가운데에는 항상 "에너지"가 있었고, 시대의 주류 에너지원이 되는 그 순간, 전 세계를 이끄는 힘과 권력이 함께 움직였습니다.

'에너지 패권주의'는 에너지의 원천인 석탄, 석유, 천연가스 등의 화석에너지를 가진 국가들이 그들의 경제적 이득을 우선시하고, 시장 내에서 가격 협상력 및 에너지원(석탄, 석유, 천연가스 등) 생산의 증산/감산 등의 주도권을 가지고, 막강한 영향력을 끼치는 것을 의미합니다. 미국이 주도하는 흐름에 석유 산업을 주도하는 중동이 함께하느냐, 천연가스 산업을 주도하는 러시아가 중국과 함께하느냐 등의 행보가 전 세계 안보와 경제에 직접적인 영향을 미치게 됩니다.

국가별로 에너지원이 균등하게 존재하는 것이 아니기에, 항상 에너지원의 물동량에 전 세계의 이목이 쏠리고, 에너지 패권주의에 규합하는 국가들 간의 협약과 가이드에 따라 국제 정세와 경제상황은 출렁이게 됩니다. 어느 국가도, 이 '에너지 패권주의'에서 자유로울 수 없으며, 서로의 눈치를 보며 자국에 이득이 되는 상황으로 때로는 서로 돕고, 때로는 서로 배반하며 위태로운 외줄을 타며 에너지 수급을 꾀하고 있는 실정입니다.

현재, 전 세계는 에너지 수급 불균형으로 인한 어려움을 이미 겪고 있고, '러시아-우크라이나' 전쟁을 통해 드러난 유럽의 영원하지 않은 '에너지 동맹'의 끝은 자국 국민들의 희생과 경제적 파탄임을 생생하게 목격하고 있습니다. '에너지 패권주의의 큰 힘을 가진 어느 에너지 대국 편에 서서 자국의 실리를 얻을 것인가'는 안정적인 삶을 담보하기 위해서 외교적, 정치적, 경제적 논의 사항으로 반드시 최우선적으로 다뤄야 할 절실한 문제입니다.

이제, 에너지 패권주의 속에 누가 그 승기를 잡느냐가 전 세계의 실질적 어려움을 꿰뚫고 있는 중요한 이슈이며, 계속적인 정치, 안보, 군사, 경제적 화두가 될 것입니다. 이러한 에너지 패권주의 속에 미국은 세계의 경찰, 세계의 리더로 군림하며 힘의 균형을 이끌었던 것을 다시 한번 되새기며, 철저히 실리 위주로 세계를 압박할 것입니다.

그 누구도 무서워하지 않고, 자국 내 에너지 안보를 챙기며 에너지 패권의 주인공이 될 수 있는 유일한 나라인 미국이 다시 한번 'America First'의 기치를 제일 앞에 내세우며, MAGA(Make America Great Again)를 강하게 외치고 있습니다. Trump 2.0 시대, 전 세계는 점차 격화되는 에너지 패권으로 인해 에너지 수급에 대한 불안정성은 극대화될 것이고, 그 핵심에 있는 "에너지 비즈니스"가 가장 큰 화두로 떠오를 것입니다.

미국은 강력한 에너지 안보를 기반으로 한 에너지 정책으로 전 세계의 판(playground, relationship…)을 흔들고 싶어 합니다. 이미 전 세계 경제, 문화, 정치, 외교, 자원, … 모든 분야에서 영향을 미치고, 각각에서 리더의 자리를 차지하고 있지만, 빠르게 변화하는 국제 정세 속에서 위기를 느끼고 있습니다. 특히, 중국의 산업 전반에서의 급성장과 기술 분야에서도 전 세계를 리딩하는 모습이 위협으로 간주되며, 무역전쟁도 불사할 태세입니다. 더 이상 미국의 친한 친구가 아닌 것 같은 중동의 강자 사우디아라비아, 아직도 20세기 패권주의의 영광에서 헤어나오지 못한 러시아, 역사적 다툼이 지속되는 이스라엘-팔레스타인, 혼란의 틈을 타 여기저기에 존재감을 드러내고 싶은 북한까지…

미국은 이러한 많은 고민 속에 앞으로의 지속가능한 부를 이끌며, 전 세계의 리딩 국가로서의 지위를 공고히 하며 성장하는 것을 계속 고민할 것입니다. 우리 또한 그들의 고민을 잘 이해하며, 우리가 취해야 할 실사구시(實事求是)의 입장에서 그 큰 부의 흐름을 명확히 읽고, 우리의 성장 기회로 만들어야 할 절체절명의 위기 앞에 서있습니다. 우리 산업과 가장 연관된 사업인 반도체, 배터리, 전기차, 철강, 조선, 방산, 우주항공 등등의 각 산업별로 깊이 살펴보는 것도 무척 중요하겠지만, 그 산업들을 받치고 있는 근간이 되는 인프라인 '에너지 비즈니스'를 이해하고, 그에 대한 큰 흐름과 전략을 확인하는 것이 무엇보다 우선입니다.

IRA(Inflation Reduction Act, 인플레이션 감축법), 친환경 정책 등의 폐기 혹은 축소는 모두 이 에너지 비즈니스와 불가분의 관계이고, 국제적인 합의, 계약, 관련 산업의 피해 등의 단편적인 결론으로 Trump 2.0 시대의 정책과 방향성을 가늠하기에는 많은 고려사항과 첨예한 대립의 이슈들이 존재하기 때문입니다.

2.3

Trump 2.0 시대, 에너지 비즈니스는 어디로 가는가?

전 세계 에너지 비즈니스를 조망하며, Trump 2.0 시대에 변화될 에너지 비즈니스의 향방에 대해서 조심스럽게 가늠해 보고자 합니다.

① Trump 2.0 에너지 비즈니스는 단연 최우선 아젠다

에너지 패권주의에서 미국의 리더십은 셰일가스, 셰일오일 개발로 인해 최고 정점에 다다른 것이 아닐까 싶을 정도로, 화석에너지 매장 및 활용 측면에서나, 신재생에너지 관련한 기후기술* 산업 측면에서 정말 모든 것을 다 가진 축복받은 나라임에 반론의 여지가 없습니다.

그러나, 자원 대국이자 에너지 전반의 기술에 대한 리더십을 평화롭게 가져가기에는 러시아, 중동, 중국이 촉발하는 불협화음과 에너지 안보 경쟁이 전 세계를 흔들고 있는 위협이 되고 있습니다. 거시적인 경제, 정치 상황은 계속 극으로 치달으며, 지정학적 긴장도가 고조되며 에너지 공급망에 끊임없는 위협이 가해지고 있습니다. 급기야는 에너지 공급 중단, 에너지 가격 폭등으로 치달을 기미가 농후합니다. 아직도 지속되는 러시아-우크라이나 전쟁, 이란과 이스라엘의

* Climate Technology, 온실가스의 감축·완화, 적응에 관련된 기술로, 온실가스가 많이 발생하는 발전 부분의 화석에너지에서 신재생에너지로의 '에너지 전환'과 관련한 기술이 주목받고 있습니다.

아슬아슬한 휴전과 전쟁을 오고 가는 위험 속에 중동전으로 확전되는 것이 아닌지 세계의 눈이 쏠리고 있습니다. 이로 인해 에너지 가격은 계속적인 부침이 예상되고, 각국의 이해득실에 따라 경제, 정치가 Coupling/De-Coupling 될 것이라 예상됩니다. 예전과 다르게 다양하게 만들어지는 패권주의 속에서도 한 축으로 기울지 않고, 다양한 세력의 힘으로 시장이 운영될 것으로 예상됩니다.

Trump 2.0 시대에서는 이러한 어수선한 시기를 그들의 에너지 비즈니스의 주도성을 확립하기 좋은 시대로 철저히 이용할 것이고, 더 뚜렷하고 큰 목소리로 그들의 몫을 주장할 것입니다. 최근 러-우 전쟁으로 인해, 독일이 러시아의 천연가스(LNG) 사용을 줄이며 빠르게 재생에너지 보급, 확산에 속도를 올리고, 미국의 LNG 수입을 늘리며 에너지 안보 측면에서 매우 가깝게 엮여져 가고 있는 것에 주목할 필요가 있습니다. 독일은 러시아의 LNG 수송에 용이한 노르트스트림 가스관을 야심 차게 건설하며, 러시아와의 에너지 동반자의 길을 공고히 걸으며 재생에너지로의 전환을 완벽히 한다는 국가 정책을 펼쳐나갔습니다. Trump 1.0 시대인 2018년 7월 NATO 정상회의에서 Trump 대통령은 독일 메르켈 총리에게 "독일이 러시아의 포로가 됐다"며 거세게 비난하며, 독일과 러시아의 LNG를 둘러싼 밀월 관계에 강하게 불만을 제기하였던 전철을 되짚어보면, 영원한 친구도 적도 없음을 에너지 비즈니스에서 다시 한번 깨닫게 됩니다.*

* 'Trump 압박에 백기?...독일, '미국산 LNG' 수입 결정', 에너지경제, 2018.10.24, https://www.ekn.kr/web/view.php?key=393228

[참고] 노르트스트림

러시아 LNG(천연가스)를 유럽으로 배송하는 가스관이며, '북쪽의(Nord)'란 의미로, 독일어식 발음에 가까운 '노드'스트림이나, 러시아어 발음에 가까운 '노르트' 스트림으로 불립니다.

(출처: "'러 우크라 침공시 끝장' 노드스트림2 뭐길래', 뉴스1, 2022.02.09, https://www.news1.kr/world/europe/4579264)

노르트스트림 1, 2의 LNG 파이프라인은 우크라이나 등 중간 경유국을 거치지 않고 러시아와 독일을 직접 연결함으로써 유럽 내 에너지 공급의 안정성을 높이려는 목적을 가지고 있습니다. 두 파이프라인 모두 사용 시 총 1,100억m^3의 천연가스를 연간 수송할 수 있어, 유럽 연간 천연가스 수입량의 약 1/3을 차지할 것으로 예상되고 있습니다. 노르트스트림 사용에 대해, 미국과 일부 유럽 국가들은 러시아에 대한 유럽의 에너지 의존도 증가를 우려하여 반대하였습니다.
러시아-우크라이나 전쟁으로 인해 현재는 제대로 사용되지 않고 있는데, 그 이유로 두 파이프라인 모두 2022년 9월에 발생한 폭발 사건으로 인해 심각하게 손상되어 노르트스트림 1은 완전히 중단된 상태이며, 노르트스트림 2는 인증이 이루어지지 않아 가동되지 않고 있습니다.
(출처: https://ko.wikipedia.org/wiki/노르트스트림, https://en.wikipedia.org/wiki/Nord_Stream)

② Trump 2.0 = 화석 에너지 산업의 부흥? 신재생에너지 산업 쇠퇴?

Trump 정권의 기후, 환경, 에너지 정책을 1.0과 2.0 시대로 비교해 본다면, 무엇이 비슷하고 무엇이 달라질까요?

집권 초기에는 석유와 석탄, 가스 등 화석연료 기반 에너지 산업의 규제 완화와 활성화를 강조하며, '화석에너지 산업의 부흥'이 점철되는 정책을 내놓고, 다자간 협상을 통해 어렵게 도출한 국제적 합의를 언제든지 미국 우선주의에 반한다면 동의하지 않겠다는 의지를 천명하였습니다. 주요 내각에 기후 회의론자·반환경주의자를 임명하며 기후변화, 위기에 대한 이슈를 정치화, 이념적 문제로 쟁점화시켰습니다.

특히, 전 정부의 IRA(Inflation Reduction Act, 인플레이션 감축법)로 추진되던 세제 혜택, 사업 진행 사항 등을 축소, 폐지를 언급하여 혼란을 불러일으키고, 환경보호청(United States Environmental Protection Agency, EPA) 예산 및 인력 삭감을 통해 그동안 추진되던 친환경 정책 및 에너지 정책 등에 혼선을 가져오고 있습니다.

Trump 1.0 – 2.0 기후/환경정책 비교

정책	Trump 1.0 (2017-2021)	Trump 2.0 (2025-2029)
파리기후협정	파리기후협정 탈퇴 선언 및 공식 탈퇴(2020년)	파리협정 탈퇴 및 국제 기후 협력 반대
환경 규제	100개 이상의 환경 규제 철회, EPA(환경보호청) 권한 축소	바이든 행정부의 기후 및 ESG 규제 철회 확대

정책	Trump 1.0 (2017-2021)	Trump 2.0 (2025-2029)
화석연료 생산	연방 토지에서 석유 및 가스 시추 확대, 북극 야생동물 보호구역(Arctic National Wildlife Refuge, ANWR) 시추 허용	석유, 가스 및 석탄 산업에 대한 지원 강화, 국내 에너지 독립 강조
재생 가능 에너지	재생 가능 에너지 투자 축소, 화석연료 중심 정책 고수	재생 가능 에너지 지원 감소, 풍력 및 태양광 프로젝트 비판
탄소 배출	청정전력계획(Clean Power Plan) 폐지 및 탄소 배출 규제 완화	탄소 배출 증가 가능성, 2030년까지 4억 톤 이상의 추가 배출 예상
국제 기후 협력	G7 등 국제회의에서 기후 논의 회피, 유엔 기후변화 프로그램 자금 지원 중단	국제 기후 협력 반대 지속, 개발도상국 지원 축소
ESG (환경 · 사회 · 지배구조)	관련 규제 무시 및 기업의 환경 보고 의무 축소	ESG 규제 철회 및 관련 법적 도전 확대

(출처: Trump 대선 정책 자료 및 취임 직후 행정조치(Presidential Actions) 사항기반 저자 정리)

Trump 1.0, 2.0 시대 모두, 화석연료 중심의 산업 부흥, 환경 규제 완화를 통한 성장의 Trigger(촉발) 마련이라는 기조를 유지하고 있으나, 극명한 차이가 보입니다.

Trump 1.0에서는 전 정부였던 오바마 행정부의 환경 정책을 철회하는 데 초점을 두고 파리기후협정 탈퇴와 같은 상징적 조치를 취하는 데 중점을 두었습니다. 그러나, 2.0 시대에서는 바이든 행정부의 기후 정책을 되돌리고 화석연료 산업을 강화하는 데 더욱 집중하는 모습을 보이며, ESG 규제에 대한 직접적 반대를 보이면서 환경보다는 경제적 이익과 에너지 독립을 우선시하게 됨을 짐작할 수 있습니다. 이러한 정책 기조는 현재도 전 세계 2위의 탄소 다배출 국가로 불명예를 차지하는 미국의 더 많은 탄소 배출 증가를 의미하고, 신재생에너지 투자 감소로 이어질 가능성을 내포하는 것이기에 미국 내에서도 많은 혼란과 찬성/반대 의견이 극렬히 대립하고 있습니다.

그러나, 전 바이든 정부로부터 추진된 IRA 기반의 투자산업과 신규 일자리가 공화당을 열렬히 지지하는 주(州)에서 진행되고 있어, 초·중반 이후에는 다른 방식(세제, 규제, 지원금 등)으로 신재생에너지 산업에 지속적인 투자가 될 것이라는 의견이 점차 대두되고 있습니다.

공화당 선거구는 기후 투자의 수혜지로 손꼽히며, 조지아, 애리조나, 텍사스 등의 주에서 기업들이 청정에너지 세액공제를 이용해 전기 자동차와 배터리를 생산하는 공장을 건설하고, 대규모 풍력, 태양광, 수소 및 SAF(Sustainable Aviation Fuel, 지속가능항공유) 프로젝트로 인해, 막대한 현금과 일자리가 생성되고 있습니다. 많은 Green Energy Project가 진행되고 있고, IRA 관련 직간접적인 혜택이 부여된 곳으로 신규 일자리의 지속적인 발생, 주 차원의 세수 확보 등으로 향후 에너지 대전환의 시기와 맞물려 많은 가능성을 확보한 곳으로 발전하고 있어, 그들의 신-구 에너지 비즈니스가 격돌하는 격전지로서 관심이 모이고 있습니다.

Rhodium Group과 MIT 에너지 및 환경 정책 연구 센터에서 발표한 자료*에 따르면, 3,460억 달러 규모의 IRA 투자 중의 상당 부분(약 78%)이 공화당 의회 선거구에 집중된 것으로 나타나고 있어, 향후의 미국의 에너지 비즈니스를 여전히 이들 지역에서 리딩할 것이라 예측되고 있습니다.

---

* 'The biggest winners of Biden's green climate policies? Republicans.', Ella Nilsen and Ren e Rigdon, CNN, June 16, 2024, https://edition.cnn.com/2024/06/16/climate/clean-energy-investment-republicans/index.html

미국 선거구별 투자발표 현황

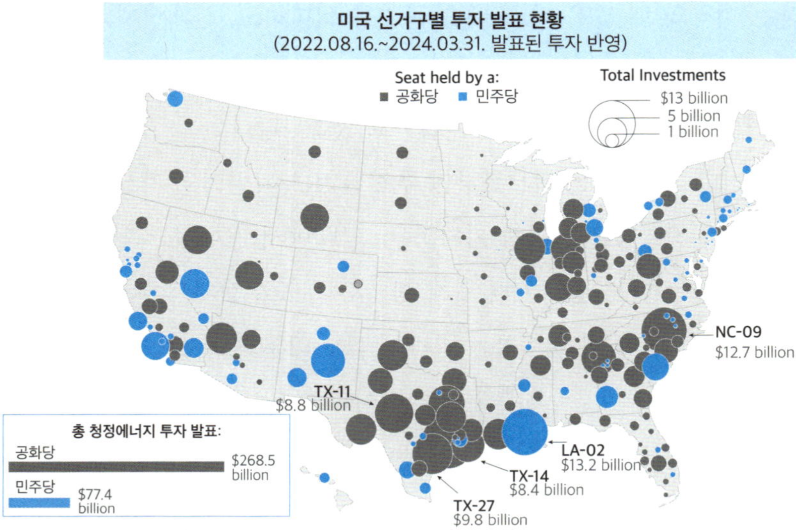

(출처: Ella Nilsen and Renée Rigdon, 'The biggest winners of Biden's green climate policies? Republicans.', CNN Climate, 2024.06.16, https://edition.cnn.com/2024/06/16/climate/clean-energy-investment-republicans/index.html)

2022년 풍력, 태양광 등의 재생에너지 분야에서 앞서고 있는 주를 확인*해본 결과도 살펴보면, 위의 결과와 비슷한 양상을 확인하게 됩니다.

Trump 대통령을 열렬히 지지했던 유권자의 생계와 연관된 신재생에너지 관련 신규투자와 현재 진행 중인 사업을 다 축소하고 철폐할 수는 없을 것입니다. Trump 2.0의 시기는 화석에너지를 기반으로 하는 산업의 신재생에너지로의 순조로운 전환으로 이끄는 균형 잡힌 에너지 정책과 전략이 무엇보다도 필요한 시기가 될 것입니다.

* Dan Gearino, 'One State Generates Much, Much More Renewable Energy Than Any Other—and It's Not California', Inside Climate News, 2023.03.09, https://insideclimatenews.org/news/09032023/inside-clean-energy-texas-renewables/

Trump 2.0 시대 중, 임기 중반에 실시되는 2026년 미국 중간선거가 정책 추진력과 속도에 중대한 분기점이 될 것입니다. 26년 중간선거에서는 하원 전체 435석, 상원 33석, 36개 주 주지사직, 그리고 3개 속령 지역의 장이 선출되기에, 중간선거 결과는 Trump 행정부의 정책 추진력에 큰 영향을 미칠 것으로 예상됩니다. 역사적으로 중간선거에서는 집권당이 의석을 잃는 경향이 있어, Trump의 공화당이 의회 다수당 지위를 잃을 가능성이 있습니다. 이에 따라 Trump 행정부는 중간선거를 앞두고 정책 조정에 나설 수 있습니다. 예를 들어, 강경한 보호무역 정책의 수위를 조절하거나 USMCA(미국-멕시코-캐나다 협정) 재협상을 선거카드로 활용할 가능성이 높습니다. 재선 기회가 없는 Trump에게 중간선거 승리는 레임덕 방지를 위한 핵심 과제이고, 통상정책을 포함한 주요 정책들이 국내 정치 상황을 고려하며 전개될 것으로 보입니다.

그렇기에, 지금의 Trump 2.0 행정부의 에너지 비즈니스와 관련된 정책 추진 사항들이 26년 중간 선거를 기점으로 변화될 것이란 예상이 벌써부터 나오고 있습니다. 국내외 정세가 시시각각 변하고 있고, Trump 지지자들이 지역 경제의 많은 부분을 차지하고 있는 재생에너지 산업을 모른 척할 수는 없기 때문입니다. 초반에 강경하게 추진될 에너지 전략과 비즈니스 방향성에 어떠한 변화가 불어올지가 관전 포인트가 될 것입니다.

③ Trump 1.0 시기의 재생에너지 산업의 폭발적 성장은 어떤 의미인가?

Trump 1.0 기간(2017~2020년) 동안 재생에너지 관련 에너지 산업과 기후기술(Climate Technology, 온실가스의 저감·감축, 적응에 관련한 기술)에 상당한 재원이 투자되었고, 바이든 정부의 친환경 정책의 본격적인 밑그림이 되었던 것을 알고 계셨나요?

현재, 전 세계의 '에너지 전환' 화두에서 미국의 신재생에너지 산업의 천문학적 돈이 기후기술의 이름으로 투자된 시점이기도 합니다.

Trump 1.0 기간 동안 미국의 재생에너지 용량 증가 추이(2017.01 ~ 2020.03)

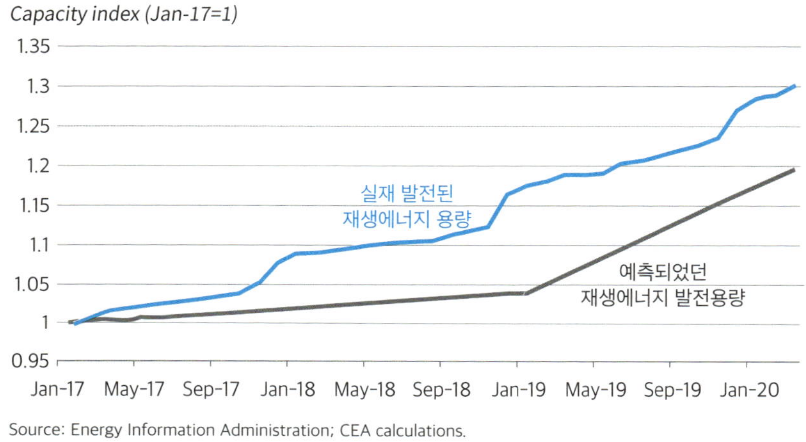

(출처: 'The Value of U.S. Energy Dominance', 2020.07.29, https://trumpwhitehouse.archives.gov/articles/value-u-s-energy-dominance/)

Trump 1.0 기간(2017~2020년) 동안 미국의 재생에너지 용량 증가 추이를 살펴보면, 예측된 것보다 더 많은 발전량을 기록한 것을 알 수 있습니다. 해당 시기에 미국은 세계 최대 석유 생산국이 되었고, 동시에 태양광 설비 32% 증가, 풍력 설비 69% 증가를 통한 태양광과 풍력 발전도 크게 증가*되었습니다. 또한, Trump 대통령은 2017년부터 2020년까지 오바마 행정부 시절에 제정된 재생에너지 프로젝트에 대한 세금 공제를 연장했고**, 지속적인 정책적 지원을 했음을 뜻합니다.

* Alexander Kozul-Wright, 'The Value of U.S. Energy Dominance', Al Jazeera, 2024.12.11, https://trumpwhitehouse.archives.gov/articles/value-u-s-energy-dominance/

** Alexander Kozul-Wright, 'The Value of U.S. Energy Dominance', Al Jazeera,

● Trump 1.0 행정부의 적극적 에너지 전환 투자 지원 ●

"Trump 1.0 시기의 Trump 행정부의 친성장 정책의 결과로 에너지 부문은 다각화되었고 민간 부문과의 관계가 강화하면서, LNG 수출은 5배 증가했으며, 현재 미국 LNG는 전 세계 38개국에 공급되고 있습니다.
또한, 화석에너지와 많은 산업 공정에 중요한 탄소 포집 및 저장(CCS) 기술을 강력히 지지하였던 그들의 과거 정책 활동을 보면, Trump 2.0 시절도 자국에 에너지 안보와 지속가능한 성장에 필요한 에너지 전환과 관련된 에너지 비즈니스 분야에 적극 투자하고 육성할 것으로 예상할 수 있습니다."*

(*출처: 'The Value of U.S. Energy Dominance', 2020.07.29, https://trumpwhitehouse.archives.gov/articles/value-u-s-energy-dominance/)

위의 자료를 통해, Trump 1.0 기간에 재생에너지와 전통적인 화석에너지 부문이 동시에 성장했음을 알 수 있고, 화석에너지 산업과 신재생에너지 산업에 대한 그들의 균형감 있는 행보를 확인할 수 있습니다.

현재는, Occidental Petroleum, Shell, Chevron 등의 화석에너지 산업 리더들의 포트폴리오가 신재생에너지를 포함한 사업으로 전환하고 있고, 미국 에너지부(DOE)의 지원 정책을 기반으로 CCS(Carbon Capture Storage), DAC(Direct Air Capture)의 에너지 비즈니스의 신사업으로 전환을 가속화하고 있습니다.

어쩌면 Trump 2.0 시대에, 신·구에너지의 격돌로 서로를 깎아내리는 소모적인 경쟁이 아닌, 화석에너지 산업에 대한 규제 완화 수준을 넘어 판을 바꾸는 전략이 나올 수 있으리란 예상도 조심스럽게 해봅니

2024.12.11, https://trumpwhitehouse.archives.gov/articles/value-u-s-energy-dominance/

다. Trump의 비즈니스 감각과 대중을 아우르는 기지(機智)가 전 세계의 화두인 에너지 전환의 진정한 큰 걸음을 내딛을 수 있는 부분에서 빛을 발할 수 있습니다. 그런 그의 전략적 발걸음이 가시화되는 순간, 지금의 예상되는 기우를 한 방에 날려보낼 수 있으리라 생각합니다.

● [참고] 미국 에너지부(Department of Energy, DOE) ●

우리나라의 산업통상자원부의 역할 중 에너지 관련한 부분에 초점을 맞추어 미국의 에너지 비즈니스를 이끌어가는 정부기관으로, 미국의 에너지 정책을 수립하고 실행하며, 에너지 산업 전반에 대한 정책을 관장하고, 정책에 따라 지원사업을 상정하고 지원금을 지원합니다. 또한, 청정에너지 프로젝트와 관련된 여러 보조금 및 대출 프로그램을 운영하고 있습니다.
(출처: https://www.energy.gov)

④ 기후리더십 포기 못하는 미국

Trump 2.0 집권 초기를 넘어 중반 이후에 에너지 정책에 획기적인 변화가 예상됩니다.

집권 초기에는 그를 지지했던 강력한 팔로워들에게 보은성 메시지와 천문학적 지원금을 보탰던 화석에너지 산업 등에 친기업 정책으로 보답하고 있습니다.

앞서 말씀드린, 26년 미국 중간 선거 이후에는 달라지는 국내외 정서를 반영한 정책을 추진할 것이라 기대됩니다. 그중에서 신재생에너지 비즈니스에 막강한 파워를 과시하는 중국과 에너지 패권 싸움에서 맞서기 위한 구체적인 행보가 포착될 것입니다. 탄소를 가장 많이 배출하는 국가인 중국이 국가적 차원의 에너지 전환을 시도하면서 탄소 다

배출 국가로서의 오명을 씻고, 친환경에너지, 신재생에너지로의 전 산업의 체질 개선을 꾀하고 있습니다. 중국은 국가 차원으로 재생에너지 산업을 육성하고 포괄적인 기후 정책을 가지고 지원하기에, 세계 태양광 패널 공급망의 80%를 보유하고 있으며, 24년 현재 청정에너지 투자에 6,750억 달러 투자가 예상된다고 합니다. 이것은 유럽과 미국을 합친 것과 거의 같은 수준입니다.*

중국의 기후리더십을 위한 맹렬한 도전이 이미 시작되었고, 타 산업의 성장을 통해 뼈저리게 느낀 특허의 중요성을 재생에너지 산업 분야에서는 놓치지 않겠다는 의지를 적극 보이고 있습니다. 중국은 재생에너지 산업 분야 특허의 상당 부분을 선점하고 초격차를 벌이며 뛰어가고 있습니다.

미국이 "세계 기후 금융과 외교에서 후퇴"하는 길을 선택하며, 주춤하는 사이에 중국이 빠르게 기후리더십의 왕좌를 차지할 것이란 위기의식이 표현될 것입니다. 에너지 전환으로 촉발된 신재생에너지 산업의 거대한 변화 흐름을 모른척하기는 너무나 어려울 것으로 보입니다.

기후 회의론자로 알려진 Trump의 당선으로, 바이든 대통령의 대표적인 기후 법안인 IRA가 비판받고 있고, 당장 축소/폐기를 언급하고 있어 청정에너지 프로젝트의 중단 등의 혼란이 발생하는 것도 사실입니다. 또한, 재생에너지 관련 주식이 폭락하고 청정에너지에 대한 정책 지원이 줄어들 것이란 예상도 공공연히 들리고 있습니다. 하지만, 전 세계적인 녹색에너지 전환은 이미 진행 중이고, 전 세계 기후 산업과 관련된 리더십을 중국이 리딩하고자 하는 데 있어, Trump가 그 큰

* Alexander Kozul-Wright, 'The Value of U.S. Energy Dominance', Al Jazeera, 2024.12.11, https://trumpwhitehouse.archives.gov/articles/value-u-s-energy-dominance/

시장을 그대로 뺏기지는 않으리라 봅니다.

에너지 전환의 큰 시대적 흐름 앞에, 미국의 차세대 산업의 지형이 신재생에너지를 기반으로 펼쳐지게 될 거라 예상합니다. 에너지 전환의 시대에서도 리더가 되고자 하는 미국 기업들의 만반의 준비 사항을 볼 때, 단순히 'Trump 2.0 시대' 그 4년의 변화 소용돌이에 매몰되어서는 안 된다는 강한 확신을 해보게 됩니다.

IRA는 청정에너지 시장에서 부분적으로 미국 기업이 중국과 경쟁하는데 있어 도움이 되도록 고안되어 있기에, Trump의 기후 부정론으로 인해 청정에너지 시장의 기회를 등한시한다면, 이는 곧바로 중국의 청정에너지 시장 지배력을 굳건히 하고 시장을 내놓는 결과로 귀결될 것입니다.

Trump는 향후 안정적인 집권과 그의 당선을 위해 전방위적인 노력을 기울인 화석에너지 산업의 기대에 부응하기 위해 노력할 것은 이미 정책의 상수(常數)로 알고 있습니다. 그러나, 친환경 에너지원으로 급격히 변화하고 있는 시대적 흐름과 점차 대두되는 재생에너지 분야의 패권 다툼이 현실화되는 것을 그냥 지나치지는 못할 것입니다. 가장 거센 변화는 그의 유권자가 가장 많이 분포한 텍사스 지역 등의 신재생에너지 산업이 촉발할 것이고, 기후리더십 왕좌를 지키고 신재생에너지 산업을 육성하기 위해 집권 중반을 넘어서는 즈음에 변화의 모습이 포착되리라 예상됩니다.

5 MAGA(Make America Great Again)를 위한 에너지 전환

미국은 비옥한 넓은 땅을 가지고 있으며, 많은 천연 자원을 보유한 자원 부국(富國)이기 때문에 축복받은 나라로 알려져 있습니다. 세일가스/오일 혁명으로 인해, 자국내에서 산출되는 에너지를 사용하고 수출할 수도 있는 기술과 여력을 가진 나라이기도 합니다.

- 미국에서의 에너지 전환은 왜 화두가 되는 걸까요?
- 왜 미국의 많은 화석에너지 산업뿐만 아니라, 구글, 애플, 마이크로소프트, 아마존 등의 기업은 에너지 전환을 위해서 기꺼이 많은 돈을 투자하고 있을까요?

지금 가진 자원만으로도 그들의 비즈니스 환경은 그럭저럭 유지되고, 전 세계를 상대로 한 에너지 비즈니스에서 강한 영향력을 발휘할 수 있을 텐데요. 단순히 기업의 선한 이미지 구축을 통해 소비자의 지속적인 선택을 이끌어내고, 로열티를 얻기 위함은 아닐 거라고 생각합니다.

결국은 본연의 업(業)에서의 기술적 초격차뿐만 아니라, 에너지 수급 부분까지 후발 업체와의 차별화를 통해 앞선 선두의 위치를 뺏을 수 없도록, 난공불락의 성(城)을 쌓고 있는 것입니다.

에너지의 최종소비자가 거대한 에너지 비즈니스의 해양에서, 키를 잡고 배를 움직이게 하는 선장의 역할을 하면서 신재생에너지의 큰 시대적 흐름을 이끌고 있는 것이란 인상도 받습니다.

점차 에너지 동력으로 전기를 사용하는 전기화(Electrification) 심화 현상, AI(인공지능) 산업의 핵심 기반이 되는 데이터센터의 전기 수요 급증, 기업에 필요한 전력량의 100%를 '태양광 · 풍력' 등 친환경 재생에너지원을 활용해야 한다는 RE100(Renewable Energy 100%) 요구 등으로 **앞으로의 미래는 전기를 가진 자가 세상을 리딩하게 될 것**입니다.

24년 9월, 마이크로소프트는 AI(인공지능) 열풍으로 무탄소 전력수급에 사활을 걸고, 폐쇄되었던 펜실베이니아 주의 쓰리마일 원전을 재가동하고, 전력을 구매하는 계약을 체결했다고 밝히기도 하였습니다. 멈췄던 원자력 발전소의 안정성 등의 여타의 문제까지 껴안고, 빠르게 전력수급이 가능한 부분을 찾고 있는 전 세계 기업들의 촌각을 다투는 무한의 경쟁 열기가 느껴지는 대목입니다.

지난 Trump 1.0 정권에서도 재생에너지 관련한 비즈니스는 국가의 중요 사업으로 추진되었습니다. Trump 2.0 시대에서 그 추진 동력과 속도는 잠시 더디어질 수도 있지만, 에너지 전환의 시대적 흐름과 인류 전체가 가야 하는 길이라는 것을 잊으면 안 되겠습니다.

MAGA를 위해서 뼛속까지 비즈니스맨인 Trump는 자국의 이익에 도움이 되는 정책이라면 유연성 있게 움직일 것이고, 정쟁을 넘어, 국가와 국민의 에너지 비즈니스에 득이 되는 방향이라면 더 큰 성장의 모멘텀을 만들 Trump 2.0 시대가 될 수 있으리라 예상해 봅니다.

반도체, AI(인공지능)가 집어삼킨 경제 이슈에서 그 기반이 되는 "에너지 비즈니스"가 중요한 이슈의 한 축으로 큰 관심을 받고 있습니다. 미국은 노후화된 전력망을 개선하기 위한 많은 논의들이 오고 가고 있고, **모든 것의 전력화(Electrification)**로 인해 거대한 전력 수요를 대비하기 위한 고민의 깊이를 더하고 있습니다. 한국은 정치적인 이슈로 인해 이런 논의에 함께하지 못하고 있는 점이 무척 안타깝습니다.

화석연료에서 재생에너지로의 친환경 전환을 매우 빠른 속도로 추진하고 있는 중국이 또 다른 에너지 패권의 강자로 우뚝 서고 있음을 전 세계가 주목하고 있고, 에너지 비즈니스에서 새로운 종속관계를 원하지 않는다면, 우리 스스로 다른 패를 준비해야 할 것입니다.

블랙록(BlackRock), 골드만삭스(Goldman Sachs), JP모건(JP Morgan) 등의 거대 자본이 향하는 곳을 봐야 합니다. 화석에너지 산업을 리딩하는 Shell, Chevron, OXY, BP 등의 거대 기업이 석유화학 산업을 탈피를 위해 시도하고 있는 탄소 포집, 재생에너지, 지속가능항공유 등에 많은 자금을 투자하는 것에서 힌트를 얻어야 합니다. 텍사스 주에 미국의 에너지부인 DOE(Department of Energy, 美 에너지부)가 DAC(Direct Air Capture) 허브 구축을 위해 4.7조원을 투자하고, 에너지 전환을 위한 신규 비즈니스에 막대한 노력을 기울이는 것도 새롭게 다가오는 에너지 전환의 시대에서 우위를 선점하기 위한 노력의 일환입니다.

미국을 더욱더 위대하게 하는 그 길에 에너지 전환의 큰 시대적 흐름이 새로운 기회로 다가오고 있습니다. 에너지 비즈니스를 리딩하는 미국이 되기 위한 Trump의 기민한 움직임은 지금도 계속되며, 언제든지 방향과 속도를 조절하며 그들의 이익이 최대한으로 닿는 곳으로 달릴 만반의 준비가 되어있습니다.

● [참고] Electrification(전기화)을 넘어 Smart Electrification을 꿈꾼다 ●

Electrification(전기화)은 에너지(동력)를 전기 형태로 공급 및 소비하는 변화를 의미하며, 가솔린 엔진차가 전기차로 바뀌는 것, 석탄으로 철광석을 녹이던 용광로를 전기로 철을 녹이는 전기로로 바뀌는 것 등을 예로 들 수 있습니다.
전력의 생산과 소비가 같은 곳에서 진행되고, 타 에너지와의 연계도 확산되어야 하므로, 이에 대한 논의가 Smart Electrification으로 확장, 고도화되고 있습니다.
Smart Electrification은 IRENA(23.06) 보고서를 통해 비용 효율적인 에너지 시스템의 탈탄소화를 위한 개념으로 본격적인 논의가 시작되었습니다.
전력시스템에서 높은 비율의 재생에너지를 수용하고, 재생에너지의 간헐성(intermittency)과 다양한 에너지원의 유연성을 해결하면서, 최종 에너지 소비부문을 전기화하는 것을 의미합니다.
Smart Electrification은 단순한 전기화를 넘어 전력 부문과 다른 에너지 부문(열, 모빌리티 등)을 상호 연결하고, 모든 에너지 부문에서 유연한 자원을 활용하는 통합적 접근을 통해 에너지 전환을 가속화하는 핵심 전략으로 손꼽히고 있습니다. 이의 현실화를 위해, 스마트 그리드(Smart Grid), 전기차 충전 인프라, 스마트 빌딩, VPP(가상 발전소) 등의 확충 및 활성화가 필요함을 강조합니다.

(출처: 'Innovation Landscape for Smart Electrification', IRENA, June 2023, https://www.irena.org/Innovation-landscape-for-smart-electrification/Introduction, https://www.irena.org/News/pressreleases/2023/Jun/Powering-the-Energy-Transition-with-Smart-Electrification)

2.4

미국의 에너지 산업 보조금, 그와 강력하게 엮여져 자유로울 수 없는 우리

미국은 다양한 지정학적 위험 속에서, 그들의 산업을 일으키고, 지속적인 성장과 고용 수준을 유지하기 위해 강력한 Reshoring(해외 생산기지의 복귀) 정책을 추진하고 있습니다.

1980년대, 레이건 대통령 시절 제조업을 통한 성장보다는, 금융 산업을 통해 빠르게 전체적인 산업 체질을 개선하고자 하였던 정책은 2000년대 들어서 갖은 부작용을 드러내며 미국 제조업의 국가 위기를 가져오게 되었습니다.

Trump 1기 집권 시절부터 강력한 미국을 외치며, 전 세계 투자의 방향을 미국으로 집중하라고 외치며 대미투자를 독려하였고, 바이든 정부는 IRA, 청정경쟁법(CCA) 등의 자국 내 제조업 부흥을 통한 경제 체질 개선을 꾀하였습니다. 이와 연관되어 우리나라의 많은 기업들이 세제 혜택과 미국 시장 확보를 통한 안정적 기업활동을 예상하며 천문학적인 금액의 투자를 통한 공장을 짓고, 현지 인원을 채용하면서 미국 시장에서의 생존을 위한 험난한 길을 걷고 있습니다.

● [참고] 미국의 청정경쟁법(Clean Competition Act, CCA) ●

CCA는 국가 간 탄소집약도 차이로 인한 생산비용 격차와 가격경쟁력 문제를 해결하기 위해 제안된 법안입니다. 이 법안은 2025년부터 시행될 예정이며, 초기에는 철강, 시멘트, 알루미늄 등 12개 에너지 집약적 산업의 원자재에 대해 탄소세를 부과하고, 2027년부터는 완제품으로 적용 범위를 확대할 계획입니다. 온실가스 1톤당 55달러의 세금이 부과됩니다. CCA는 EU의 탄소국경조정제도(CBAM)보다 빠른 시행과 더 넓은 적용 범위를 가지고 있어, 한국을 포함한 수출국들에게 상당한 영향을 미칠 것으로 예상됩니다. 이 법안의 시행으로 인해 한국 기업들은 향후 10년간 최대 2조 7,000억 원의 추가 비용을 부담할 수 있어, 국내 산업의 탄소집약도 개선과 대응 전략 마련이 시급한 상황입니다.

(출처: '미국 청정경쟁법(CCA, '25년 시행)의 국내 파급효과 및 시사점', FKI 한국경제인협회, 24년10월, https://eiec.kdi.re.kr/policy/domesticView.do?ac=0000189190)

비단 한국의 현실만은 아닌, 대미 무역이 중요한 일본, 대만 등의 제조업 강국들은 다 겪고 있는 도전 과제이지만, Trump 2.0 시대를 맞이하며 이러한 현상은 더욱더 가속화되고, 미국의 우방/파트너로서의 식별은 이러한 투자와 연관되어 비즈니스 참여의 우선순위가 판가름되게 될 것입니다.

Trump 2.0 시대에 바이든 정부 시절에 있었던 주요한 정책이 폐기 또는 축소에 대한 많은 의견이 분분한 이때, 단순히 에너지 비즈니스에 대한 이슈가 소비적으로 다뤄지는 것을 경계하고자 합니다. 분명한 것은 그들의 정책적 방향은 미국 이외의 국가들의 성장이나, 안위는 우선순위에 포함되지 않는다는 것이고, 그들의 제조업 부흥과 지속적인 일자리 창출과 핵심 산업에 대한 안정적인 기술 확보가 최우선인 기조는 바뀌지 않을 것이기 때문입니다. 그들의 이러한 시각과 정책에 발맞춰서 이견이 없이 함께 갈 수 있는 파트너인지의 여부가 그들의 중요한 의사결정 포인트입니다. 그들의 파트너 라인업 안에 들어있지 않다면, 향후 경제 번영의 기회도 전혀 나눌 수 없기에 우리는 가장 큰 경제 대국인 미국의 요구에 울며 겨자 먹기로 이러지도 저러지도 못하며 끌려가는 형국입니다. 하지만, 위기는 곧 기회이기에 이 틈에서 반드시 우리가 찾을 수 있는 협상 포인트와 우리의 강점을 적극 어필하며 타 파트너 국가들과의 차별점으로 우리의 에너지 비즈니스 성공을 위한 방안 개척에 집중해야 할 것입니다.

’24년 에너지전환포럼에서 발표한 자료*에 따르면, IRA 도입 이후 총 프로젝트 투자금액 중 32%는 한국 기업이 수주한 것으로 알려져 있습니다.

총 프로젝트 투자금액 1,102억 달러, 배터리, 전기차, 태양광 대부분 차지

	금액(백만달러)	프로젝트 수(개)
Batteries	76,104.8	60
Electric Vehicles	15,795.5	43
Solar	13,059.9	39
Wind	1,565.0	13
Other	3,732.0	4
Total	110,257.2	159

* ‘미 IRA 보조금 32% 한국 기업들이 받아...수출 위협하는 부메랑되나’, ESG 경제, 2024.07.17, https://www.esgeconomy.com/news/articleView.html?idxno=7154

IRA 이후 발표된 총 프로젝트 중 한국 기업 프로젝트 비중 32%(투자금액 기준)

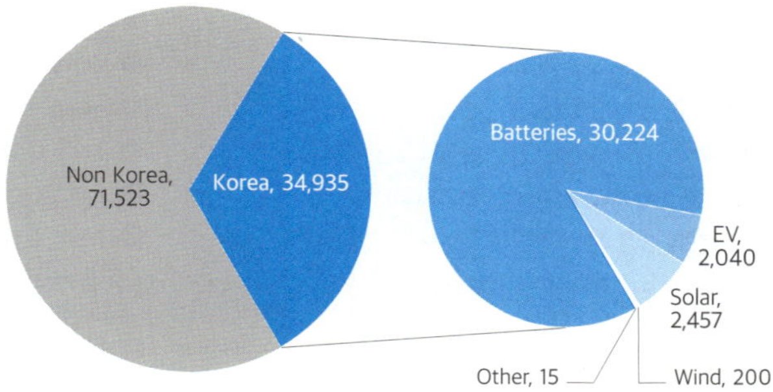

자료: 보도자료, 유진투자증권

(출처: '미 IRA 보조금 32% 한국 기업들이 받아...수출 위협하는 부메랑되나', ESG 경제, 2024.07.17., https://www.esgeconomy.com/news/articleView.html?idxno=7154)

이미 많은 투자가 집행되어 있는 남부 주들의 이른바 "배터리 벨트" 지역을 비롯하여, 현재 미국의 MAGA를 실현해줄 실질적인 기회를 한국의 많은 기업들이 함께 일궈가고 있음을 강하게 어필해야 할 것입니다.

한국 배터리 3사 북미 생산공장 현황

LG에너지솔루션	
GM 합작공장	❶ 오하이오 연 40GWh
	❷ 테네시 연 50GWh(2023년 하반기 가동)
	❸ 미시간 연 50GWh(2025년 가동)
스텔란티스 합작공장	❹ 캐나다 연 45GWh(2024년 가동)
독자공장	❺ 미시간 연 20GWh(지난해 기준 5GWh)
	❻ 애리조나 연 43GWh(2025년 가동)
혼다 합작공장	❼ 오하이오 연 40GWh(2025년 가동)
현대차 합작공장	❽ 8 조지아 연 30GWh(2025년 가동)

SK온	
포드 합작공장	❶ 테네시 연 43GWh(2025년 가동)
	❷ 켄터키 연 43GWh(2025년 가동)
	❸ 켄터키 연 43GWh(2026년 가동)
독자공장	❹ 조지아 1공장 연 9.8GWh(가동 중)
	❺ 조지아 2공장 연 11.7GWh(가동 중)
현대차 합작공장	❻ 조지아 연 35GWh(2025년 가동)

삼성SDI	
스텔란티스 합작공장1	❶ 인디애나 연 33GWh(2025년 가동)
GM 합작공장	❷ 인디애나 연 30GWh(2026년 가동)
스텔란티스 합작공장2	❸ (부지 미정) 34GWh(2027년 가동)

(출처: '미국은 돈줄·일자리 다 챙겼다…IRA 1년, 한국기업 속타는 사연', 중앙일보, 2023.08.18, https://www.joongang.co.kr/article/25185600)

배터리, 전기차, 태양광 등의 분야에서 기술 우위를 인정받고, IRA의 보조금을 기대하며 사업을 진행하고 있습니다. 해당 산업을 진행하는 공장과 비즈니스의 리더십은 미국의 법, 규제, 제도, 인력 등에 많은 영향을 받기 때문에 우리의 산업 경쟁력을 계속 유지하는 것이 무척 어려울 것이라 생각됩니다.

미국의 국가적 신뢰를 기반으로 많은 투자가 이뤄진 만큼, 우리나라 정부와 기업들이 진출한 주(州)의 주정부와의 협력을 통해 사업 추진의 당위성과 마땅히 가져야 하는 이권에 대해 미국 정부에 당당히 요청해야 합니다. 미국의 경제 성장, 일자리뿐만 아니라, 미국 중심의 공급망 재편을 만들어가는 데 우리 기업의 많은 노력과 헌신이 있음을 정치(상원, 하원), 경제협력 단체 등과 함께 목소리를 키워 적극 전달해야 합니다. MAGA의 가장 강력한 파트너가 우리 기업이며, 향후 청정 에너지 비즈니스를 리딩하는 데 핵심 자산, 기술을 함께 일궈가고 있는 동반자임을 주지시켜야 할 것입니다.

지정학적 이권과 첨예한 대립으로 여러 갈래 나누어진 에너지 패권 전쟁에 있어서, 향후에도 미국의 확고한 파트너로 함께 간다면 우리는 주고받는 비즈니스 관계를 제대로 이용해야 할 것입니다. 항상 을(乙)의 입장에서 주기만 하고 얻을 때는 너무나 힘들게 얻는 현재의 비즈니스 방식에서, 한 단계 더 나아가야 합니다. 한국의 정부, 기업은 우리가 확보해야 하는 부분에 대한 능동적인 제언과 민-관 One-team으로서의 고도의 외교 기술을 펼쳐 이권을 선점하고 수성하는 데 역량을 모아야 합니다.

2.5

위기에 대한 경고음 속에 눈여겨봐야 하는 Signal

어느 나라보다 한국 정부와 기업은 Trump 2.0 시대를 제대로 예견하지 못했다는 의견이 지배적입니다. 대미 수출과 관련된 산업이 한국 경제에서 차지하는 부분이 절대적으로 많기에, 미국은 매우 중요한 경제 파트너입니다. 미국의 리더십이 크게 변화하며 몰고 올 위기와 기회에 철저히 대비를 하지 못하였고, 현재의 한국의 정치적 혼란 또한 더해지며 경제 위기에 대한 경고음이 계속 울린다는 얘기가 들리고 있습니다.

- IRA 및 각종 세금 지원책에 대한 폐기 및 축소에 대한 대책, 협상은 어떻게 진행할 것인가?
- 각종 관세 상향으로 인한 국가 경쟁력 하락은 어떻게 막을 것인가?
- Trump 1기 때처럼 인플레이션이 더욱더 가속화될 때 전 세계, 한국에 미칠 통화, 경제적 영향은 어떻게 될 것인가?
- 지정학적 위기 고조로 전 세계 공급망 및 원자재 확보에 문제로 인한 타격은 어떻게 해결할 것인가?

등의 현안과 고민이 쌓이고 있는 것이 사실입니다.

이렇게 위기가 몰려오고 있다는 경고음 속에, 우리는 어떤 것들을 눈여겨봐야 하는 것일까요?
무엇이 위기이고, 무엇이 기회의 시그널(Signal)일까요?

다양한 지표 중에서도 에너지 수급과 관련된 부분이 그 Signal의 단서입니다.

Trump 정부의 에너지 정책 기본 원칙은 중동 및 러시아-우크라이나 전쟁 등과 무관하게 안정적으로 석유, 가스 등의 에너지원을 확보하겠다는 '에너지 자립(Energy Independence)' 수준을 넘어, 자국 내에서 생산하는 석유와 가스 등 에너지를 통해 글로벌 에너지 시장의 주도권을 장악하겠다는 것입니다.

에너지 자립은 한 국가가 자국 내 에너지 수요량보다 많은 양의 에너지를 자체 생산할 수 있는 능력을 의미하며, 전 세계 에너지 시장의 수급 상황이나 전쟁, OPEC 산유국의 담합, 이권 및 정치적 갈등과 같은 이슈들에 영향을 받지 않는 상태를 말합니다. 에너지 자립을 이룬 나라는 이러한 외부 요인에 관계없이, 자국 내 수요-공급 법칙에 따라 에너지 가격을 통제할 수 있기에, 다른 나라의 눈치를 보지 않고 자국의 이익을 위해 목소리를 더 낼 수 있게 됩니다. 이로 인해 전 세계의 많은 나라를 자국의 영향권 안에 두고 협상의 우위를 선점하는 강력한 무기를 가진 것입니다.

Trump를 지원한 석유화학 기업에 보답하기 위한 정책을 강건하게 펼칠 것으로 전망됩니다. 하지만, 이미 바이든 정부에서 코로나 시기를 지나고 에너지 가격 안정화의 필요성, 최근 많은 전력수요를 감당하기 위해 미국 내 석유 및 셰일오일, 가스 관련 시추량이 최대치를 경신했기에 지속적인 증산을 요구하기 힘든 상황입니다. 그렇기에, 기존의 화석에너지 산업에 지금처럼 안정적으로 사업을 추진할 수 있는 길을 터주면서, 전 세계적인 화두인 '에너지 전환(Energy Transition)'과 연관된 청정에너지 산업도 함께 가기 위한 투자가 병행될 것으로 예상됩니다.

2.6

Trump 2.0 시대의 시너지(Synergy)와 수혜는 누가 가져가는가?

Trump 2.0 시대의 정치, 경제, 산업, 문화 전반의 변화는 전 세계에서 일어나는 작은 나비효과에도 달라질 수 있는 부분들이 많습니다. 특히, 중국, 러시아, 중동의 기존 세계 질서에 변화를 시도하는 대범한 행동들이 예측할 수 없는 상황들을 만들어 낼 것입니다. 이러한 상황에 더해, Trump 또한 국제질서의 거의 모든 요소에 도전하고, 그들에게만 유리한 게임을 진행할 태세를 갖추고 있기에, 이러한 충돌과 충돌이 거세게 맞붙는다면 무역전쟁, 국지적 전쟁을 넘어서는 세계대전(World War)의 위험 상황으로 치달을 수도 있습니다.

하지만, Trump 본인의 특화된 실리 위주의 거래적 성향, 전쟁 회피 의지, 동맹국들 간의 관계 재설정 등으로 러시아, 중국 등의 야망 있는 국가들과 새로운 대타협을 이룰 수 있다는 전망도 우세합니다. 적절히 모든 패권에서 미국이 리딩하는 모양새를 취하며, 큰 분쟁을 일으키지 않고 미국의 실리를 얻는 데 집중할 것으로 보입니다. 이미, 우크라이나-러시아 전쟁 종식 요구, NATO 한국 일본의 방위비 분담금 상향 요구, 관세 압박을 통한 멕시코의 파나마 운하에 대한 영향력을 높이고, 그린란드에 대한 통제권을 확보하려는 큰 그림 등은 동맹국과 주변국에 대한 지배력을 강화하려는 그의 움직임을 단적으로 보여주는 행보입니다.

Trump 2.0 시대에는 지지부진한 전쟁으로 인한 전 세계적인 피로감, 'America First'로 대변되는 미국보호주의가 촉발한 전 세계 자국주의, 민족주의의 이기심을 팽배하게 하는 기조를 만들 것입니다. 수면 아래 깊이 존재하던 문제들이 떠오르면서, 무역전쟁, 국지적 전쟁을 넘어서는 전 세계의 위험수준으로 표출될 위기로 치달을 수도 있습니다. 이로 인한, 에너지 안보에 대한 위험과 심각성은 이미 최고조에 달했고, 국가별 성장 동력은 어디로 추진력을 얻어야 할지 이리저리 흔들리고 있습니다. 지금, 모두가 열광하는 AI로 인한 발전, 더 나은 삶을 예견하는 핑크빛 미래도 에너지 안보가 기반이 되어야만 실행될 수 있음을 반드시 명심해야 합니다.

Trump의 관세 위협이 단순한 협상 전술일지, 이것이 국경의 변경과 세계 및 지역 안보질서의 조정을 요구하는 다른 세력들에게 불만의 불만을 야기하는 Trigger가 될지 지켜봐야 할 것 같습니다. 이것이 미국의 힘을 축소하고 싶어 하는 중국과 러시아에게 새로운 도발의 빌미가 될 수 있습니다.

이러한 정세 속에서 **에너지 안보와 관련된 산업 간의 협력과 시너지는 청정에너지로의 전환, 핵심광물 공급망 확보, 그리고 에너지 저장 및 유연성 확보 등의 분야**에서 발휘될 것입니다. 이러한 시너지 분야들은 에너지 안보를 강화하면서도 지속가능성과 효율성을 높이는 방향으로 산업 간 협력이 이루어지게 될 것입니다. 그 길목에서 Trump 2.0 시대에서 '효율성'을 중시할지, '성장성'에 주목할지에 따라 목적지가 달라지며 시대의 흐름을 격하게 변화시킬 것이라 예상됩니다.

Trump 2.0 시대의 예상되는 산업 간의 시너지 분야를 크게 4가지로 짚어보았습니다.

[1] '재생에너지와 천연가스 산업의 시너지'는 현재 가장 주목받는 시너지 분야가 되고 있습니다. 재생에너지의 간헐성을 보완하기 위한 LNG 발전소의 전략적 배치로 안정적 전력공급이 되기에, 해당 사례를 주의 깊게 들여다봐야 할 것 같습니다. 기존 화석에너지원을 함께 사용하면서, 완전한 청정에너지로 가는 중간 지점에서의 양방향의 시너지를 내면서 순조로운 전환이 가능할 수 있으리라 예상합니다. 또한, 발전소 건설 시에 가스, 태양열, 풍력을 통합 설계에 포함시켜 효율성과 운영자 제어를 향상시키는 '하이브리드 에너지 시스템'을 고려하는 것도 방법이 되고 있습니다.

[2] '에너지 저장 및 유연성 확보의 시너지' 분야는 향후 에너지 비즈니스의 핵심 기회로 부상하고 있습니다. 이 분야에서는 대규모 배터리 에너지 저장 시스템(BESS), 스마트 그리드, 그리고 수요 반응 기술이 주목받고 있습니다. ESS(Energy Storage System) 산업은 재생에너지의 간헐성을 보완하는 필수 분야이기에 재생에너지 산업과 함께 성장하며 시너지를 내는 분야가 될 것입니다.

[3] 'AI · 디지털 기술과 에너지 산업의 융합 시너지'는 발전량 예측, 스마트 그리드, 에너지 관리 시스템, AI 기반 에너지 최적화 등의 사례를 통해 그간 해결하지 못했던 에너지 분야의 난제를 해결하는 데 적극 활용되고 있습니다. 이제 기존 에너지 비즈니스의 강자들이 미적거리는 틈을 타서, AI 디지털 기술로 무장한 기업들의 시장 침투가 본격화되고 있습니다. 새로운 에너지 비즈니스는 기존 비즈니스 강자들의 AI 디지털 기술의 도입을 통한 혁신의 결과로 생겨나기도 하고, 에너지 산업에 대한 깊이는 낮지만 얽매이지 않는 신선한 시각으로 에너지 비

즈니스에 참여하는 새로운 흐름도 생기고 있습니다.

[4] '송유관 및 에너지 인프라 최적화를 통한 시너지'는 이미 구축된 Utility 산업 시설, 송유관(pipeline)의 유휴시간(downtime)을 줄이고, 최고의 사용률을 통한 운영 효율화를 이끌어내게 되는 분야로 관심이 집중될 것입니다. 운영효율화는 수익과 직결되는 부분이기에, 기존의 노하우를 석유, 가스, 수소 등과 같은 다양한 에너지원의 저장, 운송 분야에 적극 적용하여 초격차를 유지하는 전략으로 사용되게 될 분야입니다. 또한, 신규 원유 및 LNG 생산 프로젝트 승인에 따른 파이프라인, 수출 터미널 건설 활성화로 한국 에너지 EPC(설계, 조달, 시공) 기업에 사업 참여기회 확대가 예상됩니다.

Trump는 새로운 에너지 비즈니스로의 확장이 가속화되는 시점에, 화석에너지 산업에만 관심을 집중할 수는 없을 것입니다. 에너지 비즈니스와 그물과 같이 연계된 산업의 리더십을 꿰차고 진두지휘하고 싶을 겁니다. 방위산업 분야의 한국의 기업들과 LNG 수출을 둘러싸고 한국의 조선업계에 러브콜을 보낸 것은 매우 이례적이며, 전 세계적인 화제를 몰고 왔습니다. 그들의 'America First', '에너지 비즈니스 강국'으로 가는 데 있어서 한국의 조력은 필수적입니다. 특히, 조선업은 Trump의 화석연료 부흥책에 따라 에너지 운반선(탱커, LNG 운반선) 발주가 늘어날 것으로 기대되고, 건조, 수리, 선박 수출 분야에서 미국과의 긴밀한 협력 기대감이 높아지고 있습니다.

중국은 Trump 복귀로 가장 큰 타격을 받을 것으로 예상되는 국가 중 하나지만, 역설적으로 Trump의 '중국 때리기', '중국 따돌림'이 계속될 수록 중국 당국의 경기 부양 의지는 점차 강해지게 될 것입니다. 내수부진의 악재도 현재 심각한 수준으로 치닫고 있어, 중국 정부가 내놓을 과감한 경기 부양책도 미국이 고려해야 하는 사안입니다.

다양한 현안이 계속 부각되고, 불확실성이 뉴노멀이 된 지금, Trump 2.0 시대의 성공은 우리 스스로가 가진 역량으로부터 기인합니다. 중요한 시대의 에너지 패권을 앞다투는 데 있어, 한국이 캐스팅보트(Casting Vote)를 쥐고 움직일 수 있는 기회를 에너지 비즈니스에서 찾아보시죠.

제3장

에너지 전환(Energy Transition)과 격화되는 글로벌 경쟁

3.1 ‘에너지 전환’은 왜 화두가 되는 것일까?

3.2 ‘에너지 전환’을 둘러싼 글로벌 경쟁은 어떻게 진행되고 있는가?

3.3 에너지 비즈니스의 확고한 리더

3.1

'에너지 전환'은 왜 화두가 되는 것일까?

에너지 전환은 단순한 기술 변화를 넘어 경제, 안보, 지정학적 영향력을 좌우하는 핵심 요소로 인식되면서, 에너지 전환을 위한 글로벌 경쟁이 더욱 치열해지고 있습니다. 이는 기후변화 대응이라는 공동의 목표와 국가 간 경쟁이라는 현실적 이해관계가 복잡하게 얽힌 결과라고 볼 수 있습니다.

도시에 살고 있는 사람들은 아직까지 피부로 체감하는 기후변화의 어려움을 느끼지 못하는 것이 사실입니다. 그러나, 해수면의 상승으로 국토의 대부분이 유실되고, 예측할 수 없는 통제불가능 수준의 폭우와 산사태 등으로 하루아침에 삶의 터전을 잃는 경우가 전 세계적으로 급속히 증가되고 있습니다. 이러한 상황이 또 다른 불안정성을 만들고 전쟁의 위험성과 기후 난민이 증가하는 데 영향을 미치는 요인이 되고 있습니다. 기후변화로 인한 전 세계적인 위험성이 높아지고 있는 현실을 애써 외면하고 있는 것은 아닌지 다시 한번 생각해 봐야 합니다.

에너지 전환과 관련하여 '순조로운 전환(Smooth Transition)', '정의로운 전환(Just Transition)'이라는 용어가 자주 등장하고 있습니다. 에너지 전환 과정에서 발생할 수 있는 사회적, 경제적 문제들을 인식하고 이를 해결하려는 노력이 공정하게 이뤄져야 함을 말합니다. 그만큼, 에너지 전환이 어렵고 경제 전반에 많은 영향을 미치기에, 차

근차근 지속가능한 방향의 에너지원으로 전환하자는 메시지를 전하고 있습니다.

① 에너지 전환과 에너지 안보/독립

에너지 전환은 단순한 기술 변화를 넘어 경제, 안보, 지정학적 영향력을 좌우하는 핵심 요소로 인식되면서 반드시 가져가야 하는 국가적 미션이 되고 있습니다.

러시아-우크라이나 전쟁을 통해서 유럽 내 에너지 안보에 대한 공포를 불러일으키게 되었고, 이는 유럽의 에너지 전환을 가속화시키는 계기가 되었습니다.

유럽은 러시아로부터 저렴한 가격으로 천연가스(LNG)를 공급받고 있었으나, 전쟁으로 인해 수급이 불균형하게 되자 청정에너지원으로부터 전력을 얻는 재생에너지 분야와 원자력 발전으로 눈을 돌리게 되었습니다. 에너지 가격 상승으로 인한 경제적 부담이 증가하기 시작하였고, 지금도 그 어려움은 계속되고 있는 상황입니다.

러시아 LNG 외에 대체 공급원 확보를 위한 인프라 투자 비용이 발생하면서, 여러 EU 국가들이 LNG 터미널을 신설하거나 확장하는 데 막대한 비용을 지출했습니다. 에너지 비용 상승으로 인해 EU 기업들의 국제 경쟁력이 약화되고, EU가 적극적으로 추진하고 있는 에너지 전환 정책 추진에 차질이 빚어지게 되었습니다. 독일과 같이 빠르게 재생에너지로 전환한 국가도 있는 반면에, 일부 국가들은 단기적으로 석탄 발전을 늘리는 등 기후 목표 달성에 어려움을 겪고 있습니다.

② 기후변화에 가장 큰 도움이 되는 에너지 전환

에너지 전환(Energy Transition)은 단순히, 자연보호, 지구를 위한 착한 일에서 한발 앞선 정도의 흐름이 아닙니다.

IPCC 제5차 평가보고서(AR5, 2013년)에서 인간 활동이 기후변화의 주요 원인이라는 결론이 제시되었습니다. 이러한 연구결과와 2015년 파리협정(지구온난화를 방지하기 위해 온실가스를 줄이자는 전 지구적 합의안)을 통해, 전체 온실가스 배출의 대부분을 차지하는 '에너지 발전-산업 부문-수송 부문'에서의 화석에너지를 대체하는 에너지 전환에 대한 논의가 본격적으로 시작되었습니다.

온실가스를 발생시키는 가장 큰 부분은 전기를 생산하는 에너지 발전 산업입니다. 이에 탈석탄을 외치는 에너지 전환 흐름이 대두되게 되었고, 정의로운 전환, 순조로운 전환으로 불리며 화석연료에서 바람, 물, 태양열 등과 같은 자연에너지를 활용해 전기를 만드는 재생에너지로의 급격한 전환이 전 세계의 핫이슈가 되었습니다.

③ 에너지 전환과 성장의 기회

에너지 전환을 통해 경제적 성장의 기회를 얻고, 기술 혁신과 신규 일자리가 만들어지면서 에너지 전환을 위한 에너지 비즈니스에 많은 돈과 인재가 모이고 있습니다.

에너지 전환 위원회(ETC)는 23년 보고서*에서 2050년까지 세계 경제를 탈탄소화하려면 연간 3조 5천억 달러의 투자가 필요할 것으로

* 'Financing the Transition: How to Make the Money Flow for a Net-Zero Economy', Energy Transitions Commission(ETC), 2023.03, https://www.sdxfoundation.org/30/?bmode=view&idx=117386053

예상된다고 하였습니다.

실제로, 에너지 전환과 관련되어서는 국가 차원의 움직임과 국부펀드들의 투자 활동이 눈에 띄게 보이는 영역이기도 합니다. 정책과 세금, 규제와 지원 정책이 다같이 일어나는 분야이기 때문에 각 국가별로 초미의 관심사입니다. 경제 성장과 일자리 창출 측면에서 수십 년간 지속적인 투자가 수반되고, 거버넌스(Governance) 측면에서 든든한 지원이 필요하게 됩니다. 이렇게 에너지 전환과 관련한 큰 방향을 정하면 많은 인적, 물적 투자가 뒤따라 이뤄지게 됩니다.

국가 차원에서 에너지 기간 산업을 변화하는 데 얼마나 많은 천문학적인 투자가 발생할까요? 이와 연관된 산업들의 영향력 또한 엄청날 것입니다. 이러한 변화 속에 존재하는 기회를 찾고, 빠르게 전략적 변화(Pivoting)를 실행하는 회사들이 살아남고 있습니다.

에너지 전환을 미래 성장의 발판으로 삼는 대표적인 국가가 중국과 독일입니다.

중국이 2021년 에너지 전환투자를 전년 대비 60% 증가시켜 글로벌 리더로서의 입지를 강화하고 있고, 풍력과 태양광 발전 용량을 19% 증가시키며 관련 산업의 리더십을 굳건히 하고 있는 상황입니다.

독일은 2030년까지 재생에너지 비중 80%, 2035년까지 100%에 가까운 목표를 설정하고, 실제로 2022년 전력 소비의 46.9%를 재생에너지로 충당했습니다. 러시아의 LNG 수급의 어려움을 뼈저리게 체험하고, 빠르게 재생에너지 기반의 전력산업으로 변화를 이끌어냈습니다. EU의 친환경 에너지 전환을 이끄는 독일의 저력이 돋보입니다.

에너지 전환을 이끌 기술을 구현하기 위한 제조업 시장도 같이 성장하기에, 미국, EU, 중국, 일본 등의 주요국들은 청정에너지 기술 분야에서 주도권을 잡기 위해 경쟁하고 있습니다. 이는 기업의 새로운 투자 분야로 큰 성장을 이뤄가는 대전제가 되고 있습니다. 이렇게 에너지 전환은 전 세계 국가와 기업에게 도전이자 기회입니다. 국가, 자본, 기업 모두가 이 과정에서 새로운 성장의 기회를 찾을 수 있습니다. 재생에너지 기술 발전, 에너지 효율 개선, 새로운 비즈니스 모델 창출 등을 통해 누군가는 재빠르게 위기를 기회로 바꿀 수 있는 성공사례를 착실히 만들어가고 있습니다.

④ RE100(Renewable Energy 100%)은 초격차를 유지하는 수단?

기후위기 대응을 위해, 화석에너지 사용을 줄이고 탄소 배출이 없는 에너지원으로부터 에너지를 얻기 위한 노력과 많은 관심은 2020년대 들어 전 세계의 화두가 되었습니다.

이렇게 어려운 에너지 전환을 본격적으로 촉발시킨 계기가 있었으니, 그것은 바로 투자사들의 행보였습니다. 블랙록, 골드만삭스와 같은 전 세계 투자를 좌지우지하는 금융기업들이 좌초산업(향후 성장이 둔화되거나 하락이 명백한 산업)이라고 명명한 산업군에 화석에너지 산업을 콕 찍어 언급한 것이 그 시발점이 되었습니다.

특히, RE100(Renewable Energy 100%)이 촉발시킨 재생에너지 사용에 대한 자발적인 기업의 노력은 이제 제조업이라면 무시할 수 없는 시장 내 규제로 자리 잡는 추세이고, 또 하나의 산업계 허들로 인식되고 있는 상황입니다. RE100은 기업이 사용하는 전기를 2050년까지 100% 재생에너지로 전환하겠다는 민간 캠페인(英 Climate Group)으로 연 1회 CDP(Carbon Disclosure Project)에 사용 실적을 보고해야 하며, 전 세계 투자기관의 참고지표로 활용되고 있습니다. 이 때문에 기업들은 앞다퉈 RE100 달성에 노력을 기울이고 있습니다.

애플은 2030년까지 공급업체들의 RE100 달성을 강력하게 요구하고 매년 그 달성 사항을 확인하고 있습니다. 구글은 여기서 더 나아가 최근에 나온 기사에서는 "협력 업체와 함께 5GW(원자력 발전소 5개 규모)의 재생에너지를 구축하고, 50억 달러 이상의 재생에너지 투자를 촉진하여 8,000개 이상의 일자리를 창출하겠다" 밝히며 RE100 참여로 새로운 혁신 생태계 창출에 앞장서고 있습니다.*

글로벌의 앞선 리딩 기업들은 RE100을 어떻게 달성할지에 대한 구체적인 방안과 스케줄 제시를 요청하며, 에너지 전환에 기여하는 행보를 적극적으로 취하고 있습니다.

RE100 달성을 강력히 요구하는 세계적 흐름

(출처: 디지털타임스, 2024.10.17, https://v.daum.net/v/20241017055112603)

RE100 달성을 위한 적극적 참여가 필요하면서도, 한국 기업 입장에서는 재생에너지 조달 비용 증가로 인한 가격 경쟁력 하락을 우려하는 부분이 크게 대두되고 있습니다. 점차 재생에너지 발전 비용이 낮

* 디지털타임스, 2024.10.17, https://v.daum.net/v/20241017055112603

아지는 추세에 있지만 현재로서는 발전 비용이 높고 공급이 부족해 기업들의 RE100 이행에 어려움을 겪는 것도 사실입니다.

재생에너지 부족으로 인해 국내 기업들이 해외로 생산설비를 이전하거나 외국 기업의 국내 투자가 감소할 수 있다는 우려가 제기되고 있는 상황입니다. 정부의 재생에너지 정책 미흡과 한국전력의 계통 제약으로 인해 재생에너지 설비 확대가 지연되고 있습니다. 빠른 시일 내에 진전이 일어나지 않는다면, 국내 기업들의 글로벌 시장 경쟁력 약화로 이어질 수 있다는 부정적 전망이 여기저기서 들리고 있습니다.

RE100 참여 기업들은 재생에너지 시장의 성장을 주도하며, 재생에너지 전환을 통해 경쟁 우위를 확보하고 있으며, 이는 다른 기업들과의 격차를 벌리는 결과로 이어질 수 있음을 시사합니다. 기업에 실존하는 에너지 전환 리스크에 대한 공시를 요구하면서 리딩 기업들이 타 기업과의 초격차를 벌리는 데 주효한 수단이 RE100이 아니냐는 볼멘소리도 들리고 있는 현실입니다.

[참고] RE100(Renewable Electricity 100%)

RE100은 기업이 2050년까지 사용 전력의 100%를 재생에너지로 전환하겠다고 약속하는 자발적 글로벌 캠페인으로 에너지 전환의 가속화를 목적으로, 영국의 Climate Group이 주도(2014, 뉴욕기후주간회의에서 출범)하여 BMW, 애플, 구글을 포함해 약 450여 개의 회사가 참여 중입니다.
(*https://www.there100.org/re100-members)

RE100 참여를 위해서는 연간 전력사용량이 100GWh 이상인 전력 다소비 기업이거나, 해당 지역에서 영향력 있는 기업으로 인정받아야 하고, 참여 기업에게 2030년까지 60% 이상, 2040년까지 90% 이상, 2050년까지 재생에너지 전력 100%를 사용 권고하고 있습니다. 기업이 보유한 사업장 전체 대상으로, 매년 전체 전력 사용량 대비 재생에너지 사용량으로 산정해 CDP 위원회 보고를 필수로 하며, 재생에너지를 구매하는 선에서 그치는 것이 아닌, 구매를 통해 재생에너지에 대한 투자가 이루어질 수 있는 방안 선호하고 있습니다.

RE100은 풍력, 지열, 태양, 수력, 바이오매스(바이오가스 포함)에서 발전된 전기를 재생에너지로 간주하며, 재생에너지 전력 달성을 위한 방법을 명시하며, 수력과 바이오매스의 경우 지속가능한 방식으로 조달된 전력만을 인정하며, ISO 13065:2015, Greene(북미 재생에너지표준) 등 제3자 검증을 통한 인증을 권고하는 것으로 알려져 있습니다.

(출처: '제조 수출기업의 RE100 대응 실태와 과제', 한국무역협회 국제무역통산연구원, 2024년 17호)

(출처: RE100정보플랫폼, https://www.k-re100.or.kr)

3.2

'에너지 전환'을 둘러싼 글로벌 경쟁은 어떻게 진행되고 있는가?

에너지 전환이 촉발한 에너지 비즈니스 산업의 큰 임팩트는 모든 산업에 걸쳐 그 효과가 크게 나타나기에, 각국의 정부 전략과 연계되고 물가와 세금으로 연결되면서 국민의 삶과 직결되는 결과로 나타나게 됩니다. 향후, 에너지 비즈니스 중에서도 집중되는 정부 정책과 지원금, 기술 육성 방향, 기업의 사업 전략 및 고급 인재의 유치 등의 눈에 보이지 않는 '에너지 전환에서의 승리'를 위한 절체절명(絶體絶命)의 전쟁은 치열하게 전개되고 있습니다.

과연 다음 세대에게 지금보다 나은 청정한 세상, 진일보한 더 나은 세상을 전해주기 위한 순수한 의도의 경쟁이 진행되는 것일까요? 산업의 가장 중요한 인프라인 에너지-전력산업에서 경제적 우위를 선점하고, 앞선 기술로 초격차를 만들어 후발 주자가 절대 끼어들 수 없고, 넘을 수 없는 장벽을 만들기 위함이란 생각이 강하게 듭니다.

세계적인 에너지 싱크탱크(Thinktank)인 Ember가 발표한 '23년 기준, G20 국가들의 전기 생산방식을 시각화한 자료를 보면, G20 국가들의 재생에너지로의 전환이 빠르게 이어지고 있고, 그중 한국의 변화가 매우 더디게 진행되는 것을 확인할 수 있습니다. 재생에너지 관련하여 약 9%, 나머지 비재생가능 영역(원자력, 화력발전 등)에서 91% 수준으로 전기생산이 이뤄지고 있어 G20 국가 중에 최하위권에 머물고 있습니다. 현재도 재생에너지 도입과 관련하여, RE100 준수 및 애플 등의 주요 수출 파트너사들의 강력한 요구를 받고 있는 상황입니다. 향후 에너지 전환 여정에서 많은 도전과 빠른 변화의 필요성이 제기되고 있기에, 국가 차원에서의 에너지 전환에 많은 관심을 기울여야 할 매우 중요한 시기입니다.

G20 국가들의 전기 생산방식 비교(How the G20 Generates Electricity)

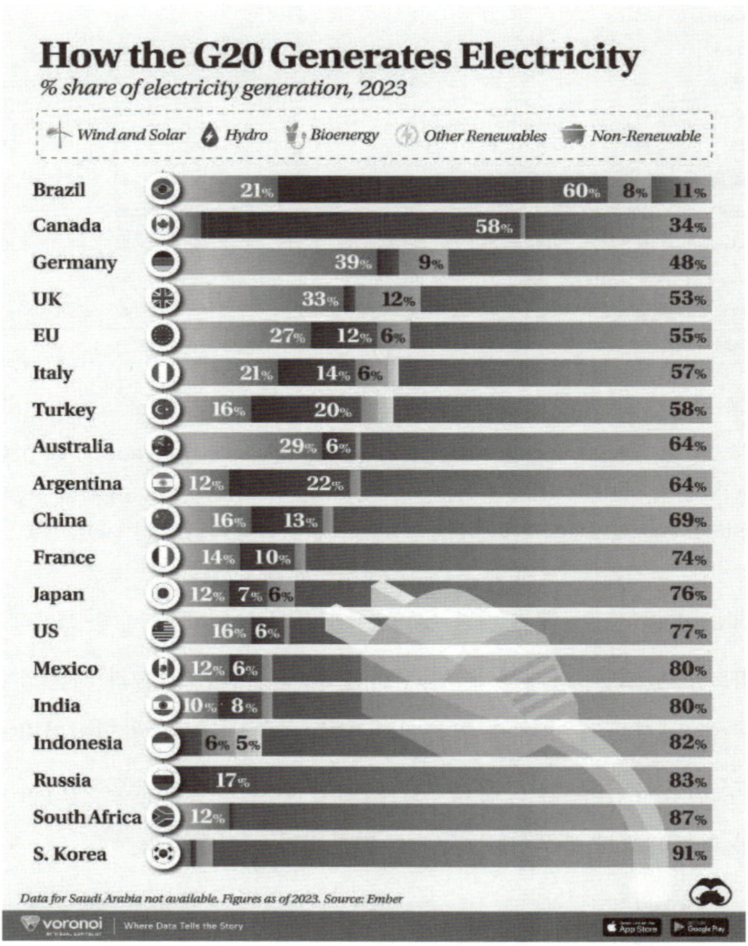

국가	풍력, 태양열(%)	수력(%)	바이오에너지(%)	기타 재생에너지(%)	비재생에너지(%)
BR Brazil	21	60	8	0	11
CA Canada	7	58	1	0	34
DE Germany	39	4	9	0	48
GB UK	33	2	12	0	53
EU EU	27	12	6	0	55
IT Italy	21	14	6	2	57
TR Turkey	16	20	3	3	58
AU Australia	29	6	1	0	64
AR Argentina	12	22	2	0	64
CN China	16	13	2	0	69
FR France	14	10	2	0	74
JP Japan	12	7	6	0	76
US U.S.	16	6	1	0	77
MX Mexico	12	6	2	0	80
IN India	10	8	2	0	80
ID Indonesia	0	7	6	5	82
RU Russia	0	17	0	0	83
ZA South Africa	12	1	0	0	87
KR South Korea	5	1	3	0	91

(출처: ‘Visualizing How the G20 Generates Electricity, Visual Capitalist, 2024.08.13, https://www.visualcapitalist.com/visualizing-how-the-g20-generates-electricity/#google_vignette, https://ember-energy.org/latest-updates/wind-and-solar-replacing-coal-powers-share-in-g20-countries/)

에너지 비즈니스를 둘러싼 국가 간에 보이는 전쟁도 세계 각지에서 격화되고 있지만, 신재생에너지로의 전환에 필요한 기술과 자본의 보이지 않는 경쟁 또한 매우 격화되고 있습니다. 그 흐름에 뒤쳐지지 않는 정도가 아니라, 그 흐름을 이끌어야만 다가오는 새로운 에너지 패권과 담합에서 조금은 자유로울 수 있으리라 예상합니다.

① 전 세계의 Bridge 에너지*에 대한 애정과 관심은 왜일까?

에너지 전환은 기존의 석탄·석유·가스 중심의 지정학 구도를 재편하고, 청정에너지로 모두 다 전환하기까지 **'화석에너지-Bridge 에너지**(무탄소 에너지, 원자력 에너지 등)**-신재생에너지'**로의 중요 이정표(Milestone)를 세우며 에너지 전환의 큰 과업을 이뤄 나갈 것이라 예상됩니다.

각국의 에너지 전환 정책은 그들의 지정학적 위치, 속해 있는 경제 구역, 산업의 특성 및 국민의 에너지 소비 형태 등을 반영한 국가적 특성에 기반하여 진행되고 있습니다.

해당 특성을 반영하여, 전통적 화석에너지에서 급격하게 재생에너지로 전환하는 국가들도 있고, 중간 에너지 또는 Bridge 에너지라 불리는 에너지원(천연가스, 원자력, 바이오매스, 수소 등)으로의 전환을 중간에 디딤돌 삼아 재생에너지로 전환하는 국가들도 있습니다.

에너지 전환의 각축장에서는 지금의 Cash cow를 잃지 않겠다는 화석에너지 산업과 향후 미래 먹거리로 국가적 차원의 지원을 받으며 성장하고자 하는 재생에너지 산업이 격돌하고 있는 것처럼 보입니다.

하지만, 현재까지 가장 큰 수혜자는 Bridge 에너지 산업입니다.

Bridge 에너지는 화석연료에서 재생에너지로 전환하는 과정에서 중간 단계 역할을 하는 에너지원을 의미합니다. 주로 청정하고 효율적이지만 아직 완전한 무탄소 에너지는 아닌 에너지원들을 지칭합니다. 가장 대표적인 Bridge 에너지원으로, 석탄보다 온실가스 배출이 약 44% 수준인 **천연가스(LNG)**, 저탄소 에너지원으로 중간 단계 역할을

* 화석연료에서 재생에너지로 전환하는 과정에서 중간 단계 역할을 하는 에너지원

하고 있는 **원자력**, 기존 화석연료를 대체할 수 있는 친환경 대안으로 관심을 받고 있는 **바이오연료**, 대표적인 청정에너지원으로 주목받고 있는 **수소**가 있습니다. 특히 그린수소는 미래 에너지원으로 기대되고 실험적 가치 증명을 넘어 상용화 수준의 시도가 가장 활발히 일어나는 분야이기도 합니다. 이미 널리 사용되고 있는 천연가스(LNG), 원자력뿐만 아니라, 저탄소 에너지원에서 기술적 진보를 통한 무탄소 에너지로 가고 있는 바이오연료와 수소의 활용성이 점차 기대되고 있는 상황입니다.

많은 기후기술(온실가스의 감축과 적응에 집중하는 기술) 산업군의 투자와 관심 또한 Bridge 에너지로 향하며 많은 투자가 진행되었고, 국가별 차세대 기술 확보에 열을 올리고 있는 분야이기도 합니다. 특히, LNG, 수소 에너지원을 기반으로 한 에너지 비즈니스에서는 한국 기업들의 활약이 돋보이고 있습니다.

LNG 사업에 진출하여 안정적인 에너지원 공급을 진행하고 있는 SK 이노베이션 E&S와 GS칼텍스, 새만금 그린수소 생산 클러스터에 참여하여 **수소** 에너지 사업을 추진 중인 한화솔루션, 효성중공업, 수소 발전 기술을 리딩하고 있는 두산에너빌리티, 수소 모빌리티 분야의 현대로템 등이 많은 관심을 받고 있습니다.

에너지 전환에서 가장 중요한 가치는 "가격"으로, 경제적 가치 측면에서 우위를 확인하면서 에너지 전환은 보수적으로 진행되고 있습니다. 그렇기에 재생에너지 전환으로 가는 현재의 시점에서 중간 에너지, 또는 Bridge 에너지라 불리는 에너지원으로의 우선적 전환과 사용이 늘어나고 있는 것이 현실입니다. Bridge 에너지는 바로 사용이 가능한 에너지원과 이를 가공할 수 있는 기술이 존재하기에, 재생에너지 간헐성 문제를 보완하고, 향후의 재생에너지로 에너지 전환을 완성하는 데 기여할 것으로 기대됩니다. 그러나, Bridge 에너지에 대한 비판과 걱정을 토로하는 의견도 많이 있습니다.

현재 낮은 발전비용으로 경제성의 우위에 있는 LNG의 경우, 많은 국가에서 지속적 사용을 고려하고 있어 에너지 전환의 발목을 잡는다는 의견이 많고, 저탄소 에너지원이라고 하였지만 전체 밸류체인상으로 살펴보면 저탄소 에너지원이라 불리기 어렵다는 연구 결과 또한 지속적으로 발표되고 있습니다. 개발도상국의 경우, 이제 막 경제발전을 위한 에너지원으로 LNG가 적극 도입되고 있는 상황입니다. 그들의 LNG 사용을 제약하게 된다면 많은 반발과 함께, 에너지 패권전쟁에서 LNG 도입에 적극적인 쪽의 편에 서게 되는 현상을 초래할 것이라는 우려가 높습니다.

또한, 러시아-우크라이나 전쟁 이후 유럽의 미국산 LNG 수입이 늘면서 미국은 세계 최대 수출국이 되었고, LNG 수출이 한참 확장되면서 러시아와의 껄끄러운 관계가 심화되고 있습니다. 한편으로는 미국 내에서 전략적으로 LNG 수출에 대해서 수출 축소, 통제하는 등의 변화를 주려는 움직임*도 나타나고 있어 향후 LNG 에너지원을 둘러싼 이해관계자 간의 수 싸움은 계속될 것이라 예상됩니다.

원자력은 재생에너지의 바람이 불기 시작하며 축소되는 에너지원으로 여겨지다가, 러시아-우크라이나 전쟁이 촉발시킨 에너지 안보에 대한 우려로 인해 다시금 에너지 비즈니스의 기간이 되는 에너지원으로 자리 잡고 있습니다. 원자력 발전은 에너지 전환 과정에서 온실가

* 'ENERGY, ECONOMIC, AND ENVIRONMENTAL ASSESSMENT OF U.S. LNG EXPORTS', US DOE, 2024 Dec, https://www.energy.gov/sites/default/files/2024-12/LNGUpdate_SummaryReport_Dec2024_230pm.pdf https://www.hankookilbo.com/NewsLetter/eusseug/Read/2008

스 배출이 없는 에너지원으로, 많은 양의 전기에너지를 생산하며 간헐적인 재생에너지의 단점을 보완하여 전력망의 안정성을 높이고 있습니다. 특히, 철강 생산과 같은 에너지 집약적 산업의 탈탄소화에 기여할 것으로 예상되고, 전기화 수요가 급증하고 있는 최근에 더 많이 고려되는 에너지원으로 손꼽히고 있습니다.

AI가 촉발시킨 전력 부족 사태는 원전 수명을 연장하는 방안을 검토하게 되었고, 신규 원전 건설 계획도 지속적으로 알려지고 있습니다. 원전 폐쇄 후 재가동되는 사례도 심심치 않게 들리고 있습니다. 이러한 흐름은 전 세계적으로 원자력 발전이 에너지 전환 과정에서 중요한 역할을 계속할 것임을 보여주고 있고, 청정에너지 수요 증가, 기술 혁신, 정부 지원 등이 원자력 발전의 확대와 수명 연장을 뒷받침하고 있습니다.

원자력 발전은 사용 중에도, 원전 종료 이후에도 위험성과 고려해야 할 점이 많기에 많은 비판에 직면해 있는 것이 사실입니다. 특히, 방사능 누출사고와 원자로 냉각에 사용된 온수가 주변 수계로 방출되어 수생 생태계에 악영향을 미치는 열 오염, 사용 후 핵연료 등 방사성 폐기물의 안전한 보관 및 처리에 대한 위험과 불안함이 바로 떠오릅니다. 그럼에도 불구하고, 현재의 빠르게 증가하는 전력 사용에 안정적인 전력 발전을 신규 원전으로부터 충당하고자 하는 계획과 실행은 전 세계적으로 진행되고 있습니다. 재생에너지에 비해 매우 높은 건설·운영 비용, 평균 14.5년이 소요된다는 원전 건설 기간, 원자로 냉각에 꼭 필요한 많은 양의 물, 핵 연료인 우라늄 또한 재생 불가능한 자원으로 장기적으로 고갈될 위험에 있습니다. 이러한 위험과 어려움에도 원전을 시급히 건설하고 있는 상황이 에너지 전환의 시기에서는 불가피하게 마주쳐야 하는 현실이기에 그 두려움과 걱정이 앞서고 있습니다.

발전설비 운영기간 동안 발생하는 모든 비용을 수치화한 단위전력량(kWh)당 발생비용인 균등화발전비용(LCOE, Levelized Cost of Electricity)에서 재생에너지가 빠르게 경제적 효익을 증명하며 성장하고 있습니다. 하지만, 친환경 에너지 전환의 최종 목표로 진행하는 데 있어 중간 디딤돌 역할을 하는 Bridge 에너지 분야는 한동안 매우 공고히 전 세계를 움직이는 에너지 비즈니스로 군림할 것입니다.

이러한 상황에서 각국은 자국의 산업 및 에너지 소비 특성에 따른 전략과 다른 국가들의 동향과 정책 개선 사항을 면밀히 분석하여 사업화 전략과 준비 사항을 마련하고자 동분서주하고 있습니다. 거시적 관점의 에너지 전환과 관련된 전 세계의 흐름을 꿰고 있어야, 다각화되는 에너지 비즈니스 중에 선점할 사업 분야를 확인하고, 적시적소에 내놓을 무기를 준비할 수 있을 것입니다.

② 국가별 중요 에너지 전환 이슈 & 동향

| 미국 - 에너지 전환을 이끄는 주정부 & 민간 부문의 투자 물결

국가 차원의 정책과 지원금을 통해 에너지 전환의 큰 방향을 제시하는 연방정부와 탈탄소를 향한 걸음을 멈추지 않는 각 주별 활동사항이 전 세계의 이목을 끄는 에너지 초강대국입니다. 민간 자본의 힘을 제대로 보여주는 화석에너지 산업이 정치, 경제에 엄청난 영향을 미치고 있고, 향후 청정에너지로의 에너지 전환과 관련된 기후기술 산업 분야의 기술개발에 엄청난 투자가 진행 중인 다이내믹한 에너지 비즈니스의 핵심 국가입니다.

미국의 연방정부와 주정부가 분리된 제도적 토대가 Trump 2.0 시대의 탈탄소와 관련된 에너지 전환의 급브레이크를 완화하는 역할을 할 것이라고 예상됩니다. 빅테크 본사가 밀집한 미국 캘리포니아 주를 비롯한 워싱턴, 뉴욕, 일리노이, 미시간 주 등에서는 연방정부와 구별된 독립적 기조의 정책을 여전히 견지하고 청정에너지로의 전환을 가속화하는 데 동참하고 있습니다.

미국은 민간 부문이 주도하는 사업에 정부의 지원금이 투입되는 지원 방식으로 에너지 전환을 추진하고 있습니다. 이는 기업들이 청정에너지 기술에 투자하도록 유도하며, 민간의 사업 진행 방식에 마중물이 되는 자금 투여를 통해 경제적 효율성을 높이는 데 기여하고 있습니다. 각 주별로 자치적으로 진행되는 에너지 전환 및 탄소 감축을 위한 법안 등도 발의되고 있어서, 다양한 생각과 시도가 매우 빠르고 진중하게 진행되고 있습니다.*

또한, 민간 영역의 싱크탱크로부터 자발적으로 에너지 전환과 관련된 다양한 연구 프로젝트가 진행되고, 에너지 전환에 도움이 되는 기후기술(Climate Technology)에 투자하며 혁신 기술 확보를 위한 전방위적인 노력이 추진되고 있습니다.

빌 게이츠가 이끄는 Breakthrough Energy는 청정에너지 혁신을 가속화하고 Net Zero를 목표로 하는 이니셔티브입니다. 혁신적인 기술 개발과 대규모 투자를 통해 에너지 전환을 가속화하고 있으며, 산업계 전반에 걸쳐 청정 기술 도입을 촉진하는 중요한 역할을 하며, 다양한 에너지 전환과 관련된 초기 기업들에 적극 투자를 하고 있습니다. 수소, 탄소 제거, 전력 송전 분야에 중점 투자를 진행하며, 정책 입

* https://www.eenews.net/articles/how-2023-changed-the-way-states-do-climate-policy/

안자들과 협력하여 청정에너지 전환을 위한 정책 환경 조성에 박차를 가하고 있습니다. 차세대 지열 프로젝트를 진행 중인 Fervo Energy, 상업용 규모의 열 배터리에 대한 연구를 진행하고 있는 Antora Energy, 산업용 열/전력의 저장용량을 확장 가능하도록 하는 분야에 집중하고 있는 Rondo Energy 등의 향후 에너지 전환에 필요한 요소 기술 분야의 초기 기업들에 적극 투자를 진행하고 있습니다. 상용화 및 규모 확대 가능성이 높은 기술에 우선적으로 투자가 진행되고 있고, 그들의 투자 포트폴리오는 전 세계 투자자들의 돈을 끌어당기는 이정표가 되는 중입니다.

혹시라도, 정부 주도의 에너지 전환에 대한 흐름이 늦어진다 하더라도, 주정부와 민간의 영역에서 에너지 전환에 대한 촌각을 다투는 에너지 비즈니스가 펼쳐지는 곳이 미국입니다. 돈의 흐름을 가장 빠르게 포착하는 비즈니스 맨들의 전쟁터인 미국에서, 향후 에너지 전환의 성장의 키(Key)가 어떤 기술과 테마에서 나올지 계속 주의 깊게 살펴봐야 하는 이유입니다.

| 캐나다 - 한국과의 많은 연결점을 만들고 싶어 하는 에너지 강국

캐나다는 전 세계 주요 에너지 생산량 6위*(중국, 미국, 러시아, 사우디

---

* 2024년 캐나다 천연자원부가 발표한 바에 따르면, 캐나다는 전 세계 주요 에너지 생산량 6위를 기록하였으며, 중국, 미국, 러시아, 사우디아라비아, 인도를 이은 수치로, 2005년 대비 전 세계의 에너지 생산량이 32% 증가할 동안 캐나다는 40% 이상 증가한 수치입니다.
Canada Energy Fact Book, 2030 Reduction Plan, 캐나다 통계청, Fich Solutions, KOTRA 밴쿠버 무역관 자료 종합, https://www.waterindustry.co.kr/overseas/overseas01.php?ptype=view&idx=135424&page=1&code=overseas01

아라비아, 인도 順)를 기록하는 에너지 강국이며, 풍부한 화석연료 매장량을 보유하고 있습니다. 우라늄을 제외한 캐나다의 주요 에너지 생산 비중은 원유가 49%를 차지하고, 천연가스가 32%를 차지하고 있습니다. 또한, 전력 생산의 60%가 수력발전을 통해 이루어지는 청정에너지 강국이기도 합니다.

Trump 재집권 이후, 관세전쟁을 앞두고도 자신감을 보이는 것은 이러한 에너지 자원 보유량과 더불어, 주요 에너지 공급국으로서의 위상, 그리고 청정에너지 중심의 안정적인 에너지 포트폴리오를 갖추고 있는 부분에 크게 기인합니다.

캐나다의 에너지 산업 시장 규모는 2023년 기준 약 2,220억 캐나다 달러로 캐나다 명목 GDP의 10.3%를 차지하고 있습니다. 이는 전체 산업 중 3위에 해당하는 수치이며 교역, 일자리 창출, 투자유치의 주요 원천이 되고 있고, 캐나다의 국가 경쟁력은 에너지 비즈니스에 기반하여 창출되고 있습니다. 캐나다는 수력(60%), 원자력(15%), 천연가스 순으로 에너지를 생산하기에, 향후 에너지 전환과 관련하여서도 우위를 점하며 청정에너지 기반의 사업을 추진할 기반을 갖추고 있습니다. 주요 기업으로는 BC Hydro, Fortis BC, TransAlta 등이 있으며, 특히 Hydro-Québec과 같은 대형 전력회사들은 북미 전력시장에서 강세를 보이고 있습니다. 또한 ATCO, Enmax, Epcor와 같은 기업들은 발전, 송전, 배전을 아우르는 통합적인 에너지 서비스를 제공하며 시장을 선도하고 있습니다.

기후기술 분야에 대한 폭넓은 지원을 통해, 향후 에너지 전환 시대를 미리 준비하고, 신재생에너지 관련한 에너지 비즈니스 분야의 기반을 미리 선점하기 위한 준비를 착실히 하는 대표적인 국가입니다. 현재도 풍부한 에너지원을 기반으로 한 경제 리더이자 에너지 강국이지만, 이에 안주하지 않고 에너지 안보(Energy Security)를 공고히 하며 향후 미래 에너지 비즈니스를 앞서서 이끌어갈 준비와 행보를 가장 적극적으로 보이고 있는 국가이기도 합니다. 캐나다 연방정부 차원에서는 2017년도에 넷제로 달성을 위한 전략혁신기금(Strategic Innovation Fund, SIF)을 설립하여 캐나다의 저탄소 지식 기반 성장을 위한 혁신적인 솔루션을 지원하고 민간 투자를 유치하겠다는 계획을 발표하였습니다. 특히 해당 기금 중 가장 높은 비중을 차지하는 '넷제로 액설레이터(Net Zero Accelerator, NZA)'라는 이니셔티브를 발족하여 탄소 배출 감축 기술 산업을 지원하는 정책을 시행하고 있으며, 캐나다 정부는 CCUS 기술을 활용해 탄소중립에 도달하겠다고 선언하기도 하였습니다. 이는 캐나다의 지리환경적 특성에 기반하며, 캐나다 앨버타주에서 브리티시컬럼비아주를 가로지르며 미국 남부까지 4,500km에 걸쳐 이어지는 로키산맥에서 셰일가스를 채취한 뒤 생기는 빈 공간에 탄소를 주입할 수 있기 때문입니다. 또한 2023년 말 캐나다 정부는 세계 최초로 CCUS(Carbon Capture, Utilization and Storage, 이산화탄소를 포집하여 활용하거나 저장하는 기술) 기술에서 생성될 미래 배출권을 매입하기로 결정하는 등 다양한 방식의 기후금융 메커니즘을 활용한 기후기술 산업 활성화 정책을 적극적으로 펼치고 있습니다.*

한국과는 화석에너지 분야의 공고한 파트너십을 기반으로 안정적인 에너지 수급의 절대적인 파트너로 그 위상이 올라가고 있으며, 에너지 안보 및 에너지 전환의 이슈와 더불어 한국의 에너지 공기업, 민간기업의 적극적인 투자와 협력이 지속적으로 이어지고 있습니다. 핵심광물 · 청정에너지 전환 · 에너지 안보 분야에서 양해각서를 체결했

* 기후테크 육성 종합전략, 서울대학교 기후테크센터, 2024.10

으며, 특히 배터리와 전기차 분야에서 활발한 협력이 이루어지고 있습니다. 2015년 한-캐 FTA 발효 이후 양국 간 교역은 꾸준히 증가하여 2021년 131억 달러로 역대 최대치를 기록했습니다. 최근에는 CCUS, 스마트 그리드, 빌딩, 배터리, 수소 등 청정에너지 기술 분야에서 공동연구와 인적교류가 진행 중이며, 캐나다 최초의 액화천연가스(LNG) 수출 터미널이 완공되는 2025년 이후부터는 캐나다가 한국의 주요 LNG 공급국이 될 예정*입니다.

한국가스공사(KOGAS)는 'LNG Canada 프로젝트'에 참여하며, 안정적인 LNG 도입선 확보와 북미지역 청정에너지 공급망 구축을 모색하고 있습니다. 한국과 캐나다 에너지 협력 강화를 통해, 에너지 안보 강화와 천연가스의 안정적 수급에 기여할 것으로 기대되고 있습니다.

캐나다가 한국과의 비즈니스를 우호적인 관계 속에 지속적으로 유지하려는 이유는 상호 보완적인 경제구조 때문입니다. 캐나다는 풍부한 천연자원과 핵심광물을 보유하고 있는 반면, 한국은 반도체와 배터리 생산 등 첨단 제조 기술을 보유하고 있습니다. 특히 미국의 인플레이션 감축법(IRA)에 대응하기 위한 전략적 파트너로서 한국과의 협력이 중요하며, 청정에너지 전환과 탄소중립 목표 달성을 위해서도 한국의 기술력이 필요한 상황입니다. 이러한 상호 보완적 관계를 통해 양국은 글로벌 공급망에서 중요한 역할을 수행할 수 있으며 변화하는 글로벌 에너지 패권전쟁에서 든든한 우방이 될 수 있으리라 전망해 봅니다.

* '2023 캐나다 에너지 분야 주목해야 할 5가지 키워드', 경제외교활용포털, 2023-02-20, https://president.globalwindow.org/kz.relateData.InDepthDataDetail.do?data_seq=749

EU(European Union, 유럽연합) - '에너지 안보와 탈탄소' 어느 것도 포기할 수 없는 딜레마

EU에서 탄소중립(Carbon Neutral)/넷제로(Net Zero)의 핵심 아젠다를 선점하고, 탈탄소를 위한 야심찬 계획을 펼치고자 할 때, 러시아-우크라이나 전쟁이 모든 것을 바꿔 놓았습니다. 유럽의 LNG(천연가스) 공급을 담당하던 러시아와의 불편한 관계는 에너지 안보의 중요성을 일깨우는 데 매우 중요한 역할을 하였습니다. 현재도 EU의 많은 나라들은 아직도 LNG 수급의 원활하지 못한 상황에 경제적 고통을 분담하고 있습니다. 에너지 전환에 대한 의지와 실행에 박차를 가하자고 하면서도, 전쟁으로 인한 급작스러운 에너지 수급 불균형과 실질적인 경제성 때문에 원자력 에너지에 대한 재검토를 하는 영국, 프랑스, 이탈리아 등의 국가들이 증가하고 있는 상황입니다.

EU가 그들의 경제 성장의 중요한 모멘텀으로 제시한 Net Zero로 향하는 길목에서 에너지 안보도 포기할 수 없고, 빠르게 에너지 전환을 해야 하는 목표도 함께 달성해야 하는 상황입니다. 그들이 전 세계에 공표한 탈탄소 및 Net Zero 이행에 대한 목표와 비전을 이끌어가는 데 있어, 자가당착에 빠지지 않기 위한 힘겨운 걸음을 걷고 있습니다.

독일 - LNG 수급처를 다변화하고, 빠르게 재생에너지로의 전환을 실행하는 EU 리더

독일은 EU 내 강력한 정치적, 경제적 영향을 미치며, 재생에너지로의 전환에 가장 많은 공을 들이는 나라입니다. 독일은 러시아-우크라이나 전쟁 전까지 천연가스 소비량의 55%를 러시아에서 들여올 만큼 에너지 의존도가 매우 높았습니다. 전쟁으로 인한 에너지 수급 불균형에 따른 어려움을 전면적으로 탈피하기 위해, 온실가스 감축을 위해 줄였던 석탄 발전까지 늘리는 고육지책(苦肉之策)을 택하며 에너지 전환의 진통을 겪어왔습니다.*

독일은 에너지 안보가 위협을 당하는 상황에서도, 유럽의 타 국가들이 원자력 발전 확대로 에너지 정책을 전환하는 것을 따르지 않았습니다. 독일 내에서도 22년 말 폐쇄 예정이던 마지막 원전의 가동을 연장해야 한다는 주장이 나왔지만, 결국 23년 4월에 남은 원전 3곳을 모두 폐쇄하며 탈원전 약속을 지켜냈습니다. 탈원전을 이뤄냈지만, 23년 독일 에너지 생산 현황**을 보면 재생에너지 52.6%, 화석연료 에너지 47.4% 등으로 완전한 에너지 전환을 이루기에는 절반 가까이 차지하는 화석연료 에너지의 비중을 낮추고 대안을 모색해야 하는 노력이 필요합니다.

탈원전의 쉽지 않은 결정과 에너지 전환 이행을 위한 경제적 부담, 국민적 합의를 이끌어내기 위한 많은 사회적 논의를 지속해 왔습니다. 독일이 재생에너지 비중을 높일 수 있었던 이유는 정부의 탄소중립 목표 달성에 대한 강력한 추진 의지와 국민들의 폭넓은 지지 등이 복합적으로 작용한 것으로 보입니다. 독일은 전 세계 에너지 전환의 롤 모델이 되고 있으며, 산업 전반에서 전기화(Electrification)로 전기에너지의 부족 문제가 심화되는 상황에서 독일이 탈원전을 계속 유지할 수 있을지에 대한 관심을 모으고 있습니다.

---

* '독일, 재생에너지 비중 50% 돌파', 23.12.21, 한겨레, https://www.hani.co.kr/arti/international/europe/1121253.html

** '23년 독일 에너지 생산 현황', 독일 연방 에너지 물산업협회(BEDW), 바덴뷔르템베르크주 태양에너지 수소연구센터(ZSW), '독일, 재생에너지 비중 50% 돌파', 23.12.21, 한겨레, https://www.hani.co.kr/arti/international/europe/1121253.html

독일 에너지 생산 현황

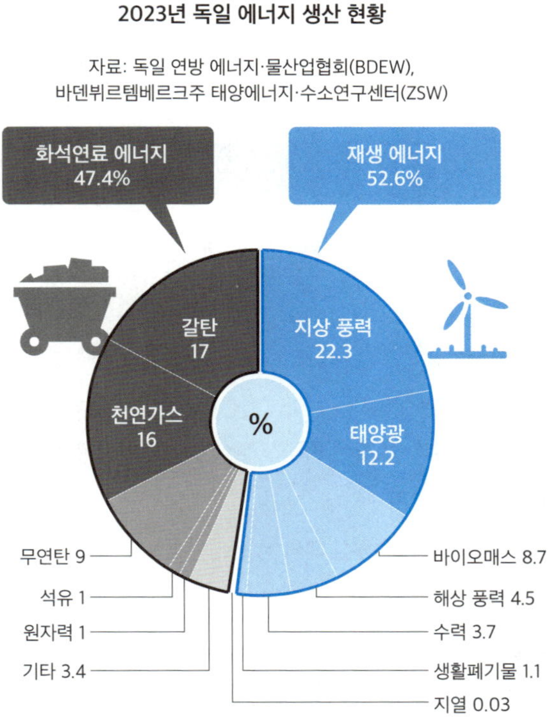

(출처: '독일, 재생에너지 비중 50% 돌파', 23.12.21, 한겨레, https://www.hani.co.kr/arti/international/europe/1121253.html)

2025년 2월 23일 실시된 독일 연방의회 총선에서 보수 성향의 기독민주연합(CDU)과 기독사회연합(CSU)이 28.5%로 승리하며, 독일의 에너지 정책이 기존 정부보다는 경제성과 기술중립성을 강조하는 방향으로 변화할 가능성이 예상되고 있습니다. 메르츠가 이끄는 CDU/CSU는 재생에너지 확대를 기본으로 하면서도 천연가스와 제한적인 원자력 활용 가능성을 열어두며 보다 실용적인 접근법을 취할 전망인 것으로 알려져 있습니다. 독일 내 반핵 운동은 오랜 역사를 가지고 있으며, 체르노

빌 및 후쿠시마 사고 이후 안전성에 대한 우려가 깊게 자리 잡고 있습니다. 원자력 발전 재도입 시 안전성 문제와 국민적 저항이라는 큰 장애물이 존재하기에 매우 조심스럽게 다뤄질 것으로 예상됩니다.

● [참고] 독일의 탈원전 역사 ●

1961년 첫 원전 가동 이후 62년 후인 '2023년 4월 16일' 원전 가동 중단, 탈원전 시대 시작

• 탈원전 정책 도입

2000년 6월: 정부와 원전 운영사들 사이에 원전 폐쇄에 관한 '원자력 합의' 이루어짐
2002년: 원자력법 개정으로 원전 폐쇄가 법적 구속력을 갖게 됨

• 정책 번복과 재확립

2010년: 메르켈 2기 정부가 원전 폐쇄 정책을 철회하고 사용기한 연장을 결정
2011년: 후쿠시마 사고 이후 메르켈 정부가 다시 탈핵으로 방향을 전환

• 최종 폐쇄 일정

2022년 연말까지 모든 원전의 가동을 순차적으로 중단하기로 결정

• 러시아-우크라이나 전쟁의 영향

2022년: 에너지 위기로 인해 원전 운행 연장에 대한 여론이 우호적으로 변화
2022년 말: 올라프 숄츠 총리가 2023년 4월 15일까지 원자력 발전소 운행을 연장하기로 결정

• 최종 탈원전 실현

2023년 4월 16일: 독일 내 마지막 남은 원전 3곳의 가동이 모두 중단되며 탈원전 시대 시작

(출처: '62년간의 원자력발전, 독일은 어떻게 끝냈나', 23.05.13, 시사인, https://www.sisain.co.kr/news/articleView.html?idxno=50217)

※ 2023년 기준으로 영구적으로 모든 원전을 폐쇄한 국가는 이탈리아(1990년까지 사용)와 독일(2023년까지 사용)이며, 이탈리아는 가장 먼저 원전 해체를 시작한 국가 중 하나입니다.

독일은 러시아산 가스 공급이 중단된 이후 에너지 비용이 급등하면서. 경제적 어려움을 겪고 있기에, 미국 및 중동 국가들과 LNG 및 수소 공급 확대 논의를 지속하면서 러시아 의존도를 더욱 낮추고 에너지 다변화를 적극 추진 중에 있습니다. 경제 안정성과 기후 목표 달성 사이에서 균형 잡힌 정책을 모색해야 하는 과제를 어떻게 풀지 많은 관심을 모으고 있습니다.

| 이탈리아 - 전 세계 전력 사업을 이끄는 에너지 기업을 다수 보유한 나라

이탈리아는 다양한 지형과 기후 조건, 그리고 지중해 연안의 위치적 이점을 활용하여 재생에너지 개발에 큰 잠재력을 가지고 있습니다. 이를 바탕으로 이탈리아는 2030년까지 총 에너지 소비의 30%와 전력 생산의 55%를 재생에너지로 충당하는 목표를 설정*하고, 에너지 전환을 위한 본격적인 행보를 진행 중에 있습니다.

현재 이탈리아의 전력 생산 구조를 살펴보면, 2024년 상반기 기준으로 재생에너지가 약 44%를 차지하고 있으며, 이는 수력, 태양광, 풍력, 바이오연료, 지열 등 다양한 원천으로 구성되어 있습니다. 화석발전은 주로 천연가스를 이용하며 약 35%를 차지하고 있으며, 나머지 19% 정도는 해외에서 전력을 수입하고 있습니다. 특히 주목할 만한 점은 이탈리아 재생에너지 산업의 빠른 성장세로, 2024년 상반기에는 전년 동기 대비 27.3%의 생산 증가를 기록했습니다. 더불어 이탈리아는 선진화된 전력망을 보유하고 있으며, 스마트 미터 설치와 같은 시스템 유연성 향상 및 스마트 그리드 솔루션 개발에서도 상당한 진전을

* https://www.vectorenewables.com/en/blog/renewable-energies-in-italy

이루어 왔습니다. 이러한 노력들은 이탈리아가 지속가능한 에너지 미래를 향해 꾸준히 나아가고 있음을 보여줍니다.*

이탈리아는 전 세계적으로 매우 영향력이 큰 에너지 비즈니스의 리더 기업을 다수 가지고 있으며, 그들의 행보가 전 세계 에너지 비즈니스의 향방을 가늠하는 위치에 있습니다.

이탈리아 국영 석유회사인 Eni 社는 이탈리아 최대 에너지 기업으로, 석유 및 가스 탐사부터 재생에너지까지 폭넓은 사업을 영위하고 있습니다. 세계 7대 메이저 정유회사 중의 하나이며, 2022년도 포춘 글로벌 500에 따르면 세계 13위의 대기업으로, 61개국에서 활동하며 글로벌 석유·가스 산업에서 중요한 위치를 차지하고 있습니다. 또한, 바이오연료, 탄소 포집 및 저장 기술 개발, 핵융합 에너지 연구 투자까지 거침없는 투자를 진행하고 있는 것으로 알려져 있습니다. 최대 전력회사인 Enel 社는 세계 최대 민간 재생에너지 발전사로, 30개 이상의 국가에서 7천만 명 이상의 고객에게 전력을 공급하고 있습니다. ERG 社는 재생에너지 분야에 집중하여 유럽 9개국에서 청정에너지를 생산하는 주요 독립 사업자로 성장했습니다.

이 중, 전 세계 전력 유틸리티 회사 중에서 가장 선도적인 에너지 비즈니스를 펼치고 있으며, 경영, 기술혁신, 다양한 분야에서 단연 두각을 나타내는 기업인 Enel은 본연의 사업에 Digitalization을 접목해 신성장 산업의 동력으로 삼고 있습니다. Enel은 1962년 이탈리아의 공공기관으로 설립된 후, 1999년 이후 이탈리아의 전력시장이 자유화되면서 민영기업으로 전환되었습니다. Enel은 이탈리아의 최대 전력

* https://www.green-forum.eu/energy/20240718/renewable-energy-production-in-italy-surges-273-in-2024-1261

회사이자, 세계 최대 민간 재생에너지 발전사로, 23년 지속가능보고서에 따르면, 23년 3분기 기준 매출 100조, 경상이익(세전) 23조를 기록하고 있습니다. 에너지 비즈니스 분야에서 정말 대단한 규모의 경제규모를 만들고 수익을 거두고 있습니다.

에너지 전환의 시대를 맞이하여 신재생에너지 확대, 석탄 발전 단계적 폐지, 전기화(Electrification) 촉진, 그리드 현대화에 집중 투자하고 있으며, 특히 2030년까지 신재생에너지 설비용량을 50GW로 확대하고, 스마트 그리드 구축에 260억 유로를 투자할 계획으로 알려져 있습니다. 최근에는 혁신적인 사업부문인 Enel X를 통해, 에너지 서비스의 디지털화와 지속가능성에 중점을 둔 글로벌 비즈니스로 성장시키고 있습니다. Enel X는 디지털 기술을 활용하여 고객들이 에너지 소비를 최적화하고 지속가능성을 높일 수 있도록 지원하고 빠르게 시장 대응을 위해 만든 조직입니다. 전력량의 수요에 맞추기 위해 전기 사용자가 사용량을 변화시키는 수요 반응(Demand Response), 전기차 충전, 에너지 저장, 분산형 에너지 자원 최적화 등을 포함한 사업을 진행하고 있습니다.

이러한 전략을 통해 Enel은 전통적인 에너지 기업에서 종합 에너지 서비스 제공자로 변모하고, 가장 발 빠르게 지속가능성과 혁신을 결합한 새로운 비즈니스 모델을 구축하고 있습니다. 미래 에너지 시장에서의 경쟁력을 강화하고 장기적인 경제적 가치를 창출하고자 노력하기에, 전 세계 에너지 유틸리티 비즈니스 기업들의 롤 모델이 되고 벤치마크의 대상이 되고 있습니다. 그들의 행보는 가장 앞선 사례가 되면서 에너지 비즈니스를 확장하는 데 기여하고 있습니다. 한국 비즈니스는 Enel X의 자회사인 Enel X KOREA를 통해서 국내 최대 규모의 가상발전소(VPP) 운영에 적극 참여하고 있으며, 한국중부발전, 삼성전자와 함께 경기 산업 단지 RE100 프로젝트에 참여하여, 국내 기업들과 많은 협업 사례를 만들어가고 있습니다.

이들 기업들은 정부의 지원 정책과 증가하는 청정에너지 수요를 바탕으로 지속적인 성장을 추구하고 있습니다. 이탈리아는 에너지 관련 전 세계 가장 많은 시설과 산업군을 가진 나라이며, 향후 신재생에너지로의 에너지 전환에 있어서 에너지 공룡인 그들이 취하는 전략과 행보에 많은 국가 전력회사 등의 관심을 초집중시키는 중입니다. 이들 기업은 각자의 분야에서 기술 혁신을 주도하며 전 세계 에너지 시장에 큰 영향을 미치고 있으며, 특히 재생에너지와 디지털 기술을 접목한 혁신으로 에너지 전환에 기여하고 있습니다.

프랑스 - 에너지 전환 혁신 기술에 적극 투자 중이지만, 여전히 원자력 발전이 최우선

프랑스는 원자력 발전을 통해서 전력 수급을 안정적으로 대응하고자 '**원자력** First'의 에너지 정책을 추진 중입니다. 프랑스의 에너지 전환 정책은 재생에너지 확대와 원자력 활용의 균형을 추구하면서, 소형 모듈 원전(SMR), 청정수소 등 혁신 기술 개발에 투자를 진행하는 것으로 알려져 있습니다. EU가 주요하게 내세우는 친환경 관련 정책을 그대로 따르기보다는 경제성과 에너지 안보에 주안점을 두고 정책을 펼치고 있습니다.

프랑스 또한 글로벌 에너지 비즈니스를 좌우하는 기업들을 보유하고 있고, 해당 기업들은 대부분 대규모 글로벌 운영을 통해 세계 에너지 시장에 상당한 영향을 미치고 있으며, 특히 재생에너지와 지속가능성 분야에서 혁신을 주도하고 있습니다. 글로벌 에너지 기업으로,

Total Energies는 전 세계 120여 개국에서 사업을 운영하는 세계 5대 석유·가스 기업 중 하나로, 재생에너지 분야에서도 선도적인 위치를 차지하고 있습니다. Engie는 유럽 27개국과 전 세계 48개국에 전력을 공급하며, 저탄소 솔루션으로의 에너지 전환을 주도하고 있습니다. EDF Renewables는 20개 이상의 국가에서 12.8GW 이상의 순 설치 용량을 보유한 글로벌 재생에너지 리더입니다.

프랑스는 2050년까지 에너지 소비량을 2021년 수준 대비 40~50% 줄이는 것을 목표로 하며, 2030년까지 태양광 발전을 100GW 이상으로 현재의 10배 확대, 해상풍력발전소 50개 건설(40GW 발전), 육상풍력발전소도 40GW로 현재의 2배 이상 확대를 계획하고 있습니다. 탄소중립 달성을 위해 원자력 발전을 교두보로 삼겠다는 비전을 제시하고 있습니다. 건물 에너지 효율 개선, 산업 부문 에너지 효율성 제고 등을 추진하고, 2030년까지 수송 부문 온실가스 배출량을 30% 감축하는 것을 목표로 하고 있습니다.

최근에는 자국의 세계적인 Quantum 컴퓨팅 스타트업인 PASQAL과 EDF(Électricité de France)와의 여러 협업사례를 추진하며, 에너지 비즈니스 내에 존재하는 다양한 어려움, 문제들을 양자기술을 통해서 해결해 보고자 하는 시도를 하여 많은 관심을 받고 있습니다. 에너지 관리 최적화, 재생에너지 통합, 전기차 충전 인프라 개선, 에너지 수요 예측 정확도 향상 등을 이종 기술·산업 간의 협업사례*를 통해, 에너지 전환에 있어 혁신적인 시도를 통한 돌파구를 만들어가고자 하는 노력을 볼 수 있습니다.

프랑스는 재생에너지로 전환하는 데 있어, 에너지 수요 증가에 적

* https://www.pasqal.com/case-studies/edf-customer-story/

극 대응하기 위해 '**원자력 발전 First**' 기반의 Bridge 에너지 활용을 기반으로 점진적으로 에너지 전환에 나서고 있습니다. 창의적인 시도와 에너지 비즈니스의 기업들에 지속적인 투자를 통해 에너지 전환에 있어서도 주도권을 차지하고자 전 세계 에너지 기업들의 흐름을 면밀히 주시하고, 빈틈을 노릴 것으로 보입니다.

중국 - 시대적 흐름에 가장 기민하게 움직여, 전 세계 에너지 비즈니스 석권을 노린다.

중국은 에너지 전환과 관련하여 재생에너지 산업에 가장 많은 투자를 기울이고 있으며, 관련 산업의 밸류체인상에서 중요 부분을 독식하고자 하는 강한 의지를 보이고 있습니다.

에너지 전환에 필요한 기술과 공급망 주도권을 확보하기 위해, 각국의 에너지 정책은 빠르게 고도화되고 있고, 파트너십은 바쁘게 이합집산을 하고 있는 중입니다. 그러나, 중국은 혼자서도 에너지 전환과 관련된 기술과 공급망을 독식하며, 그들을 빼놓고는 에너지 전환을 얘기할 수 없을 정도로 해당 분야의 강자로 성장하고 있습니다. 특히, 중국은 태양광 패널의 90%, 배터리의 70%를 생산하는 등 청정에너지 비즈니스의 많은 분야에서 우위를 점하고 있습니다. 가격 경쟁력을 확보한 제품으로 시장에 많이 팔아 해당 생태계를 중국이 주도하는 체계로 만들고자 전력을 다하고 있습니다.

기술적 격차가 나는 분야에서는 국가 주도의 보조금, 기술 사업 지원 등의 전폭적인 금전적, 제도적 지원을 통해, 기술적 격차를 빠르게 따라잡고 있습니다. 기술, 가격 면에서 상대가 되지 않는 독보적 플레이어를 하면서 시장을 빠르게 선점해 나가는 전략을 펼치고 있으며,

후발주자는 아예 해당 산업에 들어오지 못하도록 진입장벽을 높이 쌓고 있는 것이 특징입니다. 중국이 2000년 이후 전 세계 청정에너지 특허의 75% 이상을 차지한다는 연구 결과*도 있어, 재생에너지 산업 선점을 위해 얼마나 노력하였는지 알 수 있습니다.

다른 신재생에너지 산업도 동일한 전략으로, 빠르게 치고 들어가 독식하고자 하는 움직임을 보이고 있어, 전 세계 모든 국가의 관심사인 청정에너지 전환을 위한 긴 여정에서 중국과의 경쟁은 피할 수 없게 되었습니다.

오늘날 에너지 분야에서 가장 과소평가된 추세 중 하나는 중국의 전기화 속도입니다. 중국은 산업, 자국 국민의 삶에 필요한 서비스 등의 모든 영역에서 전기화를 진행하고 있습니다. 에너지 발전 영역과 소비 영역 모두에서 재생에너지 시대를 선도할 준비가 갖춰지고 있고, 에너지 전환의 시대가 본격화되면 될수록, 그들이 찬찬히 준비해온 역량이 빛을 발할 준비를 제대로 하고 있습니다.

중국은 재생에너지가 확산되는 지리적 중심지가 되길 원하고, 청정에너지 비즈니스의 시장을 확대하고, 기술 혁명을 이끌어왔습니다. 그로 인한 부(富)의 축적과 지정학적 영향력의 수혜자가 되고자 하는 열망을 숨기지 않고 있습니다.

영국과 미국이 이끌었던 인류역사의 큰 발전을 이룩한 5개의 큰 물결(산업혁명-열에너지와 철도산업-철과 전기의 시대-석유 대량 생산-정보의 시대)을 지나, 이제 다가오는 새로운 물결인 '재생에너지 시대'의 진정한

---

* Sam Butler-Sloss, Kingsmill Bond, Daan Walter, 'The Race to the Top in Six Charts and Not Too Many Numbers- Cleantech competition between China, Europe, and the United States', July 1, 2024, https://rmi.org/the-race-to-the-top-in-six-charts-and-not-too-many-numbers/

리더의 자리는 중국이 차지하게 되는 것일까요?

재생에너지의 생산, 발전 측면의 성장의 박차를 가하는 중국이 에너지 전환과 관련된 그 수많은 에너지 비즈니스의 다양한 방향으로 전열을 가다듬고 뛴다면 그 판도는 어떻게 변화하게 될까요?

중국의 무서운 속도로 발전하는 재생에너지 산업을 보고 있으면, 재생에너지 시대의 가장 크고, 높은 부의 시기를 이끄는 혁신의 자리를 중국이 모두 차지하지 않을까 하는 두려움이 듭니다. 향후, 에너지 전환의 시대에서는 반도체나 AI혁명에서 조금 뒤늦었던 후회를 하지 않겠다는 아주 절박하고 대범한 그들의 행보가 더 구체화될 것입니다.

재생에너지 혁명으로 인한 에너지 리더의 변화

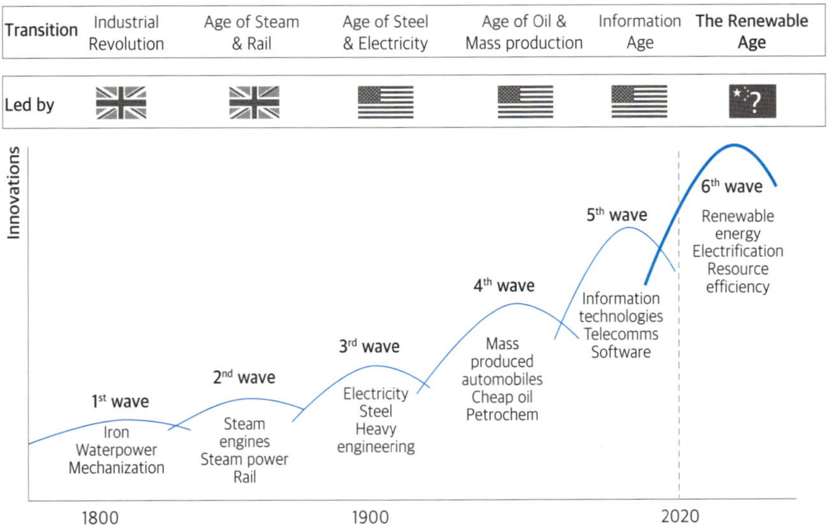

(출처: Carlota Perez (first five), RMI (Renewable Age), ' The Renewable Revolution as the sixth major technology revolution' 참고, https://www.latitudemedia.com/news/five-charts-mapping-the-global-renewables-race/)

이러한 중국의 준비를 미국을 비롯한 EU, 에너지 비즈니스의 강국들이 그대로 지켜 보지만은 않으리라 생각합니다. Trump 2.0 시대에 에너지 전환의 고삐를 늦출 수 없다고 말하는 중요한 이유가 바로 여기에 있습니다. 그 누구보다도 청정에너지로의 빠른 전환과 전기화(Electrification)로 인한 에너지 비즈니스에서의 강자가 되기를 원하는 중국의 뜨거운 열망이 글을 통해서 고스란히 전해졌으면 합니다.

일본 - 우리의 타산지석(他山之石)으로 삼아야 할 일본 전력산업의 변화

일본의 전력시장은 세계 3위 경제 대국의 위상에 걸맞게 거대하고 복잡한 구조를 가지고 있습니다. 전 세계적인 에너지 안보 강화 이슈와 재생에너지 확대, 전력시장의 자유화 등의 변화는 지속적으로 일본의 에너지 정책을 형성하는 주요한 논의 사항이 되었습니다.

최근 수년간 일본 전력시장은 자유화와 탈탄소화라는 두 가지 큰 변화의 흐름 속에서 역동적으로 변모해 왔습니다. 특히, 일본의 에너지 비즈니스를 말할 때 빠질 수 없는 2011년 동일본 대지진과 후쿠시마 원전 사태는 일본의 전력시장과 에너지 정책에 큰 변화를 가져왔으며, 전력시장과 에너지 비즈니스 전반의 변화가 급작스럽게 펼쳐지게 되었습니다. 2011년 원전 사고는 에너지 믹스에도 영향을 미치게 되었는데, 점차 원자력 발전을 축소하면서 2023년 기준 전체 전력의 약 8.5%만을 원자력에서 공급받게 되었고,* 에너지 공급의 다변화와 비축을 더욱 중요시하는 정책으로 변화하게 되었습니다. 이는 일본 국민이 체감하는 전기가격의 폭등으로 이어졌고, 원전 사고 이후 가정용

* https://lowcarbonpower.org/region/Japan

전기요금은 25% 상승, 산업용 전기요금은 38% 상승하며 원전 사고의 여파를 에너지 비용으로 고스란히 떠안게 되었습니다.*

> 우리가 집중해서 봐야 하는 일본 에너지 비즈니스는 전력시장 자유화 이후에 어떤 변화와 새로운 비즈니스 기회를 맞이하게 되었는지에 관한 부분입니다.

일본의 전력산업은 크게 발전, 송배전, 소매의 3개 부문으로 구성되어 있으며, 1995년부터 시작된 단계적인 자유화 정책에 따라 2016년 4월에는 소매 부문의 완전 자유화가 이루어졌고, 2020년 4월에는 기존 수직 통합 기업들의 송배전 부문 법적 분리가 완료되었습니다.**

일본의 전력시장 자유화 이후 다양한 기업들이 전력 판매 시장에 진출하면서 전력 판매 방식이 다양화되었고, 이러한 다양한 기업들의 전력시장 진출로 인해 소비자들은 더 많은 선택권을 갖게 되었습니다. 오사카가스(Osaka Gas), 도쿄가스(Tokyo Gas) 등의 가스회사의 전력시장 진출, ENEOS, BP*** 등의 석유회사의 전력시장 진출, 종합상사**** 들이 에너지 비즈니스에도 진출하는 계기가 되었습니다.

재생에너지 확대와 지역 기반 전력 공급 등 새로운 형태의 전력 서비스가 등장하면서 에너지 사용 비용을 낮추는 데 기여하게 되었습니

---

*, ** http://www.energydaily.co.kr/news/articleView.html?idxno=100731

*** 2023년 11월 일본 경제산업성으로부터 전력 소매업자로 승인을 받아 일본 전력시장에 진출하였으며, BP 에너지 재팬(BPEJ)이라는 새로운 사업체로 운영될 예정입니다.

**** 스미토모 상사는 2001년 Summit Energy Corporation을 설립하여 서일본 지역에서 전력 소매 서비스를 시작했으며, 2004년부터 전국으로 사업을 확대하였습니다(https://www.sumitomocorp.com/en/jp/business/case/group/retail-electricity).

다. 이러한 다양한 주체들의 참여로 인해, 전력 판매 방식의 다양화가 촉발되었는데, 이는 현재 한국의 에너지 비즈니스에 참고할 부분이 많이 있을 것으로 보입니다.

전기와 통신, 가스 등 이종서비스 간 결합상품이 등장하고 있고, 재생에너지 중심의 전력 판매에 특화한 기업, 통신요금(전화와 모바일 패킷 구독)과 함께 전기요금 할인을 제공하는 패키지 상품을 제공하는 기업들이 관심을 받고 있습니다. 지역 사회에서 이용 가능한 자원을 활용하여 재생 가능 전기를 개발하고 판매하는 지역 기반 전력 공급에 특화 기업들이 시장을 선도하고 있습니다.

그 예로, SB Power는 손정의 회장이 이끄는 SoftBank 그룹의 전력 소매 자회사이자 신재생에너지 전력회사이며, 통신과 전력을 결합한 혁신적인 비즈니스 모델을 추진하고 있습니다. SB Power는 SoftBank의 5,000만 명에 달하는 통신 가입자 기반을 활용하여, 통신과 전력 상품을 혼합하여 가격 할인 혜택을 제공하고, 재생에너지만으로 발전한 전기를 판매하는 특별 상품을 기획하고, 운영하고 있습니다.*

이러한 일본의 전력시장 자유화가 촉발시킨 경쟁은 최종 소비자들도 에너지 기업을 자주 접하게 되어, 에너지 기업의 광고가 공항, 지하철, 건물에서, TV 등의 매체에서 자주 등장하고 있습니다. 도쿄가스(東京ガス), ENEOS, 도쿄전력, 일본 최대의 석유·천연가스 개발 기업인 INPEX 등의 기존 화석에너지 관련 회사뿐만 아니라, RE100에 동참하는 일본의 많은 기업들이 에너지 비즈니스 내에서 활동하며 기업 광고에 많은 돈을 쓰며 소비자의 선택을 받기 위해서 노력하는 부분이 매우 이색적입니다.

* https://www.morningsunday.com/16294

일본 최대 석유·가스 개발기업 INPEX의 기업광고

(출처: 도쿄 나리타 공항 탑승교(Passenger Boarding Bridge) 내 광고판, 24.12월)

일본 전력시장은 안정적 전력 공급, 경제성, 환경 보호, 안전성 (3E+S)을 동시에 추구하는 가운데 2050년 탄소중립 달성이라는 도전적인 과제를 안고 있습니다. 이를 위해 재생에너지 확대, 원자력 발전의 안전성 확보와 재가동, 화력발전의 효율화 및 탈탄소화 등 다각적인 노력이 필요한 상황입니다. 특히 재생에너지 확대에 따른 계통 안정성 확보를 위해 지역 간 송전망 강화가 중요한 과제로 대두되고 있습니다. 이러한 시급한 문제들은 한국의 에너지 비즈니스에서 고민하는 부분들과 매우 유사한 부분이 많아 그들의 추진 사항들을 우리의 환경에 맞게 참고할 부분은 적극 반영할 필요가 있겠습니다.

● [참고] 3E+S ●

'3E+S'의 3E는 에너지 안보(Energy Security), 경제적 효율성(Economic Efficiency), 환경(Environment), S는 안전(Safety)을 의미하며, 에너지 믹스의 기본 방침이자 필수요소를 뜻합니다.
에너지 트릴레마에서 언급한 에너지 안보(Energy Security), 환경지속성(Environmental Sustainability), 에너지 형평성(Energy Equity)의 개념과 비슷하나, '3E+S'는 주로 일본 에너지 믹스의 기본 방침으로 경제적 효율성을 중요시한 개념으로 언급되고 있습니다.

특히, 전력시장 개방을 통해 안정적인 체계를 가져가기에 고민하였던 부분들에 대한 시사점들은 재생에너지 발전으로 촉발된 한국의 전력망 관련한 안정화와 정책 수립, 민간의 기업 부문의 참여에 있어서 많은 참고사례가 될 수 있으리라 생각됩니다.

일본은 아시아의 경제 대국으로, 에너지 전환의 대변혁의 시기에서 자국의 에너지 안보를 지키며, 청정에너지로의 발전을 위한 정책을 적극적으로 펼치고 있습니다. 일본은 에너지 전환과 관련하여 국가 주도의 GX(Green Transformation) 정책을 통해, 정부와 민간 부문의 협력을 통해 에너지 전환과 경제 성장을 동시에 추구하는 종합적인 전략을 펼치고 있습니다. 화석 에너지 중심의 산업 및 사회 구조를 청정에너지 중심으로 전환하기 위해 2022년 2월 경제산업성(METI, the Ministry of Economy, Trade and Industry)이 "GX 리그 기본 개념(GX League Basic Concept)"을 발표하면서 시작되었습니다. 주요 추진 부서로는 GX 추진 위원회, 경제산업성, GX 가속화 기구가 있으며, 이들은 2030년까지 온실가스 46% 감축, 2050년까지 탄소중립 달성을 목표로 하고 있습니다. 향후 10년간 150조 엔 규모의 공공-민간 투자를 통해 재생에너지 확대, 원자력 에너지 활용, 수소 및 암모니아 활용 확대 등을 추진할 예정입니다. GX 정책을 통해 일본은 아시아 지역에서 기후리더십을 강화하고 에너지 안보를 확보하려 합니다. 아시아 제로 배출 공동체(AZEC) 이니셔티브를 통해 아시아 국가들의 에너지 전환을 지원하고, 일본 기업의 탈탄소화 기술을 수출하여 지역 내 영향력을 확대하려 합니다. 그러나 이러한 전략이 LNG, 수소, 암모니아 등 화석연료 기반 기술의 확산으로 이어질 수 있다는 우려도 제기되고 있습니다. 하지만 이는 완전한 청정에너지 기반의 에너지 전환까지는 우리 모두가 거쳐야 하는 단계적 어려움이라 보이며, 그들의 강력한 에너지 비즈니스 기반의 도전과 실험을 거치며 지속적으로 나아가리라 예상됩니다. 에너지 전환을 위한 목적지로 가는 길에 전략적 수정이 있을 수 있지만 국가 차원에서 Control-Tower를 만들고, 에너지 전환을 위한 이정표를 세우고, 많은 노력을 기울이고 있음은 우리가 참고해야 할 부분이라고 생각합니다.

일본의 GX 정책은 국내 산업 경쟁력 강화와 경제 성장을 도모하면서도 글로벌 기후변화 대응에 기여하려는 종합적인 전략으로, 향후 아시아 지역의 에너지 전환과 경제 구조 변화에 중요한 영향을 미칠 것으로 예상됩니다.

사우디아라비아 - 신재생에너지 비즈니스에서도 압도적인 존재감을 나타내고 싶은 Mr. Everything

사우디아라비아는 세계 최대의 원유 수출국으로서 글로벌 에너지 시장에서 중추적인 역할을 하고 있습니다. 석유 시대 이후를 준비하고, 국가 경제의 석유 의존도를 줄이기 위한 대대적인 전략인 'Saudi

Vision 2030'을 통해 경제 다각화를 추진하고 있습니다. 이 비전은 "활기찬 사회, 번영하는 경제, 진취적인 국가"라는 3대 영역을 중심으로 구성되어 있으며, 2030년까지 전력 생산의 50%를 재생에너지로 충당하는 것을 주요 목표로 설정하고 있습니다. 이를 위해 사우디아라비아는 태양광, 풍력 등 재생에너지 분야에 대규모 투자를 진행하고 있으며, 특히 그린수소 생산에 주력하고 있습니다.

사우디아라비아는 현재의 단순 석유 수출국에서 벗어나 '모든 형태의 에너지'를 수출하는 국가로 전환하고자 하는 큰 그림을 그리고 있고, 청정수소, 탄소 포집 기술 등의 기존 화석연료와의 시너지를 낼 수 있는 신재생에너지에 많은 관심을 보이고 있습니다. 이는 지속적으로 석유를 팔면서도, 그에 상응하는 탈탄소 행보를 신재생에너지 분야에서 시도하며 비난을 조금 덜 받고 사업은 계속적으로 진행하고자 하는 의지가 반영된 행보라고 생각합니다.

사우디아라비아는 2030년까지 전력 생산의 50%를 재생에너지로 충당하는 것을 목표로 130GW의 재생에너지 용량을 확보할 계획이며, 이 중 58.7GW는 태양광, 40GW는 풍력 발전으로 구성하기 위한 대형 프로젝트를 추진 중에 있습니다. 사우디아라비아 최대의 재생에너지 프로젝트인 Al Shuaibah 태양광 발전소를 2.6GW 규모로 건설 중에 있고, 25년 말에 가동을 목표로 하고 있습니다. 다양한 신재생에너지가 펼쳐지는 가운데, 사우디의 실권자 무함마드 빈 살만 알사우드 왕세자가 추진하는 역점 사업인 친환경 스마트 미래 신도시를 짓는 NEOM프로젝트가 100% 재생에너지로 운영될 것이라 밝히고 있어 많은 주목을 받고 있습니다. 또한, NEOM 그린수소 프로젝트는 연간 65만 톤의 그린수소 생산을 목표로 하며, 장차 NEOM이 그린수소 생산 및 수출의 중심지가 될 것이라는 전략을 발표하며 실제 구현 여부에 많은 관심이 쏠리고 있습니다.

사우디아라비아의 에너지 전환 전략은 기존의 석유 산업 강점을 활용하면서 재생에너지 분야에서 글로벌 리더십을 확보하는 것을 목표로 합니다. 이를 통해 경제 다각화를 실현하고 지속가능한 발전을 추구하고 있습니다. 그러나 이러한 야심찬 목표를 달성하기 위해서는 빠른 인프라 구축과 기술 혁신, 그리고 국제 협력이 필수적인 부분이기에 Saudi Aramco, Air Products & Chemicals, ACWA Power 등 글로벌 기업들과의 협업을 통해 혁신적인 솔루션을 제공받고 있습니다.

사우디아라비아는 중국과의 파트너십을 통해 재생에너지 분야에 대규모 투자를 진행하고 있고, 국부펀드인 PIF(Public Investment Fund)를 통해 약 4,000억 달러를 대체 에너지에 투자했습니다.

사우디아라비아는 이를 통해 석유 의존적 경제에서 벗어나 글로벌 에너지 시장에서 새로운 리더십을 확보하려 합니다. 그러나 이러한 노력에도 불구하고 사우디아라비아는 여전히 석유 산업을 중요하게 여기며, 에너지 전환을 기회주의적으로 활용하는 이중 전략을 펼치고 있습니다. 이러한 전략은 국가 정체성을 재정립하고 글로벌 지속가능성 의제를 주도하려는 노력의 일환으로 볼 수 있습니다.

신재생에너지 관련 메가 프로젝트를 통해 전 세계 에너지 전환의 새로운 바람을 불러일으키고, 중국과 유럽, 미국이 이끄는 에너지 전환의 전쟁에서 새로운 고려대상으로 떠오르고 있습니다. 최근 중국과의 타이트한 협력관계를 만들어가며 미국과 유럽의 긴장을 불러일으키고 있습니다. 향후, 신재생에너지로의 에너지 전환이 격화될 때, 끊임없이 경제 인프라를 구축하고자 노력하는 중동의 많은 국가들의 선택지가 중국이 될수록 에너지 패권을 둘러싼 힘의 균형은 전혀 다른 방향으로 일어날 것이라 예측됩니다.

UAE - 탈탄소 시대를 이끌기 위한, 고심에 찬 행보를 진행 중인 중동의 트렌드 메이커

UAE의 정확한 이름은 아랍에미리트 연합국(United Arab Emirates, UAE)입니다. UAE의 산업구조는 전통적으로 석유 및 가스 산업에 크게 의존하고 있으며, 2020년 기준으로 이들 산업이 GDP의 약 17%를 차지합니다. 특히 아부다비에 석유화학 산업이 집중되어 있으며, 이 지역은 석유 및 가스 자원의 직접적인 접근성을 바탕으로 발전해 왔습니다. UAE는 석유화학 제품 생산에 주력하고 있으며, 2018년 기준으로 총 석유화학 생산 능력이 약 1,370만 톤에 달합니다. 현재의 석유 기반 산업을 변화하기 위해 가장 적극적인 행보를 보이는 중동의 트렌드 메이커인 UAE의 발 빠른 행보는 언제나 화제가 되고 있습니다. 석유 산업으로 경제 부흥을 일으킨 성과를 관광산업으로 연결하고, 중동의 가장 발 빠르고 멋진 것은 UAE에서 찾아볼 수 있게 한 그들의 전략은 이제 탈탄소 시대를 바라보며 달리고 있습니다. 한정된 석유 자원의 고갈을 염두에 두고 철저히 미래를 준비하고자 하는 전략가이기 때문일까요? 그들의 전략적 방향성에는 탈탄소와 재생에너지, 기후기술 산업의 성장, IT·DT를 포함한 AI가 중요한 전략으로 자리 잡고 있습니다.

에너지 전환의 시대를 맞이하여 UAE 정부는 여러 정책과 전략을 추진하고 있습니다. UAE 에너지 전략 2050은 재생에너지의 기여를 세 배로 늘리고 2030년까지 1,500억에서 2,000억 AED를 투자하는 것을 목표로 합니다. 이 전략은 지속 가능한 경제 성장을 위한 기반을 마련하며, 재생에너지와 원자력의 배치를 촉진하고 에너지 효율성을 높이는 방향으로 나아가고 있습니다. 또한, 수소 리더십 로드맵을 통해 저탄소 수소 시장에서의 점유율 확대를 목표로 하고 있습니다. 또한, UAE는 탈탄소 시대로 가는 데 있어서 기후리더십 분야에서도 목소리를 내고자 많은 노력을 하고 있습니다. 2023년 11월에 열린 COP28(제28차 유엔기후변화협약 당사국총회)은 기후변화 대응을 위한 국제 회의로, UAE 두바이에서 개최되었습니다. 이 회의에서는 'UAE 컨센서스'라는 합의가 이루어졌으며, 이는 화석연료에서 벗어나고 재생가능 에너지를 세 배로 늘리며 에너지 효율성을 두 배로 증가시키는 목표를 포함합니다. COP28에서는 기후변화로 인한 피해를 겪고 있는 국가들을 위한 손실 및 피해 기금도 설립되었습니다. 석유생산이 주축인 국가에서 열린 COP 회의에서 기후변화와 관련된 많은 논의들이 폭넓게 다뤄지고, 주최국인 UAE의 절충적인 행보로 대립되는 이슈들 간의 큰 충돌 없이 행사가 마무리되었습니다. 국제사회에 중동의 합리적이고 글로벌한 스탠다드가 작동하는 국가의 이미지로 더욱더 자리매김하는 계기가 되었고, 탈탄소 이후를 준비하는 UAE의 국가 차원의 역동성을 보여주었습니다.

UAE는 사우디아라비아 및 다른 중동 국가들과 차별화된 에너지 사업을 진행하고 있습니다. 특히 UAE는 재생에너지와 청정 기술 분야에서 선도적인 위치를 차지하고 있습니다. UAE는 중동 지역에서 가장 적극적으로 재생에너지를 추진하고 있으며, 2021년 기준 걸프 지역 재생에너지 생산의 77%를 담당했습니다. 또한, 중동 최초로 제로탄소 원자력 발전소를 운영하고 있으며, 태양광, 풍력, 수소 등 다양한 청정에너지 프로젝트를 동시에 추진하고 있어, 종합적인 에너지 전환 전략을 구사하고 있습니다. UAE는 국내뿐만 아니라 개발도상국과 기후 취약 지역에 대한 재생에너지 프로젝트에 168억 달러 이상을 투자하고 있습니다.

UAE의 이러한 행보는 단순한 선언에 그치지 않고 구체적인 투자와 프로젝트로 이어지고 있어, 재생에너지와 기후기술에 대한 진정성을 보여주고 있습니다. 또한, 타 중동 국가에 비해 더욱 다각화되고 국제적인 접근을 취하고 있어, 글로벌 에너지 전환의 리더로 자리매김하고 있습니다.

3.3

에너지 비즈니스의 확고한 리더

에너지 비즈니스를 이끌고 있는 리더들의 비즈니스 규모는 천문학적일 뿐만 아니라, 국가를 초월하는 영향력을 가지고 사업을 진행하고 있는 점이 특징입니다. 아래 표에 명시한 세계 주요 화석 에너지 기업들은 전 세계를 상대로 에너지 산업을 주도하는 에너지 비즈니스의 리더들입니다. 주로 국영 에너지 산업을 이끌고 있는 회사들이 많으며, 점차 화석에너지 기반의 산업에서 탈피하여, 재생에너지 및 신에너지를 기반으로 한 연구와 상용화를 위한 투자와 실행을 적극적으로 추진하고 있습니다.

세계 20대 화석에너지 기업 비교

기업명	국가	주력 산업 분야	에너지 신사업 추진 사항
Saudi Aramco	사우디 아라비아	석유 및 천연가스	재생에너지 12GW 생산 목표(2030년까지)
State Grid	중국	에너지	그리드 인프라 투자 확대
Sinopec Group	중국	석유화학	수소 기술 개발, 지열 에너지, CCUS
China National Petroleum	중국	석유 및 천연가스	CCUS 프로젝트 개발
ExxonMobil	미국	석유 및 화학	탄소 포집 및 저장, 수소, 리튬

기업명	국가	주력 산업 분야	에너지 신사업 추진 사항
Shell	영국	석유	태양광 및 전기차 충전 인프라 확대
BP	영국	석유	태양광, 전기차 충전, 그린 수소
TotalEnergies	프랑스	석유 및 가스	수소, 전기차 충전 인프라, 재생에너지
Chevron	미국	석유	재생에너지, CCUS
Gazprom	러시아	천연가스	재생에너지, LNG, 디지털 기술
PetroChina	중국	석유 및 가스	풍력, 태양광, 수소 에너지
Eni	이탈리아	석유 및 가스	재생에너지, 바이오연료, CCS
Petrobras	브라질	석유	재생에너지, CCUS, 바이오제품(에탄올, 바이오디젤, 바이오메탄)
Lukoil	러시아	석유	재생에너지
Rosneft	러시아	석유	CCUS, 저탄소 항공유
ConocoPhillips	미국	석유	저탄소 에너지 개발
Equinor	노르웨이	석유 및 가스	재생에너지, 저탄소 솔루션 투자
Phillips 66	미국	석유 정제	재생에너지, 재생디젤, SAF(NextEra Energy Resources와 협력하여 30.2MW 태양광 발전소 건설 계획)
Valero Energy	미국	석유 정제	저탄소 에너지 개발
Marathon Petroleum	미국	석유 정제	재생 연료 생산 및 공급

(출처: 포춘 선정 글로벌 500대 기업 중 에너지 기업 순위 및 각사 홈페이지 내용 참고)

화석에너지 분야의 대표적인 기업들의 에너지 전환을 위한 준비와 전략을 살펴보며, 청정에너지로의 가속화되는 에너지 전환 시대에서 계속 리더의 지위를 가져갈 것인가를 가늠해 보고자 합니다. 앞으로의 에너지 전환의 신재생에너지 시대에서도 제 몫을 단단히 가져가고자 준비하는 그들의 전략과 현재 진행사항들을 통해 더 거대하고, 초격차를 만들어내는 기술의 집약지인 에너지 비즈니스에 매료되실 거라 생각합니다.

그럼, 기존의 화석에너지 산업에서 새로운 변화를 이끄는 산업계의 리더들은 누구일까요?

전통적인 화석에너지 기업들은 에너지 전환에 대응하기 위해 기존 화석연료 사업에서 벗어나 저탄소 및 재생 가능 에너지로의 전환을 가속화하고 있으며, 지속 가능한 미래를 위한 전략적 투자와 혁신적인 기술 개발을 통해 새로운 시장 기회를 창출하고 있습니다. 이들 기업은 선제적으로 Net Zero 목표를 달성하겠다는 기한을 설정하고, 재생에너지와 탄소 포집 기술에 대한 투자를 확대하며 온실가스를 줄이는 기후기술 관련 산업에 투자를 진행하고 있습니다. 현재 화석에너지 기반의 산업을 영위하는 데 명분이 되는 탈탄소에 기여하는 청정에너지 산업도 계속 키워가겠다는 전략을 취하고 있습니다.

Shell은 2050년까지 넷제로 목표를 설정하고, 재생 가능 에너지와 탄소 포집 기술에 대한 투자를 확대하고 있습니다. BP는 기존 석유 및 가스 생산량을 줄이고 재생 에너지 사업으로의 전환을 추진하고 있으며, ExxonMobil은 저탄소 기술과 탄소 포집 프로젝트에 집중하고 있습니다. Occidental Petroleum은 DAC(Direct Air Capture) 기술을 활용하여 탄소 배출을 줄이는 것을 목표로 하고 있습니다. Octopus Energy는 재생 가능 에너지 프로젝트에 집중하여 청정에너지를 확대하는 전략을 취하고 있습니다.

● [참고] DAC(Direct Air Capture, 직접공기포집) ●

CCUS(Carbon Capture, Utilization and Storage, 이산화탄소를 포집하여 활용하거나 저장하는 기술)의 일종으로, 대기 중의 이산화탄소를 직접 포집하는 혁신적인 기술입니다. 이 기술은 대형 팬을 이용해 공기를 빨아들인 후, 필터 흡착 방식이나 화학적 흡수 방식을 통해 이산화탄소만을 선별적으로 포집합니다. 포집된 이산화탄소는 압축, 저장되어 지하에 매립되거나 산업용 원료로 재활용될 수 있습니다. DAC는 위치적 제약이 적고 토지 효율성이 높다는 장점이 있지만, 현재는 높은 비용과 에너지 소비가 단점으로 지적됩니다. 이 기술은 탄소중립 달성을 위한 중요한 도구로 여겨지며, 기후 위기 대응의 '게임 체인저'로 주목받고 있습니다.

비슷해 보이는 화석에너지 산업의 리더들 간의 본격적인 차별화된 행보는, IRA(인플레이션 감축법)가 촉발한 청정에너지 관련 지원 사업들이었으며, 이제 그 투자의 성과들이 서서히 공개되고 있습니다.

Occidental Petroleum의 자회사 1PointFive는 미 에너지부(DOE)로부터 남부 텍사스 DAC(Direct Air Capture) 허브에 최대 5억 달러의 지원을 받아 상업용 DAC 설비를 건설 중에 있습니다. 1PointFive의 STRATOS 프로젝트라 불리는 이 사업은 세계 최대 규모의 직접공기포집(DAC) 시설로, 텍사스 주 엑터 카운티에 건설 중이며, 연간 최대 50만 톤의 CO2를 대기에서 포집할 수 있도록 설계되어 2025년 중반 상업 운영을 목표로 하고 있습니다. STRATOS는 포집된 CO2를 지하 염수층에 안전하게 저장하여 탄소 제거 크레딧(Credit)을 생성하며, 아마존, 에어버스, ANA 등 여러 기업들과 이미 이산화탄소 제거 크레딧 구매 계약을 체결했습니다. 기후변화 대응과 경제적 이익을 동시에 추구하는 혁신적인 프로젝트로 평가받고 있습니다.

● [참고] 탄소 제거 크레딧(Credit) ●

탄소 제거 크레딧은 대기 중에서 이산화탄소를 제거하고 수십 년, 수백 년 또는 수천 년 동안 저장하는 과정을 통해 발행됩니다. 1개의 크레딧은 1톤의 이산화탄소 제거를 나타냅니다.

탄소 제거 크레딧은 실제로 대기 중 이산화탄소를 제거한다는 점에서 다른 유형의 탄소 크레딧과 차별화되며, 기후변화 대응을 위한 중요한 도구로 주목받고 있습니다. 그러나 높은 비용과 제한된 공급 등의 과제도 있어, 기술 발전과 시장 성장을 통한 해결이 필요한 상황입니다.

1PointFive의 CDR(Carbon Dioxide Removal) 크레딧

기업	Credit 매입 계약일	매입 규모	계약 기간
TD Bank Group	2023년 11월 01일	27,500톤	4년
Boston Consulting Group (BCG)	2024년 01월 11일	21,000톤	3년
Trafigura	2024년 01월 16일	미공개 (최소 50,000톤 목표)	미공개
Microsoft	2024년 07월 09일	500,000톤	6년
All Nippon Airways (ANA)	2024년 08월 01일	30,000톤 (10,000톤/년)	3년
Amazon	2024년 10월 29일	250,000톤	미공개

(출처: 1Pointfive 홈페이지 및 각사 홈페이지)

1PointFive는 탄소 포집 기술의 선두주자로 자리매김하고 있으며, 향후 에너지 전환으로 가는 여정의 중간 지점에서 가장 많이 고려되는 비즈니스 모델이 될 것이라 예상됩니다. 1PointFive의 STRATOS 프로젝트는 DAC 기술의 상용화 가능성을 실증하는 중요한 사례입니다. 이 프로젝트의 성공은 향후 20년 동안 최적의 조건에서 톤당 탄소 포집 비용을 크게 낮출 수 있는 가능성을 제시하며, 탄소 포집 및 저장 기술에 대한 정책 및 규제 프레임워크 개발에 영향을 미칠 것입니다. 재생에너지 기반의 전기로 탄소 포집의 경제성까지 확보하게 된다면, 화석에너지가 꼭 필요한 분야에서 DAC가 함께 사용되는 구조로 비즈니스가 그려질 때마다 1PointFive의 DAC 상업화 사례가 고려될 것입니다. 2025년 실제 상업화 운영이 되면 점차 더 신뢰성 있는 기록을 만들며, 전 세계 DAC 시장의 리더가 될 것으로 예상되고 있습니다.

전통적인 화석에너지 산업에서 에너지 전환을 위한 재생에너지 관련 전후방 비즈니스, 온실가스 저감 비즈니스, 탄소 포집 프로젝트에 가장 열심히 투자하고, 상용화 가능한 기술까지의 지난한 여정을 든든하게 밑받침하고 있는 것이 참으로 역설적입니다.

재생에너지로 전환될수록 현재의 매출이 줄어들지만, 에너지 전환의 큰 흐름이 만들어내는 다가올 시장을 앞다투어 준비하고 온실가스의 제거, 절감과 관련된 기후기술 산업에 적극 투자하고 있습니다. 현재의 에너지 비즈니스를 리딩하는 화석에너지 비즈니스의 굳은자인 그들은 “에너지 공급과 배출량 감축”이라는 두 가지 목표를 동시에 추구하면서 성장하는 것으로 전략 방향을 잡았습니다. 이러한 흐름은 미국, 유럽의 화석에너지 기업들만 중점을 두고 추진하는 전략이 아닙니다. 중동의 원유국들도 그들의 현재 화석에너지 비즈니스를 공고히 하고, 더 많은 화석에너지를 시추해서 팔기 위해서 탈탄소/저탄소 기술 개발에 앞장서고 있습니다.

이렇게 향후의 에너지 전환에 적극적이고, 선제적으로 대비하는 기업도 있지만, 여전히 현재의 Cash cow에 집중하는 기업들도 있습니다. 청정에너지에 대한 관심이 가장 높았던 미국의 바이든 정권 시절의 기조가 Trump 2.0 시대로 오면서 변화하자, 다시 과거로 회귀까지는 아니지만 그 변화의 속도를 늦추는 사례도 보이고 있는 상황입니다.

British Petroleum이라고도 불렸던 BP*는, 이제는 Beyond Petroleum의 슬로건을 내세우며 탈석유 회사로의 변화를 거듭하고 있습니다. 그러나 최근 BP는 원래의 40% 감소 목표에서 후퇴하며 단기 수익을 우선시하는 경향을 보이고 있습니다. 이러한 단기 수익에 집중하는 기조와 Trump 2.0 시대에 전통 에너지 산업에 대한 규제 완화 등과 맞물려 원래의 목표가 늦어질 것을 우려하는 목소리도 높아지고 있습니다. 실제로, BP의 CEO는 Trump 대통령 당선에 대해 긍정적인 입장 표명하며, 석유 및 가스 산업에 대한 규제 완화 및 화석연료 생산 확대에 지지를 표하며, Trump의 "drill, baby, drill" 정책과 맞물려 BP의 석유 및 가스 생산 확대 가능성을 열어 두고 있습니다. 이로 인해, BP의 청정에너지 투자 속도는 불가피하게 조절이 될 것으로 예상되고 있습니다.

세계 최대의 석유기업 ExxonMobil**은 미국과 전 세계에서 원유와 천연가스의 탐사 및 생산에 종사하는 기업으로, 화석연료 산업에서 막

* BP는 영국 최대의 기업이자, 미국 ExxonMobil에 이어 세계 2위의 석유 회사이며, 세계에서 3번째로 큰 다국적 에너지 기업입니다.

** 1870년 Standard Oil Company의 설립으로 시작되어 1999년 Exxon과 Mobil의 합병으로 현재의 모습을 갖추었습니다.

대한 영향력을 행사하며, 과거에는 기후변화 부정 활동에 앞장섰으나 최근에는 에너지 전환에 동참하고 있습니다. ExxonMobil의 에너지 전환 전략은 기존 사업을 유지하면서 점진적으로 저탄소 기술을 개발하는 방식으로, 이는 기후변화 대응과 경제적 이익을 동시에 추구하려는 노력으로 볼 수 있습니다.

Trump 정권이 시작되자마자 공언했던 것처럼 파리협정 탈퇴를 하고, 화석연료 생산 확대 정책으로 인해 ExxonMobil의 저탄소 전략에 영향을 미칠 수 있을 것이란 우려가 있습니다. 이러한 시기에, ExxonMobil CEO는 정책의 일관성을 강조하며, Trump 행정부에 파리협정 탈퇴를 재고하고 기후변화 대응에 지속적으로 참여할 것을 촉구하고 있습니다. ExxonMobil의 CEO, Darren Woods는 24년 11월에 진행된 COP29(제29차 UN기후변화협약 당사국총회)에서 Trump의 파리협정 탈퇴 계획을 강력히 비판하며*, 글로벌 기후 노력의 중요성과 정책 일관성을 강조했습니다. Woods의 발언은 기후 변화에 대한 국제적 노력 참여와 화석 연료 산업의 현실을 고려한 균형 잡힌 접근을 보여주며, 이는 Trump 정부의 기후 정책에 영향을 미치고 ExxonMobil의 장기적 사업 전략을 형성할 것으로 보입니다.

Trump 2.0의 리더십으로 화석에너지 산업의 부흥의 기회가 왔다고 보는 시각과 이전의 바이든 정권 때 진행되었던 청정에너지로의 전환 사업은 내리막을 가는 것이 아니냐는 시각이 공존하고 있습니다. 이에 많은 시사점을 주는 BP와 ExxonMobil의 사례라고 생각합니다. 이 두 회사의 사례를 통해, 에너지 전환의 여정에서 추구하는 목표와

* https://www.politico.com/news/2024/11/12/exxon-ceo-us-climate-policy-00188927

방향은 비슷하나 새로운 리더십을 맞이하였을 때 전혀 다른 결정을 내리는 경영진의 모습을 보게 됩니다. 위험과 기회를 판단하는 경영진의 결정에 따라, 에너지 전환을 위한 성장의 갈림길에서 어느 기업이 멋진 성장의 궤적을 만들어 낼지 지켜봐야겠습니다.

변화의 기울기만큼 어려움도 예상되지만, 늦출 수 없는 시대의 변화 속에 기민하게 반응하는 기업들은 반드시 그 해결책을 찾아 나서리라 예상합니다. 본격적으로 맞이하게 되는 에너지 전환의 시대에서의 큰 기회와 부의 흐름은 이미 결정되어 있기 때문이죠.

제4장

에너지 비즈니스에 모이는 Money

4.1 돈 가뭄이 없는 에너지 비즈니스

4.2 CES(Consumer Electric Show)가 주목하는 에너지 전환의 현실화

4.3 AI와 전력화(Electrification)가 촉발시킨 전력산업의 변혁의 시대는 어떻게 흘러갈 것인가?

4.1

돈 가뭄이 없는 에너지 비즈니스

에너지 비즈니스에는 항상 돈이 몰립니다.

에너지 비즈니스에 항상 돈이 몰리는 이유는 역사적으로 에너지가 경제 성장과 권력의 핵심 요소였기 때문입니다.

본격적인 에너지 패권의 시대로 접어들게 한, 산업혁명 시기에 자본가들은 화석연료, 그중에서도 특히 석탄을 선택했습니다. 이는 단순히 비용 효율성 때문이 아니라 노동력을 더 효과적으로 통제하고 착취할 수 있었기 때문입니다. 증기기관의 도입으로 공장을 도시에 세울 수 있게 되어 노동력 확보가 쉬워졌고, 생산성이 크게 향상되었습니다. 이로 인해 자본주의 체제가 강화되고 에너지 산업에 대규모 투자가 이루어졌습니다.

20세기에 들어 석유가 주요 에너지원으로 부상하면서, 에너지는 국제 정치와 경제의 중심이 되었습니다. 중동전쟁, 오일쇼크, 달러 패권 구축 등 주요 역사적 사건들의 배경에는 석유가 있었습니다. 이로 인해 에너지 산업은 단순한 경제 영역을 넘어 국가 안보와 직결되는 전략적 분야로 인식되어 왔고, 지속적인 투자와 관심의 대상이 되었습니다.

최근 기후변화에 대한 전 세계적 관심이 고조되면서, 에너지 산업은 새로운 전환기를 맞이하고 있습니다. 탄소중립과 ESG가 주요 의제로 떠오르면서 신재생에너지 분야에 대규모 투자가 이루어지고 있습니다. 2006년 유엔책임투자원칙(UNPRI) 발표 이후, 금융기관들은 투자 결정 시 환경, 사회, 지배구조(ESG) 요소를 고려하기 시작했습니다. 이는 에너지 산업의 패러다임을 바꾸고 있으며, 새로운 기술과 인프라에 대한 막대한 투자를 유도하고 있습니다.

이러한 역사적 흐름은 에너지가 단순한 자원 이상의 의미를 가지며, 경제와 정치, 사회 전반에 걸쳐 지대한 영향을 미치는 핵심 요소임을 보여줍니다. 에너지 비즈니스는 지속적으로 대규모 자본과 관심을 끌어들이기에, 항상 이 분야의 방향성은 전체 산업과 부의 흐름을 바꾸는 영향력을 미치게 됩니다.

우리가 친숙하게 알고 있는 투자의 귀재, 오마하의 현인(Oracle of Omaha)으로 불리는 워런 버핏(Warren Buffett)도 돈이 항상 몰리는 에너지 비즈니스 투자에 늘 항상 함께해 왔습니다. 그가 챙기는 투자 포트폴리오의 중요한 항목으로 차지하는 기업은 어디일까요?

워런 버핏 포트폴리오(2024년 5월)

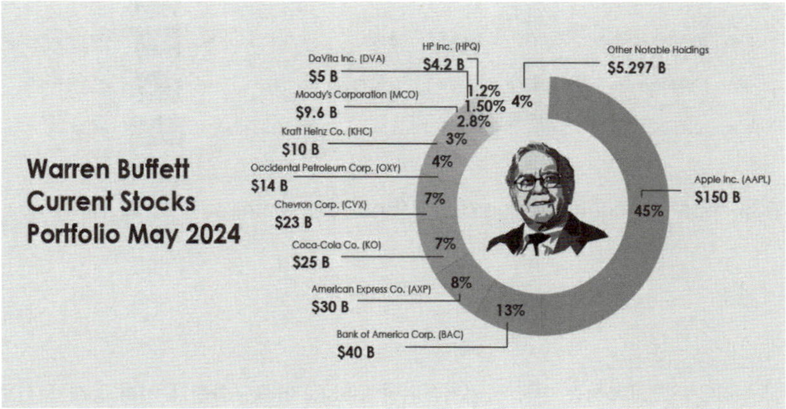

(출처: https://www.atfx.com/en/analysis/trading-strategies/top-warren-buffett-stocks-portfolio)

워런 버핏이 이끄는 버크셔 해서웨이(Berkshire Hathaway)의 최근 미국 증권거래위원회(SEC)에 제출된 13F 보고서*에 나온 2024년 4분기 포트폴리오의 투자 내역이 매우 흥미롭습니다.

경기 방어적 성격의 에너지 섹터에서 지속적인 수익을 얻고자 에너지 산업의 기업을 포트폴리오 상위그룹에 포함하고 있으며, 최근 2024년 4분기 워런 버핏 포트폴리오 변동사항에는 Occidental Petroleum(OXY)에 비중을 좀 더 늘린 투자를 진행하고 있습니다.

2024년 4분기 워런 버핏 포트폴리오 변동사항

Stock	Company Name	% of Portfolio	Shares Owned	Value Owned	Change in Shares	Ownership Hist	Average Buy Price
AAPL	Apple Inc	28.12%	300M	$ 75.13B	0%		$39.59 (+517.8%)
AXP	American Express Co	16.84%	151.61M	$ 45B	0%		$71.11 (+337.4%)
BAC	Bank America Corp	11.19%	680.23M	$ 29.90B	↓ -14.72% (-117.45M		$25.78 (+82.2%)
KO	Coca Cola Co	9.32%	400M	$ 24.90B	0%		$40.28 (+71.0%)
CVX	Chevron Corp New	6.43%	118.61M	$ 17.18B	0%		$132.76 (+17.0%)
OXY	Occidental Pete Corp	4.58%	264.94M	$ 12.20B	↑ 0.29% (+763.02k)		$51.19 (-6.1%)
MCO	Moodys Corp	4.37%	24.67M	$ 11.68B	0%		$57.13 (+815.2%)
KHC	Kraft Heinz Co	3.74%	325.63M	$ 10B	0%		$77.86 (-62.9%)
CB	Chubb Limited	2.80%	27.03M	$ 7.47B	0%		$219.19 (+20.7%)
DVA	Davita Inc	2.09%	35.89M	$ 5.60B	↓ -0.56% (-203.09k)		$60.38 (+160.7%)

(출처: https://hedgefollow.com/funds/Berkshire+Hathaway, 25.02.17)

* SEC 13F 보고서는 미국 증권거래위원회(SEC)가 요구하는 분기별 공시 문서로, 미국 내에서 1억 달러 이상의 운용 자산을 보유한 기관 투자자가 제출해야 합니다. 이 보고서는 해당 기관이 보유하고 있는 주식 포트폴리오를 공개하며, 투자자들에게 주요 기관의 투자 동향을 파악할 수 있는 중요한 정보를 제공합니다.

워런 버핏의 에너지 산업 투자 포트폴리오는 Occidental Petroleum(OXY), Chevron(CVX), 그리고 Berkshire Hathaway Energy(BHE, 버크셔 해서웨이의 완전 자회사)를 중심으로 구성되어 있습니다. 해당 투자는 전통적인 화석연료 기업과 재생에너지 사업을 균형 있게 포함하고 있으며, 버핏의 장기적이고 전략적인 투자 철학을 반영합니다. OXY와 CVX에 대한 지속적인 지분 확대는 현재의 에너지 시장에서의 수익성을 확보하는 동시에, 이들 기업이 준비하는 미래 에너지 비즈니스에 대한 기대를 보여줍니다. 에너지 산업의 장기적 전환을 고려하면서도 현재의 수익성을 놓치지 않으려는 전략으로 볼 수 있습니다.

워런 버핏의 에너지 산업 투자 포트폴리오(24. 4Q 투자 사항 기반)

기업명	기업 가치 (USD BLN)	사업 특장점	에너지 신사업 추진 사항
Chevron (CVX)	17.18	• 글로벌 석유 및 가스 기업으로 탐사, 생산, 정제, 운송, 판매 등 석유 산업 전반에 걸친 사업 운영 • Permian Basin(美 대표적인 셰일지대)에서 효율적인 생산 및 기술 혁신을 통해 업계 리더십 유지 • 안정적인 배당과 주주 환원 정책	• 탄소 포집 및 저장(CCUS) 기술 개발 • 재생 가능 에너지 및 저탄소 연료 프로젝트 투자 확대 • Permian Basin에서 물 재활용 시스템 도입과 에너지 효율성 개선

기업명	기업 가치 (USD BLN)	사업 특장점	에너지 신사업 추진 사항
Occidental Petroleum (OXY)	$12.2 B	• 석유 및 가스 탐사와 생산을 주력으로 하는 글로벌 에너지 기업 • 탄소 제거 기술(Direct Air Capture) 분야에서 선도적 역할 • 화학 제품 제조(Oxy Chem)를 통한 사업 다각화	• 탄소 포집 및 저장(CCUS) 기술 개발 및 대규모 탄소 포집 시설 건설 및 운영 (1PointFive 자회사 통해, DAC 추진) • CrownRock 인수 후 부채 감소를 위한 적극적인 재무 전략 • 지속 가능한 에너지 기술 개발과 ESG 중심의 경영 강화
Berkshire Hathaway Energy (BHE)	(비상장)	• 풍력, 태양광, 지열, 수력 등 재생 가능 에너지 사업에서 선도적 위치 • 천연가스 파이프라인 및 전력망 운영을 통해 안정적이고 다각화된 수익 창출 • 미국 내 최대 규모의 주거용 부동산 중개 네트워크 보유	• 풍력 및 태양광 발전 용량 확대 • 전력망 현대화와 배터리 저장 시스템 구축 • 지속 가능한 에너지 인프라 개발과 탄소 배출 감소 목표 달성

(출처: https://www.atfx.com/en/analysis/trading-strategies/top-warren-buffett-stocks-portfolio, https://brk-b.com/berkshire-hathaway-finalizes-energy-empire-takeover_241003.html, https://hedgefollow.com/funds/Berkshire+Hathaway, 25.02.17)

버핏의 투자 전략 및 향후 계획은 에너지 산업의 전환기를 고려한 포괄적인 접근을 보여주며, 에너지 비즈니스에 적극적인 투자자로 참여하고 있습니다. BHE(Berkshire Hathaway Energy)를 통한 대규모 재생에너지 투자, 전력 인프라 개선 계획, 그리고 석탄 및 천연가스 발전의 단계적 폐지 목표는 장기적인 관점에서 에너지 산업의 미래를 준비하는 전략입니다. 특히 풍력, 태양광, 지열 에너지 프로젝트에 대한 대규모 투자와 탄소 포집 기술에 대한 관심은 청정에너지로의 전환을 적극적으로 추진하면서도, 기존 에너지 기업들의 기술 혁신을 통한 지속가능성 확보 전략을 동시에 추구하고 있음을 시사합니다.

이러한 워런 버핏의 에너지 산업 투자 전략은 현재의 수익성과 미래의 지속가능성을 동시에 고려하는 균형 잡힌 접근법의 중요성을 보여줍니다. 전통적인 에너지 기업에 대한 투자를 유지하면서도 재생에너지와 친환경 기술에 대한 투자를 확대하는 이 전략은 에너지 산업의 불확실한 미래에 대비하는 동시에 장기적인 가치 창출을 추구하는 방식입니다. 이는 에너지 전환 시대에 기업들이 취해야 할 전략적 방향성을 제시하며, 투자자들에게도 에너지 산업의 미래를 바라보는 통찰력 있는 시각을 제공합니다.

4.2

CES(Consumer Electric Show)가 주목하는 에너지 전환의 현실화

매년 1월, 전 세계는 CES가 열리는 라스베이거스를 주목합니다. 이제 CES는 단순한 기술 전시회를 넘어, 미래를 설계하고 위기를 돌파할 인사이트를 제공하는 역할을 하고 있습니다. 여기서 다뤄지는 트렌드, 주제들이 향후 비즈니스에서 관심을 가지고 성장하게 되는 중요한 아이템이 됩니다.

CES를 주관하는 CTA(Consumer Technology Association)는 2025년의 CES의 중요한 화두로 에너지 전환(Energy Transition)과 전기화(Electrification)를 제시했습니다. 획기적인 기술로 삶을 편하게 하는 상품이 등장하면 할수록, 소비자의 전기 사용이 급증하기에 이를 개선하고 바꿀 수 있는 새로운 테마인 에너지 비즈니스에 주목하고 있습니다. 특히, AI 데이터센터의 전기 효율화 테마를 적극 제시하며, 에너지 전환의 필요성과 빠른 변화 추세를 전달하였습니다.

지속가능성과 에너지/전력(Sustainability & Energy/Power) 부문은 디지털 헬스, AI에 이어 세 번째로 많은 혁신상을 받은 부문으로, '지속가능성'은 전 세계 기업의 거대 트렌드로 자리 잡았고, 에너지를 효율적으로 사용하지 못하는 기업은 소비자의 선택을 받지 못하는 시대로 향하고 있음을 보여주는 것입니다. 기조연설에서도, 에너지 비즈니스의 리더들을 초청하여 그들의 인사이트를 나누는 세션을 중점 홍보하였습니다.

CES 2025 키워드

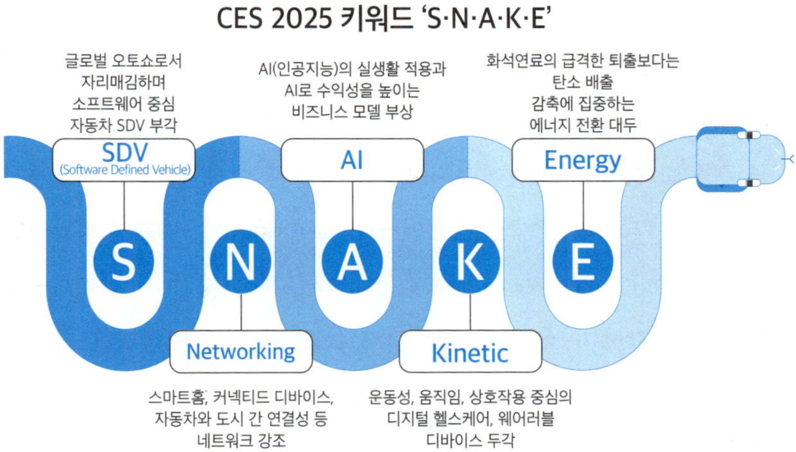

(출처: '삼정KPMG "'푸른 뱀의 해' CES 2025 핵심 키워드는…S · N · A · K · E"', 25. 01.10, https://www.news1.kr/finance/general-stock/5656965)

NVIDIA의 젠슨 황 CEO는 CES 2025 기조연설에서 데이터센터의 에너지 소비 문제를 해결하기 위해 액체 냉각 기술과 고밀도 서버 랙을 도입했다고 발표했습니다. 이러한 기술은 데이터센터의 전력 소비를 줄이고 효율성을 높이는 데 기여하며, 생성형 AI 서비스 대중화에 따른 에너지 수요 증가를 반영하는 데 있어서 선제적으로 대응하는 기업의 활동이 중요함을 강조하였습니다. 에너지 비즈니스의 확장이 이제 데이터센터의 에너지 수요 증가에 따른 필요 기술로 확장이 빠르게 진행되고 있는 점에 주목해야 합니다.

파나소닉(Panasonic)은 이번 CES 2025에서 스마트에너지 솔루션을 중심으로 차세대 에너지 저장 솔루션의 선도적인 리더로 기조연설에 참여하여 많은 관심을 받았습니다. 스마트홈 및 IoT 기반의 에너지 관리 시스템, 전기차 배터리와 관련된 첨단 기술, 특히, 가정과 차량 간의 에너지 교환 시스템, 지속 가능한 배터리 생산 기술도 주요 하이라이트로 등장하며, 에너지 신사업 분야의 파나소닉의 존재감을 크게 부각시켰습니다. 파나소닉은 향후 사업의 방향을 "글로벌 에너지 및 IoT 솔루션 제공자"로의 방향성을 정하고, 글로벌 에너지 비즈니스의 디지털화를 이끌 것을 대대적으로 알렸습니다.

글로벌 빅테크 기업의 에너지 문제 인식 및 혁신 노력도 CES에서 공유되었습니다. 아마존의 CTO인 Werner Vogels는 '재생에너지만으로는 급증하는 에너지 수요를 충분히 빠르게 충족할 수 없다'는 문제에 크게 공감하며 소형 모듈형 원자로(SMR)와 같은 최첨단 기술이 대안이 될 수 있다며 많은 관심을 표했습니다. 향후, 아마존의 대규모 전력 확보를 위한 전략방향의 한 축에 SMR이 매우 심도 있게 고려될 것임을 알리는 자리였습니다.

또한, CES 2025에서 주목받은 에너지 비즈니스 관련 발표로, "The Energy Infrastructure of the Future"에서 AI와 IoT 기반 혁신이 재생 가능 에너지를 전력망에 통합하는 데 기여하는 방법을 조명한 내용으로 많은 주목을 끌었습니다. 전통적 화석에너지 기업뿐만이 아닌, 빅테크 기업들의 전력산업 참여를 알리는 중요한 계기가 되고 있습니다.

CES 2025에는 각 분야의 다양한 기업들이 에너지 효율화, 에너지 전환, 자원순환, 에너지 저장 기술 분야에서 괄목할 만한 성과들을 가지고 홍보를 진행했습니다. 급증하는 전력 수요를 감당하기 위해서는 많은 양의 전기를 생산하는 것도 중요하지만, 에너지의 효율적 사용으로 에너지 소비를 줄이는 "에너지 효율화"에 대한 관심이 특히나 높아지고 있습니다. AI 분야에서 전력 인프라의 효율화와 데이터센터 내의 서버, 장비 등의 효율화를 위한 많은 도전 과제와 사업이 진행되는 것이 그 예라고 할 수 있습니다.

전력 사용량 대비 성능이 얼마나 좋은지가 중요함에 따라, "전성비(電性比, 전력 대비 성능 비율)"가 높은 제품들이 많은 관심을 받고 있습니다. CES 2025에서 SK하이닉스는 기존 제품 대비 동작속도 11% 향상, 전력효율 9% 향상된 성능을 가진 데이터센터용 DIMM(Dual In-line Memory Module, 여러 개의 D램이 기판에 결합한 모듈) 제품군을 소개하였습니다. 에너지 효율화의 최첨단을 이끌고 있는 기술력으로 AI 데이터센터에 적극 활용될 자사의 상품을 전 세계에 알리는 좋은 홍보의 자리를 가졌습니다.*

CES 2025 – SK하이닉스 주요 전시 테마 및 데이터센터용 DIMM 제품군

* https://news.skhynix.co.kr/post/ces-2025-sketch

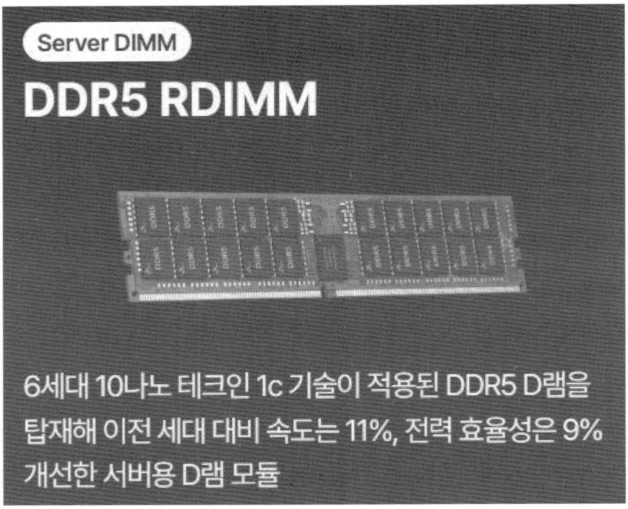

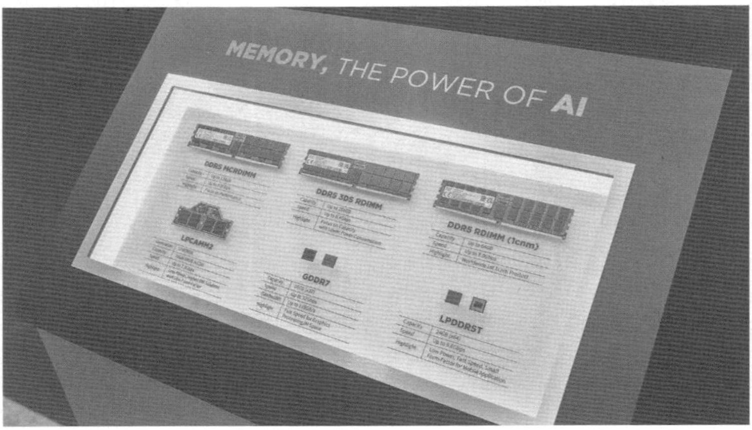

* DDR5 RDIMM(1cnm) 실물과 DDR5 MCRDIMM, DDR5 3DS RDIMM, LPCAMM2, GDDR7, LPDDR5T

(출처: SK하이닉스 Newroom, https://news.skhynix.co.kr/post/tsmc-oip-2024, https://news.skhynix.co.kr/skhynix-in-ces2025)

전 세계의 눈과 귀를 사로잡는 CES에서 신기술의 각축장을 넘어, 혁신 기업들이 관심을 가지는 주제가 Top Topic이 되는데, 이제는 에너지 비즈니스와 관련된 산업까지 총망라되어 중요하게 다뤄지고 있습니다. 에너지 비즈니스의 주요 플레이어들이 B2B 서비스를 넘어 그들 스스로가 소비자의 접점을 찾고자 노력하는 것이 금번 CES에서의 변화 포인트가 아닌가 싶습니다. 에너지 전환이 촉발한 새로운 에너지 비즈니스의 큰 흐름 속에 IT/DT 및 AI로 무장한 빅테크 기업들의 발빠른 시장 진입과 에너지 비즈니스 리더들의 불꽃 튀는 경쟁을 CES에서 만나게 되는 것이 무척 흥미로웠습니다.

너무 크고 멀게만 느껴졌던 중후장대(重厚長大)의 산업으로 비쳤던 '에너지 비즈니스'가 우리 곁에 다양한 상품과 요소 기술로 함께 자리잡고 있었음을 실감하는 기회가 CES를 통해서 점차 부각되고 있습니다. 매년 CES에서 에너지 비즈니스와 관련된 이슈와 신기술의 등장, 기존 에너지 사업의 굳은자와 빅테크와의 협업사례를 자주 접하게 될 것입니다. **모든 것의 혁신과 가장 앞서는 기술의 장(場)**으로 CES가 더욱 커져갈 것이란 확신이 듭니다.

4.3

AI와 전력화(Electrification)가 촉발시킨 전력산업의 변혁의 시대는 어떻게 흘러갈 것인가?

"모든 것의 전기화(Electrification of Everything)"라고 일컬어지는 기존 화석 연료기반의 기술과 프로세스가 전기로 대체되는 현상은 이미 빠른 속도로 진행 중에 있습니다. 다양한 에너지원의 목적지가 전기(Electricity)로 수렴되며, 편리한 인간의 삶은 전기화를 통해 촘촘히 이어지고 있습니다. 여기에 더해, 대규모의 전력사용이 요구되는 AI(인공지능)의 수요로 인해, 전 세계는 심각한 전력 부족을 예상하고 있습니다. 현재의 전력 수요의 흐름과 패턴을 깨버린 이들의 테마는 앞으로 정치·경제·안보 등의 핵심 키워드로 모든 논의의 우선순위가 될 것입니다.

현재, 경제 및 산업의 주인공은 단연 AI입니다. 이제는 AI를 빼놓고는 돈을 버는 이야기는 할 수 없게 되었습니다. 연일 매스컴을 도배하는 기사도 모두 AI에 관련된 이야기가 주를 이루고 있고, 하루가 멀다하고 새롭게 출시하는 AI 기술 얘기에 그 흐름을 쫓기도 벅찰 지경이 되었습니다. 이러한 신기원의 속도를 자랑하는 AI 발전에 제동을 거는 것이 있으니, 바로 전력(Electricity) 문제입니다. AI를 연구하고, 실제 상용화 서비스를 위해서는 이를 뒷받침할 각종 인프라, 네트워크 등이 필요하고, 이를 지원하는 데이터센터(Data Center)의 역할이 중요하게 부상되고 있습니다. 데이터센터에 안정적인 전력공급이 AI 발전과 그 궤를 같이 하기에, 안정적인 전력공급에 대한 화두는 전 세계를 달구는 중요한 이슈가 되고 있습니다.

생성형 AI 서비스의 일반화 시점은 2022년 11월 OpenAI가 ChatGPT를 출시하면서 시작되었습니다. 이후 2023년 초부터 개인과 기업에서 폭넓게 사용되며 대중화되기 시작했습니다. 생성형 AI가 다양한 산업에 통합되며 데이터센터의 전력 수요를 급격히 증가시키는 계기가 되었고, 빅테크 기업들의 전력 확보를 위한 경쟁이 심화되기 시작하였습니다. 2023년 이후, 생성형 AI 확산으로 인해 데이터센터의 전력 소비량이 폭발적으로 증가하며, 2026년에는 연간 620~1050TWh로, 2022년 대비 최대 2.3배 증가할 것으로 예상된다고 밝혔습니다. 특히, 생성형 AI 모델 훈련과 운영에 필요한 대규모 데이터센터가 확산되면서, AI 최적화 서버 운영을 위한 전력 수요는 2027년까지 연간 500TWh에 이를 전망입니다. 이는 2023년 대비 약 160% 증가한 수치입니다.*

단순히 숫자의 나열만으로 그 수요의 크기가 정확히 와닿지 않습니다. AI가 촉발시킨 경쟁의 핵심은 더 많은 전력을 가지고, AI 기술의 발전과 활용을 위한 도전적이고 새로운 시도를 많이 하는 것이기에 "전력 확보가 곧 경쟁력"으로 여겨지며, 전력 확보에 대한 경쟁이 치열해지고 있습니다.

비주얼 캐피털리스트(Visual Capitalist)의 분석에 따르면, 24년 3월 기준으로 전 세계 11,800개의 데이터센터 중 미국이 5,381개로 약 45.6%를 차지하고 있습니다. 해당 데이터는 데이터센터의 크기가 아닌 데이터센터의 수만 측정한다는 단점이 있지만, 이러한 압도적인 점

* '가트너 "2027년 전력 소모 500 TWh…데이터 센터 40% 전력 부족"', 24.11.13, https://www.hellot.net/news/article.html?no=95338

유율은 미국의 AI 및 IT 기반의 빅테크 산업의 성장을 견인하는 기반이 되었음을 알게 합니다.

전 세계 Data Center 분포 수

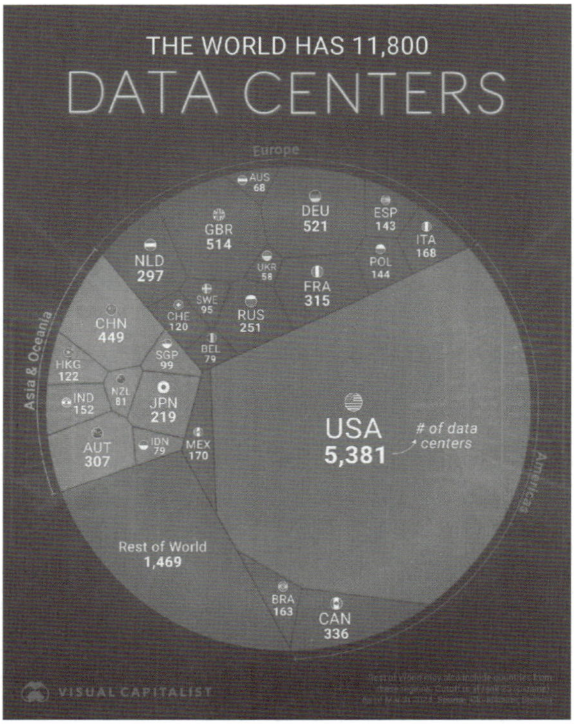

(출처: https://www.visualcapitalist.com/ranked-the-top-25-countries-with-the-most-data-centers/)

AI 경쟁은 'AI 데이터센터' 확보 경쟁으로 연결되고, 결국 데이터센터에 들어가는 막대한 전기 수요로 그 관심이 귀결되고 있습니다. 안정적으로 24시간 전력을 공급받을 수 있는 나라, 도시, 에너지원이 무엇인지에 따라 빅테크 기업들의 투자의 방향이 움직이고, 그에 따라 전략이 수정되고 있습니다.

데이터센터에 공급되는 전력량의 100%를 '태양광·풍력' 등 친환경 재생에너지원을 활용해야 한다는 RE100(Renewable Energy 100%) 요구수준을 맞추기 위한 재생에너지 기반의 에너지 비즈니스가 더욱더 각광받고 있습니다. 현실적인 대안으로 그 중간 지점인 지금은 무탄소 전력원, 원자력 발전에 대한 많은 투자가 수반되고 있습니다. 점점 더 '청정에너지를 기반으로 전기를 가진 자가 세상을 이끄는 리더가 될 것'이고, 그 흐름은 변하기 어려운 기조로 가고 있습니다.

기업들뿐만 아니라, 국가 간의 AI 데이터센터 확보 경쟁이 본격화되고 있습니다. 그 사례로 Canada Alberta 州 전략에 주목할 필요가 있습니다. 풍부한 청정에너지를 기반으로 재생에너지 공급이 가능하고, 자원 부국으로서 화석에너지 또한 다른 나라의 눈치를 보지 않고 조달이 가능합니다. 에너지 공급의 절대적 우위를 기반으로, AI 데이터센터 건립에 관심을 두는 전 세계 빅테크 기업들에게 손을 내밀고 있습니다. 안정적인 전력 공급의 장점 외에도 다양한 세제 혜택, 우수한 자국의 IT 인력까지 완벽한 종합선물세트를 제시하며 향후 AI 데이터센터 유치의 승기를 잡고자 노력하고 있습니다.

대규모의 전력을 생산하기 위해서는 에너지원의 확보부터 발전시설 및 송배전망의 건설 등의 많은 단계와 단계마다 만나는 이해관계자들 간의 풀어야 할 문제들이 많습니다. 전력 수급에 빠르게 대응이 어려운 산업의 특성이 있음에 우리는 주목해야 합니다. '앞으로의 미래는 전기를 가진 자가 세상을 리딩하게 될 것'이라 예견한 필자의 의견이 에너지 패권에서 어떤 위험과 기회로 다가올지 우리는 심각하게 고민해야 하는 시점에 서 있습니다.

에너지 수급에 있어서 지정학적 위치와 에너지 안보 또한 고려해야 할 사항이기에, 실질적으로 거리와 위치가 가까운 나라 간의 에너지 협력을 위한 논의가 더 활발히 이뤄질 것입니다. 에너지 수출·수입에 대해서도 어떤 형태가 최선의 방법일지 운송(Delivery) 측면의 심도 있는 방향성 설정이 타 산업으로 영향을 미칠 수 있습니다.

이렇게, 에너지 비즈니스는 연관된 전후방 산업 영역이 넓기에, AI/전력화가 쏘아 올린 '에너지 수요 급증의 이슈'는 에너지 비즈니스를 한층 더 성장하게 하는 중요한 모멘텀(Momentum)이 되고 있습니다.

제5장

한국 에너지 비즈니스에 오는 위협과 기회

5.1 한국 에너지 비즈니스의 특징은 무엇인가?

5.2 '제11차 전력수급기본계획'으로 살펴본 향후 한국 에너지 비즈니스의 방향

5.3 한국 에너지 비즈니스를 움직이는 한국전력공사(KEPCO)의 Power

5.4 "에너지 신사업 비즈니스"로 넘어가는 중요한 시기를 맞이하다

Trump 2.0으로 인한 국제 정세 변화의 시대, 본격화되는 에너지 전환의 시대가 도래했습니다. 유럽의 CBAM 규제, RE100 요구 대응 등의 산적한 도전 과제와 위협적인 이슈들이 눈앞에 펼쳐져 있고, 한국 에너지 비즈니스가 가진 고유의 어려움도 우리는 마주하고 있는 중입니다.

위협(Threat)과 위험(Risk), 고민(Trouble)만 가득한 한국의 에너지 비즈니스에 과연 기회는 있는 걸까요?

한국은 안정된 전력수급을 통해 눈부신 경제성장을 이루어 왔고, 이러한 전력산업의 안정성은 경제 성장의 기반이 되었습니다. 그러나 동시에 한국의 전력산업은 중앙집중적 계획, 비효율적인 공기업 운영, 가격 규제 등 구조적 문제를 안고 있어 경쟁력 강화와 효율성 제고를 위한 구조 개편, 법과 제도의 개선이 강력히 요구되고 있습니다.

저자는 한국의 전력산업의 첨예한 갈등과 어려움에 대해 설익은 해결방안을 제시하는 것을 경계하고자 합니다. 그것보다 그러한 위기에 대응하고 해결하기 위해 준비하고 있는 우리의 역량과 기회에 중점을 두고 시사점을 전달하고자 합니다.

5.1

한국 에너지 비즈니스의 특징은 무엇인가?

전통적인 '화석에너지 비즈니스'와 에너지 전환으로 촉발된 '신재생에너지 비즈니스', 2가지의 축으로 각각의 **탐사 및 생산 → 운송 및 저장 → 정제 및 가공 → 분배 → 소비**의 단계를 밸류체인(Valuechain)으로 살펴보면서 한국의 에너지 비즈니스의 특징을 살펴보고자 합니다.

에너지의 실체를 확인하고 생산하는 것부터 시작해서, 필요에 따라 정제·가공의 과정을 거칩니다. 수요처에 최적의 운송, 저장 방법을 통해 필요한 에너지의 적정량을 공급하고, 수요단에서 소비하게 됩니다.

한국의 화석에너지 비즈니스는 밸류체인 중 '**정제·가공**'에 해당하는 분야에 집중된 비즈니스 분포를 보이며, GS칼텍스, SK이노베이션, 에쓰오일, HD현대오일뱅크의 정유4사가 시장 지배력을 가지고 사업을 진행하고 있습니다. 저탄소 정제사로 거듭나기 위한 노력에 더해, 저탄소 에너지 공급이라는 에너지업계에 부여된 새로운 역할을 이행하고자 수소, 탄소포집저장활용(CCUS), 바이오, 폐플라스틱 리사이클링 사업, 저탄소 신사업 추진을 진행 중에 있습니다.

시대적 화두인 미래에너지 전환에 대비하고 현재 발을 딛고 있는 사업(석유 수입, 정제·가공)에서도 수익을 증대시키기 위한 부단한 노력을 함과 동시에, 새로운 에너지 신사업에 막대한 투자를 진행하고 있기도 합니다. 최근에는 CCUS, 직접공기포집(DAC) 등의 온실가스 감축을 위한 기후기술과 연계된 초기 기술 스타트업 및 Joint Venture 설립을 통해 적극적인 투자를 진행하며, 에너지 전환을 위한 준비에 박차를 가하고 있습니다.

신재생에너지 비즈니스에서는 에너지 생산, 즉 전력 발전과 관련한 부품 및 완제품 생산 영역과 에너지 저장 영역에 글로벌 리딩 기업으로 성장한 한국의 기업들이 많이 포진해 있습니다.

태양광 분야에서 세계적 기술력과 품질을 갖추고 사업을 진행하고 있는 한화솔루션, 태양전지 및 모듈 생산에 집중하고 있는 HD현대에너지솔루션이 계속적인 주목을 받고 있습니다. 중국산의 저가 경쟁에서 밀리지 않기 위해, 종합 에너지 기술(Total Energy Solution)회사를 표방하며 태양광 분야의 전후방 밸류체인상에 IT 및 DT(Digital Transformation)/AI 기술 기반을 접목한 사업으로 사업의 체질 개선을 위한 업그레이드를 진행 중에 있습니다.

해상풍력 분야에서 한국 기업들은 풍력발전 밸류체인의 다양한 분야에서 사업을 확장하고 있으며, 글로벌 경쟁력을 갖추기 위해 노력하고 있습니다. 터빈 제조, 하부구조물 생산, 설치 및 유지보수 분야에서 기술력을 강화하고 있으며, 대규모 해상풍력단지 개발을 통해 산업 생태계를 조성하고 있습니다.

두산에너빌리티와 유니슨(UNISON)은 대형 해상풍력터빈 개발에 주력하고 있으며, 씨에스윈드와 동국S&C는 풍력타워 제조 분야에서 세계적인 경쟁력을 보유하고 있습니다. 세아제강지주, 삼강엠앤티, 현대중공업, 삼성중공업, 대우조선해양 등은 해상풍력 하부구조물 제조에 참여하고 있습니다. 현대스틸산업은 해상풍력 설치 시공을, 한국에너지종합기술은 유지보수 서비스를 제공하고 있습니다. 발전사업 개발 측면에서는 한국전력공사와 SK이노베이션 E&S가 대규모 프로젝트를 추진 중입니다. 이러한 다각적인 참여를 통해 한국 기업들은 특히 해상풍력 분야에서 글로벌 경쟁력을 강화하고 있으며, 풍력발전 산업의 전체 밸류체인에서 중요한 역할을 담당하고 있습니다.

우리나라도 대형 해상풍력 단지가 속속 개발되면서 사업들이 계속 발주되고 있습니다. 2030년에는 그 규모가 100조 원에 이른다고 하니 향후 한국의 에너지 비즈니스에 해상풍력은 매우 중요한 성장 영역이 될 것입니다. 중국 및 유럽의 해상풍력 강자들이 진입하고자 무척 탐을 내고 있어, 해상풍력을 기반으로 재생에너지 비즈니스의 영역을 확장하는 데 있어 무척이나 위협이 되고 있습니다. 국내 기업들이 기술 합작 및 협업을 고려할 때, 반드시 우리 스스로에게 장기적으로 득이 되는 선택을 해야 합니다. 단기간의 사업을 수주하기 위해 정책과 규제를 우회하는 꼼수를 쓴다거나, 해외기업에 종속되어 시장을 다 내어주는 그런 계약과 협업은 지양해야 합니다. 에너지 안보는 거창한 것이 아닙니다. 눈앞의 시장과 기회를 얻기 위해 향후의 더 큰 기회를 포기하는 우(愚)를 범하지 않도록, 그 전략과 방향성에 더 큰 목표를 세우고 진지한 논의를 계속해 나가시길 부탁드립니다.

에너지저장 영역에서는 신뢰성 높고 효율적인 인산형 연료전지(PAFC) 및 고체산화물 연료전지(SOFC) 제조 전문성, 고정형 및 모빌리티용 수소연료전지 분야를 선도하는 두산퓨얼셀, 미국의 블룸에너지(Bloom Energy)와의 합작을 통해 국내 연료전지 시장에서 선도적인 위치를 차지하고 있는 SK에코플랜트는 경북 구미에 합작법인 '블룸SK퓨얼셀' 제조공장을 설립하여 SOFC의 국내 생산 및 국산화를 추진하고, 글로벌 수소 시장 진출을 위한 기반을 구축하며 사업을 진행하고 있습니다.

전 세계 청정에너지 전환에 있어서, 그 길목마다 한국의 기업들이 기술을 미리 선점하고 시장점유율을 확대하고자 부단히 노력하는 것을 볼 수 있습니다. 기술력과 산업의 전문성으로 시장의 역량 있는 플레이어로 성장한 우리의 기업들이 그동안의 성과로 증명하였듯이, 지금의 혼란스러운 상황에서 벗어나 더 큰 점프를 통한 도약의 시기를 맞이하기를 바랍니다.

5.2

'제11차 전력수급기본계획'으로 살펴본 향후 한국 에너지 비즈니스의 방향

산업통상자원부의 주도로 발표되는 '11차 전력수급기본계획'이 최근 확정(25.02)되었습니다. 이 계획은 2024년부터 2038년까지의 15년 장기 계획으로, 국가 중장기 전력수급의 안정을 위한 핵심 정책이며, 급증하는 전력수요에 대응하고 탄소중립 목표를 달성하기 위한 종합적인 전략을 제시하고 있습니다.

제11차 전력수급기본계획(이하, 전기본)은 전력수요 전망, 전력공급 계획, 백업설비 확보 방안을 중심으로 구성되었습니다. 정부는 에너지 믹스 다변화, 과학적 수요 전망, 수요관리 강화, 전력시장 개선을 통해 2038년까지 무탄소 전원 70% 달성과 안정적인 전력 공급을 목표로 하고 있습니다. 2038년 목표수요는 129.3GW로 예측되며, 이는 첨단산업, 데이터센터, 전기화 등으로 인한 수요 증가를 반영한 결과입니다. 이를 충족하기 위해 2038년까지 총 10.3GW의 신규 전력공급 설비 건설이 필요할 것으로 분석되었습니다. 전력공급 계획의 주요 내용으로는 2038년까지 신규 대형원전 2기와 SMR(소형모듈원자로) 1기 건설, 2030년까지 연평균 7GW의 재생에너지 보급이 포함됩니다.

향후, 전력수급과 관련되어 흔들림 없이 실행되어야 하는 해당 계획이 발표되자마자 여러 의견이 대두되고 있습니다. 11차 전기본에 대한 전반적인 평가는 장기적인 전력 수급 안정과 탄소중립 목표 달성을 위한 노력을 보여주고 있다는 점에서 긍정적입니다. 특히 무탄소 전원 비중 확대, 재생에너지 보급 확대, 과학적 수요 전망 등의 측면에서 진전을 보이고 있습니다. 그러나 여러 측면에서 수정이 필요하다는 지적이 제기되고 있습니다. 주요 수정 사항으로는 2038년 목표수요 129.3GW가 과대 산정되었다는 비판, 신규 원전 건설 계획에 대한 반발, 10차 전기본에 비해 축소된 재생에너지 발전 비중과 수요관리 목표에 대한 우려, 그리고 현재 계획으로는 2030 국가 온실가스 감축목표(NDC)나 2050 탄소중립 달성이 어렵다는 지적 등이 있습니다.

향후 해결 과정에서는 환경부와의 협의를 통한 환경영향평가, 정치적 합의 도출, 공청회 및 다양한 이해관계자의 의견 수렴 등이 이루어질 것으로 예상됩니다. 또한, 11차 전기본 확정 후 국가 송전망 확충 계획 수립, 기관별 세부 목표량 설정 및 실적관리를 통한 수요관리 강화 등이 진행될 것으로 보입니다. 그러나 현재의 정치적 불확실성과 이해관계자 간 갈등으로 인해 계획의 조속한 확정은 쉽지 않을 것으로 전망되며, 상당한 수정이 이루어질 가능성이 있습니다.

11차 전력수급기본계획 전력 수요 전망

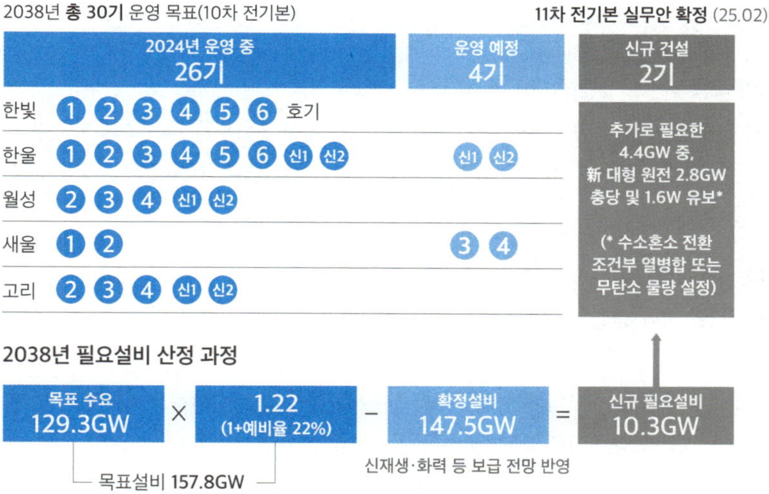

(출처: '11차 전력수급기본계획 실무안 발표', 그리니엄, 2024.05.31 내용의 이미지를 기반으로, 11차 전기본 실무안 확정사항 업데이트, https://greenium.kr/news/33495/)

● [참고] 제11차 전력수급기본계획의 주요 전략 ●

11차 전력수급기본계획은 급증하는 전력수요에 대응하고 탄소중립 목표를 달성하면서도 안정적인 전력 공급을 확보하고자 아래의 주요한 전략을 제시하였습니다.

[1] 에너지 믹스 다변화

- 무탄소 전원 확대: 2038년까지 무탄소 전원 비중 70% 달성 목표
  (무탄소 발전설비 확충 로드맵 제시, 2038년까지 필요한 신규 발전설비 10.3GW의 전원구성은 발전원별 건설기간과 기술 성숙도를 고려해 시기별로 세분화, 대형 원전은 건설기간이 약 167개월 소요되어 2037년 이후 진입이 가능하며, SMR과 수소전지는 2034~2035년 이후 도입이 가능할 것으로 분석됨)
- 원전 활용: 경제적이고 안정적인 무탄소 발전원으로 원전 적극 활용
- 재생에너지 확대: 2038년까지 121.9GW의 재생에너지 보급을 목표로 하며, 이는 태양광 77.2GW와 풍력 40.7GW로 구성
  (재생에너지는 2038년까지 121.9GW 설치를 목표로 제시, 특히 산업단지 태

양광, 수상태양광, 주차장 태양광 확대를 촉진하고, 태양광 이격거리 규제를 개선하며, 해상풍력 인허가 절차도 간소화할 계획)

[2] 과학적 수요 전망을 토대로 목표 수요 산정

- 첨단산업 수요 반영: AI, 반도체, 데이터센터 등 첨단산업의 전력수요 증가 고려
- 전기화 추세 반영: 전기차 보급 확대와 산업 및 일상생활의 전기화로 인한 수요 증가 예측

[3] 수요관리 강화

- 기관별 목표 설정: 한전, 에너지공단, 전력거래소 등 기관별로 세부 목표량을 설정하고 실적 관리
- 에너지 효율 향상: 한국전력공사의 에너지효율향상 의무화제도(EERS)* 등을 통해 2038년까지 16.3GW의 수요관리 목표 설정
  (* EERS(Energy Efficiency Resource Standard), 에너지공급자인 한전이 효율향상 사업을 통해 정부가 부여한 판매전력량의 일정 비율만큼 의무적으로 절감해야 하는 제도)

[4] 전력시장 개선

- 시장 경쟁 확대: 진입부터 급전까지 시장경쟁을 적용
- 분산에너지 활성화: 지역·입지 신호를 강화하여 분산에너지 촉진을 도모

[5] 차세대 백업설비 구축 및 전력망 확충

- 차세대 백업설비 구축 방안: 장주기 에너지저장장치(ESS) 구축
  (재생에너지 확대에 따른 계통 안정성 확보를 위해 2038년까지 23GW 규모의 장주기 에너지저장장치(ESS) 구축이 필요한 것으로 분석, 특히 2028~2029년에 필요한 2.1GW는 2026년부터 선제적으로 확보하여 계통포화지역에 우선 투입할 예정)
- 선제적 전력망 구축: 신규 설비 및 재생에너지 확대 고려한 전력망 건설을 반영
- 안정적 계통 운영: 전력계통의 안정적 운영 체계 마련
  (무탄소전원 수용을 위한 전력망 적기 건설과 보강도 추진, 특히 용인 반도체 클러스터 등 첨단산업단지에 대해서는 산단 내 발전소와 변전소 신설, 장거리 내륙선로 구축을 통해 10GW 이상의 전력을 공급할 계획)

그럼에도 11차 전기본은 한국의 에너지 비즈니스 분야에 다양한 성장 기회를 제시하고 있습니다. 재생에너지 분야에서는 2030년까지 연평균 7GW의 신규 설비 증설과 2038년까지 121.9GW 보급 목표로 인해 태양광과 풍력 산업의 성장이 예상됩니다. 원자력 산업에서는 신규 대형 원전 2기와 SMR 1기 건설 계획, 그리고 SMR 기술 개발이 새로운 기회를 제공할 것입니다. 에너지 저장 시스템 분야에서는 21.5GW의 장주기 ESS 필요성으로 인해 양수발전과 BESS 기술의 발전이 기대됩니다. 또한, 재생에너지 확대에 따른 전력망 인프라 구축과 에너지효율향상 의무화제도(EERS)를 통한 수요관리 강화는 관련 기술 및 서비스 분야의 성장을 촉진할 것입니다. 이러한 분야들은 무탄소 전원 확대, 에너지 안보 강화, 탄소중립 달성이라는 계획의 주요 목표를 지원하며, 관련 기업들에게 장기적인 비즈니스 기회를 제공할 것으로 예상됩니다.

지금이 한국 에너지 전환의 실질적인 개화기이며, 많은 논의와 전략적 방향 설정을 통해 에너지 안보와 신성장의 마중물을 준비할 수 있는 Golden Time을 놓치지 말아야 할 것입니다.

● [참고] 산업부의 에너지 기술 관련 추진사항 ●

산업통상자원부는 K-ET(Energy Tech.)브랜드 확산과 에너지산업의 지속가능한 성장 기반을 조성하고자, **'제5차 에너지기술개발계획 기대효과' 및 '「에너지기술개발 로드맵」 기술분야별 추진전략'** 발표 (24.11)

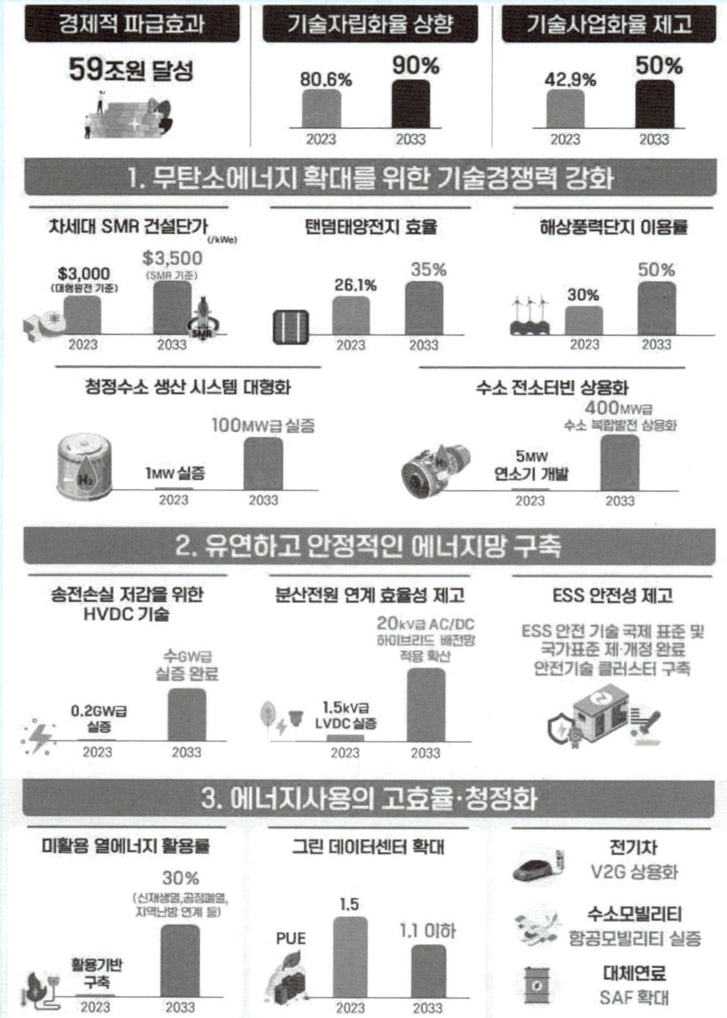

(출처: '탄소중립을 위한 에너지기술 청사진 공개', 산업통상자원부, 2024.11.22)

5.3

한국 에너지 비즈니스를 움직이는 한국전력공사(KEPCO)의 Power

앞서, '제11차 전력수급기본계획'에서 말씀드린 다양한 에너지 비즈니스를 펼칠 주체는 단연, 한국전력공사입니다. 한국전력공사는 이 계획의 이행을 위해 중요한 아젠다인 에너지효율향상 의무화제도(EERS)* 이행, 장기 송·변전 설비 계획 수립, 재생에너지 확대에 따른 전력망 확충, 수요 및 실적 관리, 분산에너지 활성화 등의 과제를 성공적으로 수행해야 할 막중한 책임을 짊어지고 있습니다. 이러한 과제들을 성공적으로 수행함으로써 한국전력공사는 국가 전력수급 안정과 탄소중립 목표 달성에 핵심적인 역할을 할 것으로 기대됩니다.

한국의 전력산업은 '발전부터 송전, 배전, 판매'의 전체 에너지 비즈니스를 한국전력공사(KEPCO)가 주도하며, 민간의 기업들이 발전의 일부분 등을 함께하며 거대한 에너지 비즈니스를 움직이고 있습니다.

* EERS(Energy Efficiency Resource Standard), 에너지공급자인 한전이 효율향상 사업을 통해 정부가 부여한 판매전력량의 일정 비율만큼 의무적으로 절감해야 하는 제도

● 한국전력공사(KEPCO)의 주요 사업 분야 ●

[발전] 6개의 발전 자회사(한국수력원자력, 남동·중부·서부·남부·동서발전)와 민간발전회사(포스코에너지, SK이노베이션 E&S, GS에너지 등)가 전력을 생산합니다. 발전 부문은 화력, 원자력, 신재생에너지 등 다양한 에너지원으로 구성됩니다.

[송전/배전] 한국전력공사가 송배전망을 독점적으로 운영하며, 안정적인 전력 공급과 계통 운영을 담당합니다. 초고압 송전 기술(HVDC)과 스마트 그리드 도입이 주요 과제로 부각되고 있습니다.

[판매] 한국전력공사가 전력거래소에서 구매한 전력을 일반 소비자에게 공급하며, 소매 시장은 아직 개방되지 않은 상태입니다.

한국의 에너지 비즈니스 중 전력산업을 움직이는 실행적 주체는 한국전력공사(이하, 한전)이기에, 전력과 관련된 토픽이 회자될 때마다, 한전의 역할과 향후 전략적 방향은 많은 관심과 논의의 대상으로 다뤄질 수밖에 없습니다. 더 이상 늦출 수 없는 전력산업과 관련된 수많은 현안과 중요한 이슈를 아래와 같이 정리해 보았습니다.

- 전기화(Electrification)로 인한 에너지 수요의 급증 대비
- 한전의 수익구조를 개선하기 위한 구조적인 변화
- 전력망 사업 민간 개방, 발전 부문 분할 및 민영화, 전기료 인상
- 태양광, 풍력 등 재생에너지 발전 확대 및 재생에너지 간헐성 문제 해결
- 계통 연계 기술 개발 및 계통 안정화 지원
- 스마트 그리드 및 디지털화, 지역 단위의 마이크로그리드 구축
- 에너지 자급자족 시스템 개발 등

앞에서 언급한 이슈 외에도 많은 논쟁과 현안이 한국의 에너지 비즈니스의 위협이자 어려움으로 부각되고 있지만 법·규제 변화, 이해관계자들 간의 조율 등 어느 것 하나 쉬운 것이 없습니다. 그러나, 지금의 어렵게 꼬인 실타래를 푸는 것을 뒤로 미루면 미룰수록 해결의 실마리를 찾는 것은 더욱 요원해질 것입니다. 전 세계적으로 인정받는 전력 발전·건설과 관련한 기술력, 운영 노하우 등은 한전이 가진 큰 자산이자 뛰어난 역량입니다. 여러 어려움을 한꺼번에 마주하고 있는 현재이지만, 지금의 위기를 해결해 갈 열쇠는 우리가 가지고 있습니다. 한전의 역량과 도약을 위한 준비를 보면서 그 해결의 실마리를 함께 찾았으면 합니다.

한국은 중앙집중형 전력시장 구조로 한국전력공사(KEPCO, 이하 한전)가 송배전망을 독점적으로 운영하며, 전력 생산과 소비를 연결하는 중앙집중형 구조를 유지하고 있습니다. 이는 안정적인 전력 공급을 가능하게 하지만, 시장 경쟁이 제한적이라는 한계를 가집니다. 현재까지는 [발전] 영역의 민간발전회사들이 참여하고 있고, 전력시장 개방에 대한 논의가 점차 확산되고 있으나, 많은 합의와 기반 조건들을 만들어가면서 진행해야 하기에 많은 시간이 소요될 것 같습니다.

한전이라는 에너지 공룡기업이 리딩하는 한국의 에너지 비즈니스에서, 대기업과 금융권이 쏟아 붓는 대규모의 자금이 여전히 화석에너지 비즈니스에 투입되고 있습니다. 에너지 전환의 시대적 흐름 앞에, 기존의 안정적 수익을 기반으로 미래 준비를 위한 에너지 신사업이 펼쳐지고 있습니다. 그 예로, 송배전망 운영과 에너지 신사업 추진분야에 중점을 두고, 소매 시장 개방과 민간 참여 확대를 통해 효율성과 경쟁력을 높이고자 노력하고 있습니다. 태양광·풍력을 중심으로 한 재생에너지 비중 확대와 관련 인프라 확충, 스마트 그리드와 AI 기반 기술 도입으로 효율적인 에너지 관리 체계 구축에 중점을 두고 진행하고 있습니다. 특히, 한전의 자회사인 한국수력원자력에서는 원자력 발전과 신재생에너지사업을 주도하며, 녹색산업 육성을 위한 CCS(Carbon Capture Storage) 기술 개발, 상용화 및 청정수소 암모니아 인프라 구축 사업 추진 등을 통해 신에너지 경제를 선도하고자 노력하고 있습니다.

한국전력 사업구조

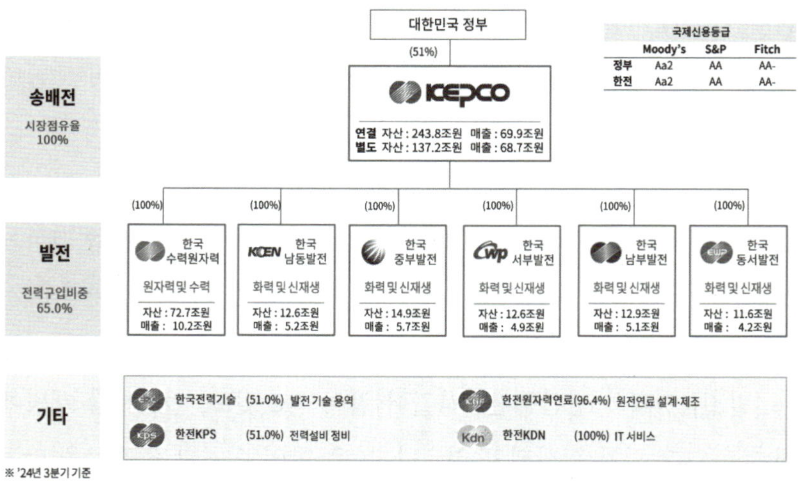

(출처: 'KEPCO 2024년 3분기 경영 설명자료', KEPCO IR센터 IR자료, https://home.kepco.co.kr/kepco/KE/ntcob/list.do?boardCd=BRD_000025&menuCd=FN270302)

한전은 전통적인 전력 공기업에서 글로벌 종합 에너지 기업으로 성공적으로 전환하고 있으며, 특히 원자력과 송배전 분야에서 세계적인 경쟁력을 보유하고 있습니다. 한전은 자회사들과의 긴밀한 협력관계를 기반으로, 긴 시간 흔들림 없이 진행되어야 하는 전력산업 분야의 중요한 플레이어로 전 세계 시장에 참여하고 있습니다. 한전의 자회사인 한국수력원자력, 한국 남동발전 등의 5개의 발전사를 통해 화석발전, 수력발전 및 원자력 발전소의 건설 및 발전 운영 사업을 펼치고 있습니다. 세계 최고 수준의 발전 운영, 개발 경험을 토대로 전 세계에서 발전 사업을 진행하며, 핀란드 아담스 풍력발전, 호주 배너튼 태양광발전, 스웨덴 클라우드 풍력, 라오스 세남노이 수력발전 사업 등의 아시아 대륙 및 오세아니아, 미주대륙, 유럽, 아프리카 대륙까지 신재생에너지 개발, 운영의 사업 범위를 확장하고 있습니다.*

한전KPS는 발전설비 정비 전문 공기업으로, 수·화력 및 원자력 발전소, 신재생에너지 설비, 송전설비의 정비와 보수를 담당하고 있습니다. 이러한 전문화된 업력(業力)과 기술로 다양한 해외 사업을 추진하고 있으며, 원자력 분야에서는 UAE의 BNPP 원전에서 시운전 정비와 경상정비, 계획예방정비를 수행하며 2022년 해외원전사업 매출 1,049억 원을 달성하고, 화력발전 분야에서는 인도, 파키스탄, 우루과이 등 25여 개국에서 발전설비 운전 및 정비 사업을 수행하고 있습니다. 신재생에너지 분야에서는 O&M 사업을 확대하고 있으며, 노후발전소 성능개선 분야에서는 카자흐스탄에서 성공적으로 사업을 수행하고 있습니다. 또한 한전KPS는 해외 원전 수출, 해외 화력발전 정비시장 개척, 신재생에너지 사업 확대, 노후 발전설비 성능 개선, 부품 공급 및 설비개선, 원전 특화사업 등 5대 신성장 사업을 적극적으로 추진하고 있습니다.

* 한국서부발전(KOWEPO) 자료 참고, https://www.iwest.co.kr/iwest/878/subview.do

한국전력공사 및 자회사의 주요 해외사업 현황 및 실적

기업	사업 분야	주요 내용	실적/성과
한국전력공사	• 원자력 • 화력발전 • 재생에너지 • 송배전	• UAE 바라카 원전 • 사우디 Jafurah CHP • 사우디 태양광 • UAE HVDC 해저케이블	• 해외사업 누적매출 41.8조원(2023년) • 24개국 45개 프로젝트(2025년 현재) • 투자회수율 127%(2023년 9월) • 2024년 해외사업 매출 3조원 예상
한국수력원자력	• 원자력 발전 • SMR • 신재생에너지	• UAE 바라카 원전 운영 • 웨스팅하우스와 협력 • 해외 원전 수출	• UAE 원전 4기 운영(2024년) • 원자력 수출 21.5조원(2023년) • 해외 원전 운영 매출 1.2조원(2023년)
한전 E&C	• 원자력 설계 • EPC 사업 • 엔지니어링	• UAE 원전 설계 • 가나 Takoradi T2 • ITER 프로젝트 참여	• 19개국 해외사업 수행(2024년) • 해외매출 4,200억원(2023년) • APR1400 수출 기술료 수익(2023년)
한전 KPS	• 발전설비 O&M • 정비사업	• 우루과이 Punta del Tigre • 해외 발전소 정비	• 우루과이 계약 500억원(2023년) • 2025년까지 계약 연장 확정 • 해외사업 매출 2,800억원(2023년)

(출처: 'KEPCO, 원전사업으로 해외 누적매출 41조원 돌파', Business Korea, 2024.04.19, https://www.businesskorea.co.kr/news/articleView.html?idxno=215374, 각사 홈페이지 자료 기반 정리)

향후, 한국의 에너지 전환의 시대에 있어서 가장 주목받는 기업도, 가장 많이 변화하는 기업도 한국전력공사라는 것에 이견이 없습니다. 한국의 에너지 비즈니스가 성장하고, 세계적인 경쟁력을 갖기 위해서는 한국전력공사의 기술 경쟁력 확보와 지속적인 혁신이 뒤따라야 할 것입니다.

한국전력공사의 변화(Transformation)에 관한 논의와 성장 방향성 정립은 가장 중요한 정치, 경제적 이슈로서 한번은 제대로 마주쳐야 하는 영역이라고 생각합니다. 한국의 에너지 비즈니스의 핵심 기업인 한국전력공사의 변화와 혁신이 주목받는 이유를 단순히 전기요금이 비싸다, 싸다의 경제적 논리로만 매몰시키면 안 됩니다. 그 주변과 수면 위에 드러나지 않은 많은 현안들을 진정성 있게 바라보며, 제대로 된 논의가 진행되어야 합니다. 최근 국회를 통과한 '에너지 3법'*과 관련한 실행 주체와 동력도 한국전력공사가 많은 부분 함께 진행하기에, 향후의 에너지 전쟁에서 한국전력공사의 활약에 기대가 모아지고 있습니다.

● [참고] 에너지 3법(전력망법, 고준위법, 해상풍력법)의 국회 상임위 소위 통과 (25.02.17) ●

한국의 에너지 3법이라 불리는 에너지 산업의 미래를 형성하는 중요한 법안이 2025년 2월 17일, 국회 산업통상자원중소벤처기업위원회 소위원회를 통과했습니다.
에너지 3법은 (1) 고준위 방사성폐기물 관리법, (2) 국가기간 전력망 확충 특별법, (3) 해상풍력 특별법으로 구성되어 있어 향후 한국의 에너지 정책과 비즈니스의 방향을 설정하는 데 있어 매우 중요한 기준이 되는 내용입니다. 특히, 전력망 확충과

* (1) 고준위 방사성폐기물 관리법, (2) 국가기간 전력망 확충 특별법, (3) 해상풍력 특별법

관련하여 전력 수요 급증에 대응하기 위한 국가 전력망 확충 필요성을 더 이상 미룰 수 없다는 인식이 강하게 반영되어 있기에, 앞으로의 많은 어려움에도 불구하고 국가 사업으로 힘을 받고 나아갈 수 있으리라 전망해 봅니다. 정부의 국가 전력망 확충 지원 시스템 구축이 본격화되고, 대규모 전력 수요 산업에 대한 전력 공급 인프라 확충은 곧 에너지 비즈니스의 성장과 시장 확대로 이어지기에 많은 주목을 받고 있습니다.

해상풍력 특별법의 경우, 해상풍력 발전 구역 개발 프로세스 간소화 및 정부 주도의 계획적 부지 전략 도입으로 해상풍력을 통한 재생에너지 확보에 힘을 싣는 계기가 될 것으로 주목받고 있습니다.

이 법안들의 통과로 재생에너지와 원자력 발전의 신규 건설이 더욱 수월해질 것으로 예상되며, 11차 전력수급기본계획에 포함된 대형 원전 2기, 소형 원전 1기, 대규모 재생에너지 구축 계획의 실현 가능성이 높아진 것으로 평가받고 있습니다.

에너지 3법의 통과는 한국의 에너지 정책 방향을 결정짓는 중요한 이정표가 될 것으로 보입니다. 이를 통해 에너지 안보 강화, 친환경 에너지 전환 가속화, 그리고 전력 공급 안정성 확보라는 목표 달성에 한 걸음 더 다가갈 수 있을 것으로 기대됩니다.

(출처: '에너지 막힌 혈 뚫렸다…'에너지 3법' 산자위 소위 통과', 에너지경제, 2025.02.17, https://m.ekn.kr/view.php?key=20250217021016834)

한국전력공사는 전력산업을 펼치는 데 필요한 기술과 안정적인 운영의 관록을 가진 리더십을 기반으로 전체적인 밸류체인(Valuechain)을 가지고 사업을 진행 중에 있고, 국내를 넘어 전 세계로 **'K-에너지 시대'**를 여는 데 앞장서고 있습니다. 한국전력공사는 한국을 넘어 전 세계로 시장을 넓히며 글로벌 전력, 발전회사와 어깨를 나란히 하며 에너지 산업의 혁신에 획을 긋는 전무후무한 기업이 될 수 있으리라 봅니다.

5.4
"에너지 신사업 비즈니스"로 넘어가는 중요한 시기를 맞이하다

전 세계 에너지 비즈니스의 글로벌 메가트렌드는 '3D+2E'라 불리는 거대한 흐름으로 진행되고 있습니다. 3D의 '탈(脫)탄소화(Decarbonisation)', '분산화(Decentralisation)', '디지털화(Digitalisation)'의 방향성에 2E의 '전기화(Electification)'와 '효율화(Efficiency)'가 큰 축을 이루며, 에너지 산업 내의 신규 비즈니스가 만들어지고 있습니다. '3D+2E'가 가져온 혁신을 통해, 에너지 비즈니스 내에 풀기 어려웠던 문제들을 해결할 방안을 찾고, 새로운 성장 동력으로 경제, 사회 전반에 신선한 변화의 물결을 일으키고 있습니다.

이제는 에너지 발전, 소비, 송배전의 전체 흐름에서의 데이터를 축적하고, 분석하여 비즈니스에 활용하고자 하는 흐름이 확고하게 자리 잡았습니다. 3가지로 분야로, (1) 소비자 측에 위치한 에너지 시스템으로 그 데이터와 자원을 활용하는 분야(BTM, Behind The Meter)와 (2) 대규모 에너지 시스템의 발전 자원을 활용하는 분야(FTM, Front of The Meter), (3) 전기를 각 수용가에 적절히 전달하기 위한 배전망과 송전망과 관련된 분야로 특화되어 발전하고 있습니다.

특히, 소비자 자원을 활용하는 분야(BTM)는 전기 계량기 뒤쪽, 즉 소비자 측에 위치한 소규모 시스템으로, 전기자동차 충전, 마이크로그리드, 에너지저장장치, 수요반응, 가상발전소 솔루션 등을 포함합니다.

이는 주로 에너지 독립성 향상과 비용 절감을 목적으로 하며, 현재 디지털화를 통한 혁신이 가장 활발히 일어나는 영역입니다. 신재생에너지 발전 자원을 활용하는 분야(FTM, Front of The Meter)는 전기 계량기 앞쪽, 유틸리티 측에 위치한 대규모 시스템을 의미하며, 태양광·풍력 발전, 연료전지, 수소·암모니아 발전 등이 포함됩니다. FTM은 전력망 안정성 향상과 대규모 에너지 생산을 목적으로 하며, 주로 전력시장이나 PPA(Power Purchase Agreement)를 통해 전력을 판매합니다.

우리가 익히 잘 알고 있는 국내 유수의 기업들이 이 기조와 흐름에 맞춰, 에너지 신사업 비즈니스를 이끌고 가는 것을 알고 계셨나요? 생각보다 더 많은 기업이 앞선 기술로 실제 사업에 참여하며 글로벌 사례를 만들어가고 있고, 에너지 신사업 비즈니스를 리딩하고 있습니다. 한국은 대내외의 어려움에서도 꾸준히 그 체급을 맞춰가며 성장하고 있는 에너지 비즈니스 강국입니다. 우리의 에너지 비즈니스를 이끌고 있었던 기업들에게 향후, 어떤 기회와 도전의 시기가 오는지에 포커스를 맞춰 보겠습니다.

에너지 신사업의 다양한 Business Model을 표로 정리하며, 이와 관련된 사례와 저자가 주목하는 에너지 신사업을 소개하고자 합니다.

에너지 신산업 분야의 주요 비즈니스 모델

비즈니스 모델	제도	인프라	기반 기술	필요 기술 영역
가상발전소 (VPP) 중개 서비스	에너지 프로슈머 활성화를 위한 법적 기반, 전력 거래 시장의 개방	고도화된 전력망 시스템, 분산형 에너지 자원(DER) 설비	AI, 빅데이터 분석, IoT 기술	AI, IoT, 보안 통신, 데이터 분석, 분산에너지자원(DER) 관리

비즈니스 모델	제도	인프라	기반 기술	필요 기술 영역
에너지관리 시스템 (EMS, Energy Management System)	에너지 효율화 정책, 스마트 그리드 관련 규제	첨단 계량기(AMI), 고속 통신 네트워크	실시간 모니터링 및 제어 기술, 클라우드 컴퓨팅	분석 기술, 에너지 시스템 기술 전문성, 통신 프로토콜 지식, 제어 시스템 이해, 자동화 기술
배터리 에너지저장 장치(BESS, Battery Energy Storage System) 설치 및 운영	ESS 설치 의무화 정책, 피크 요금제	대규모 배터리 시스템, 전력 변환 장치	배터리 관리 시스템(BMS), 전력 변환 기술	배터리 관리 시스템(BMS), 에너지 관리, 보호 장치, 상호 연결, 전력 전자, 제어 시스템, 안전 기준 준수, 다양한 에너지 저장 기술 지식
수요반응 (DR) 서비스	신재생에너지 의무할당제(RPS), 수요자원 거래시장 제도	첨단 계량기(AMI), 양방향 통신 인프라	AI, 실시간 데이터 처리	에너지 거래, 에너지 모니터링, 모델링, 에너지 하드웨어 제어
마이크로 그리드(MG) 구축 및 운영	마이크로그리드 구축 지원 정책, 에너지 신사업 관련 규제 완화	분산형 에너지 자원, 에너지저장장치(ESS)	스마트 그리드 기술, 분산 제어 시스템	전력 시스템 공학, 전기 시스템, 컴퓨터 프로그래밍, 에너지 저장 기술, 산업 규제 이해
전기자동차 충전(EVC, Electric Vehicle Charging) 인프라 구축 및 운영	전기차 보급 확대 정책, 충전 인프라 구축 지원 제도	전기차 충전소, 스마트 그리드	소프트웨어 엔지니어링, 클라우드 컴퓨팅, IoT	전기 지식, 기술 전문성, 안전 관행, 규제 및 안전 기준 이해, 프로젝트 관리 기술, 소프트웨어 및 연결성 숙련도
에너지저장 장치(ESS) 설치 및 운영	ESS 설치 의무화 정책, 피크 요금제	대규모 배터리 시스템, 전력 변환 장치	배터리 관리 시스템, 전력 변환 기술	배터리 관리 시스템, 에너지 관리, 보호 장치, 상호 연결, 전력 전자, 제어 시스템, 안전 기준 준수, 다양한 에너지 저장 기술 지식

비즈니스 모델	제도	인프라	기반 기술	필요 기술 영역
재생에너지 발전 및 중개	신재생에너지 의무할당제(RPS), 발전차액 지원제도(FIT)	태양광 패널, 풍력 터빈, 송배전 인프라	AI, 신재생에너지 발전 기술, 예측 알고리즘	에너지 시장 지식, 협상 기술, 분석 기술, 의사소통 기술, 프로젝트 관리, 재생에너지 기술 친숙도
에너지 프로슈머 플랫폼	에너지 프로슈머 활성화 법안, P2P 전력거래 제도	스마트 미터, 양방향 전력망	AI, IoT, 블록체인, 빅데이터 분석	AI, IoT, 블록체인, 데이터 과학, 코딩
에너지 구독 서비스 (Energy as a Service, EaaS)	에너지 서비스 사업자 제도, 요금제 다양화 정책	스마트 홈 기기, 에너지 모니터링 시스템	AI, IoT, 클라우드 컴퓨팅	AI, IoT, 데이터 분석, 클라우드 컴퓨팅
P2P(Peer-to-Peer) 에너지 거래	P2P 전력거래 실증사업, 규제 샌드박스	스마트 그리드, 스마트 미터, ICT 네트워크	블록체인, 스마트 계약 기술	하드웨어: 스마트 그리드, 스마트 미터, ICT 네트워크; 소프트웨어: P2P 거래 플랫폼, 에너지 예측 도구, 블록체인 기술
냉방 서비스 (Cooling-as-a-Service)	에너지 효율 등급제, 건물 에너지 관리 규정	중앙 냉방 시스템, 스마트 온도 조절기	IoT, 클라우드 기반 제어 시스템	HVAC 시스템 설계, 설치, 운영, 유지보수, AI, IoT, 에너지 효율 최적화
선불제(Pay-as-you-go) 에너지 서비스	에너지 빈곤층 지원 정책, 요금제 다양화	스마트 미터, 모바일 네트워크	모바일 결제 시스템, 원격 모니터링	모바일 결제 시스템, 원격 모니터링 소프트웨어, 재생 에너지 기술

이렇게 다양한 에너지 신사업의 다양한 Business Model과 아이템은 지속적으로 시장에 등장하고 있습니다. 상용화 수준의 기술도 많

고, AI 및 Digitalization 관련 적용 가능한 분야도 많기에, 빠르게 시장에 적용해 보며 시장을 선점해 나갈 영역이 많습니다. 다만, 정부의 규제와 인프라의 설치 등의 난제들이 얼마나 빠르게 변화되고 조율되는지가 오히려 에너지 신사업의 성공과 연결되어 있는 점이 특징이라고 할 수 있습니다.

에너지 비즈니스의 신사업을 펼치며, Global 에너지 산업을 리딩하는 한국의 기업 사례를 소개합니다.

SK이노베이션 E&S는 전통적인 화석에너지 기반의 사업을 진행하는 SK Innovation(석유화학, 윤활유, 석유 탐사 분야 등)과 LNG와 신재생에너지 분야로 성장을 도모하는 SK E&S가 합병한 회사입니다. 총 자산 규모만 해도 100조 원(약 725억 달러)에 달하며 아시아-태평양 지역 최대 규모의 민간 에너지 기업으로 2024년 11월 1일에 공식 출범했습니다.

현재와 미래의 에너지 산업을 아우르는 'Total 에너지 솔루션 기업'으로의 도약을 위해, 석유와 LNG 같은 기존 에너지원부터 재생에너지, 수소, 소형 모듈형 원자로(SMR)와 같은 미래 에너지원, 그리고 배터리와 에너지 저장 시스템(ESS) 등의 전기화 사업까지 포괄하는 종합적인 포트폴리오를 구축하였습니다. SK Innovation의 원유 정제 및 거래 운영과 SK E&S의 가스 개발 및 LNG 거래를 결합하여 에너지 및 전기화 부문에서의 경쟁력과 수익성을 강화할 계획이고, 석유화학 사업의 높은 수익 변동성을 LNG, 발전, 도시가스 사업의 안정적 수익으로 상쇄하여 재무 구조를 개선하고, 신규 사업 육성을 통해 미래 에너지 시장을 선도할 것으로 기대됩니다.*

---

* 출처: https://www.fuelsandlubes.com/sk-innovation-and-sk-es-merge-to-form-largest-asia-pacific-energy-company/

SK이노베이션 E&S는 한국의 에너지 전환과 관련하여 중요한 역할을 하는 화석에너지, 재생에너지 관련한 포트폴리오를 다양하게 가지고 있는 회사이기에 더욱더 많은 관심을 받고 있습니다. Bridge 에너지의 대표주자인 LNG를 통한 매출과 이익 측면에서 사업의 수익성을 지키면서 청정에너지 기반의 사업을 탄탄히 추진하고 있으며, CCS(Carbon Capture Storage), 수소 에너지(미국 플러그파워와 합작으로 1조 원을 투자해 수소 기가팩토리를 건설 중) 등의 미래 청정에너지 관련한 사업 포트폴리오를 적극적으로 펼치며, 선도적인 Energy Solution 기업으로 성장하고 있습니다.

SK이노베이션 E&S - 전체 에너지 신사업 포트폴리오

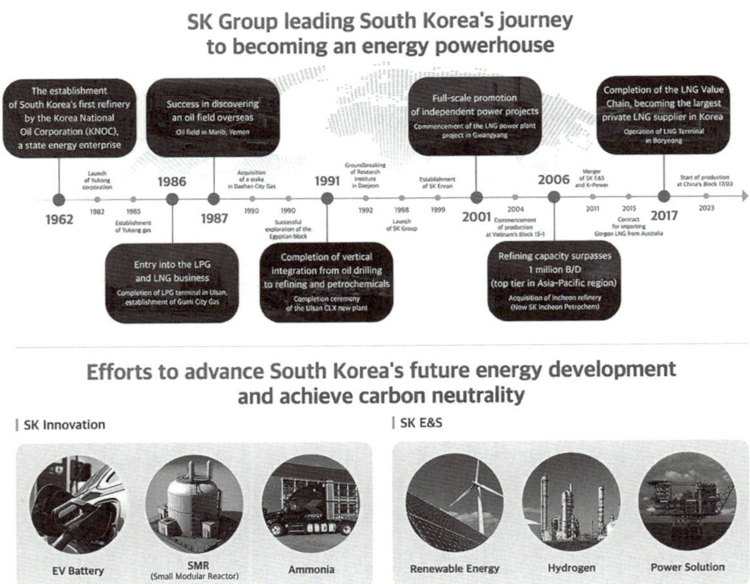

(출처: 'SK Innovation and SK E&S merge to form largest Asia-Pacific energy company', F&L Asia, 2024.07.18, https://www.fuelsandlubes.com/sk-innovation-and-sk-es-merge-to-form-largest-asia-pacific-energy-company/)

SK E&S 사업 포트폴리오

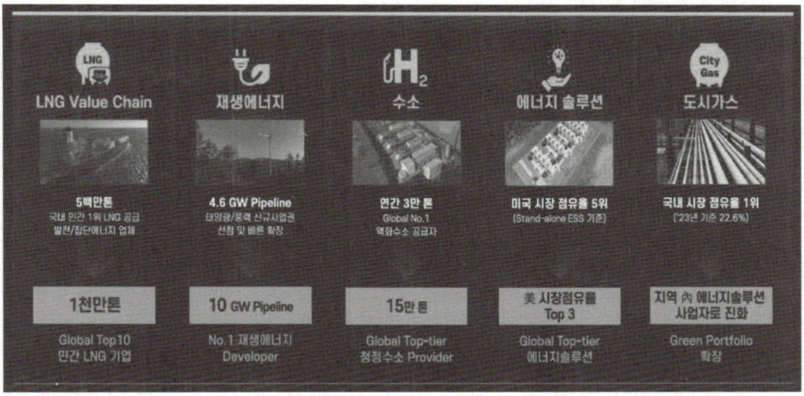

(출처: 'Korea | 에너지 | SK E&S', 유진투자증권, 2024.09.24, https://www.eugenefn.com/common/files/amail//20240904_B10_tjdgus2009_725.pdf)

LG에너지솔루션은 배터리 기술 혁신과 재생에너지 사용 확대에 집중하고 있습니다. 현존하는 2차 배터리 중 높은 품질과 고객의 요청에 부응하는 다양한 제품으로 거센 중국배터리 기업과의 싸움에서도 선두자리를 지키고 있습니다. 추후 LG전자의 전장(자동차의 전기장치)사업과 함께 더 많은 시너지가 예상되고 있습니다. 두 사업부는 고성능 배터리 기술과 차량용 전자 기술을 결합하여 효율적인 전기차 파워트레인 시스템을 개발할 수 있으며, 배터리 관리 시스템(BMS, Battery Management System)과 인포테인먼트 시스템(IVI, In-Vehicle Infotainment)의 연계를 통해 에너지 효율을 극대화할 수 있습니다. 또한, 맞춤형 배터리와 차량용 모터, 인버터 등을 결합한 통합 전기차 솔루션을 제공하고, 센서 기술과 배터리 기술을 연계하여 자율주행 전기차를 위한 종합 솔루션을 개발할 수 있습니다. 더불어, Cell to Pack

기술*과 차량 설계 노하우를 결합한 혁신적인 배터리 팩 개발, 전기차 모터의 성능을 향상시키는 기술인 고속 헤어핀 모터 기술과 고성능 배터리 기술을 접목한 고효율 전기차 구동 시스템 개발 등을 통해 양사 간의 시너지가 전기차 시장에서의 경쟁력을 강화하고 종합적인 모빌리티 솔루션 제공업체로 발전할 수 있을 것입니다.

LG에너지솔루션 비전공유회(24년 10월)에서 배터리 제조 판매회사의 역할을 넘어 신규 비즈니스로 배터리 진단 및 관리기술을 바탕으로 배터리 구독 경제의 패러다임을 구축해 나갈 것을 신규 비즈니스로 내세우며 재도약의 의지를 나타낸 바 있습니다.**

현대자동차는 수소 생태계 구축과 RE100 이니셔티브 참여를 통해 친환경 모빌리티 선도에 주력하고 있습니다. 현재 전 세계 상위 전기차 생산업체로서 친환경 모빌리티로의 방향성에 따라 지속적 성장이 예상됩니다. 특히, 수소 생태계 구축과 관련하여서는 전 세계 리딩 기업으로 향후 국내외 수소 기술 관련 생산부터 소비에 이르는 전체 밸류체인을 구축하고 있습니다. 선도적인 입지를 다지며 발표하는 사례가 그대로 글로벌 사례가 되면서 시장의 중요한 플레이어로 기대를 모으고 있습니다.

전 세계는 전기화(Electrification) 수요로 인한 전기발전 시설의 확충만이 아니라, 발전된 전기를 수송할 수 있는 전력망(Grid)에 대한 필요성도 적극 논의되고 있습니다. 전력망 투자가 시급한 미국을 비롯하여, 유럽, 중동의 경우 신재생에너지 확대에 따른 발전설비, 송배전 확

---

* Cell을 Pack에 직접 결합하고 고정하는 방식으로, 전기차 배터리 설계의 복잡성을 줄이면서도 효율성을 높이는 중요한 발전을 시사합니다.

** 'LG엔솔 "2028년까지 매출 2배로"…첫 비전 선포', 전자신문, 2024.10.07, https://www.etnews.com/20241007000308

층의 수요도 견조하게 증가하고 있는 상황입니다.

LS전선은 미국 전력망 확충 사업에 적극 참여하고 있습니다. 약 1조 원을 투자해 미국 버지니아주에 최대 규모의 해저케이블 공장을 건설 중이며, 2025년 착공해 2027년 완공을 목표로 하고 있습니다.* 이 공장은 HVDC 해저케이블을 생산할 예정이며, 미국 해저케이블 시장이 향후 10년간 연평균 30% 이상 성장할 것으로 전망되어 이를 선점하기 위한 전략적 투자입니다. 또한, LS전선은 최근 미국에서 다수의 대규모 해저케이블 공급 계약을 체결하며 북미 시장에서의 입지를 강화하고 있습니다.

LS Electric은 미국 신재생에너지 발전단지에 대규모 전력설비를 공급하며 북미 변압기 시장에서 본격적인 교두보를 확보하고 있습니다. 최근 1,200억 원 규모의 전력설비를 미국 신재생에너지 발전단지에 공급하기로 했으며, 초고압 변압기 생산능력을 2배 이상 늘리는 증설 작업을 진행 중입니다. 특히 미국 내 반도체, 배터리 등 국내 기업들의 공장 신설로 변압기 수요가 급증하면서 LS Electric의 북미 매출이 크게 증가하고 있습니다. 또한, 태양광 발전소 구축 EPC 사업 등 다양한 프로젝트를 수주하며 사업 영역을 확대하고 있습니다.

HD현대일렉트릭은 미국 실리콘밸리 전력망 현대화 사업에 참여하며 북미 시장 진출을 가속화하고 있습니다. 최근 미국 캘리포니아주 산타클라라시 전력청과 782억 원 규모의 전력변압기 9대 공급 계약을 체결했으며, 이는 산타클라라 지역의 산업용 전력 수요 확대에 따른 변전소 증설에 사용될 예정입니다. HD현대일렉트릭은 미국 앨라배마

* https://www.yna.co.kr/view/AKR20240710061300003

북미 생산법인에 변압기 전문 보관장을 준공하고 울산 공장도 증축하는 등 생산능력 확충에 힘쓰고 있으며, 중동 시장에서도 대형 수주를 이어가고 있습니다.

효성중공업은 글로벌 전력기기 시장에서 다각도로 사업을 확장하고 있습니다. 2020년 미국 테네시주 멤피스 초고압 변압기 생산기지 증설을 완료하고 미국 시장 공략을 본격화했으며, 유럽, 호주, 아프리카 등 다양한 지역에서 수주를 확대하고 있습니다. 특히 초고압변압기, 가스절연개폐기, BESS(Battery Energy Storage System), STATCOM 등 다양한 제품 포트폴리오를 바탕으로 경쟁력을 강화하고 있습니다. 효성중공업은 2025년까지 파트너사들과 함께 총 18조 5000억 원을 투자할 계획이며, 이를 통해 28만 개의 일자리 창출과 144조 원의 사회경제적 파급효과를 기대하고 있습니다.

변압기, 차단기 등으로 대표되는 전력기기는 몇 년 전만 해도 공장이나 산업단지 등에 들어가는 인프라 중 하나로만 여겨졌으나, AI 수요 폭증으로 데이터센터 등에 안정적으로 대규모 전력을 공급해야 하는 데, 필수인 EHV(Extra High Voltage, 초고압) 변압기 등의 핵심 장비가 수요를 못 따라가고 있는 실정입니다.

전력 인프라 시장이 2029년까지 장기 호황 사이클에 진입할 것으로 예상되는 만큼, 이 기간 동안 집중적인 투자와 혁신을 통해 글로벌 경쟁력을 높여 나가는 것이 중요합니다. 전력망 강화는 차세대 산업을 이끄는 기반이 되는 인프라이고, 안정된 계통운영이 무척 중요하기에, 한국의 기술력 있는 회사들의 향후 성장성은 매우 견조하게 지속될 것 같습니다. 글로벌 전력 인프라 시장의 Big4라 불리는 슈나이더일렉트릭(Schneider Electric) · 지멘스(Siemens) · 이튼(Eaton) · ABB 등은 이러한 에너지 전환의 시기에 있어서 전 세계에 영향력을 과시하는 초거대 기업으로 성장하고 있습니다. 우리에게도 전기화(Electrification), 지능형 전력망 구축에 대한 시장이 열리며, 장기적으로는 새로운 글로벌 전력 인프라 시장의 'Big Player'로 도약할 수 있는 기회가 왔습니다.

제6장

에너지 비즈니스의 시대적 흐름, 기회에 주목하라

6.1 전 세계 에너지 패권은 어떻게 재편될까?

6.2 기존 전통에너지 산업의 강자가 신에너지 시장에서도 강자를 유지할까?

6.3 지속가능한 에너지 비즈니스를 가능하게 하는 힘, “AI + Digitalization”!

6.4 다양한 에너지원이 이끌 미래 에너지 비즈니스

6.1

전 세계 에너지 패권은 어떻게 재편될까?

인류의 역사는 에너지 확보를 위한 도전과 응분의 역사였습니다. 에너지원의 궁극의 전환은 '전기에너지'로 향하며 인류는 '모든 것의 전기화'로 일컬어지는 시대에 살고 있습니다. 전기를 얻기 위한 다양한 자원과 기술로 무장한 전세계의 에너지 전쟁은 진행 중에 있으며, 에너지 패권전쟁에서 우위를 선점하기 위한 이합집산이 끊임없이 펼쳐지고 있습니다. 청정에너지로의 에너지 전환에 대한 전 세계적인 움직임에, 기존의 부를 뺏기기 싫은 전통적인 에너지 비즈니스의 강자들은 에너지 전환이 가져온 새로운 방향에 뒤처지지 않기 위한 준비로 하루가 멀다 하고 새로운 투자 계획을 발표하고, 새로운 실험과 실증 사업을 진행하고 있습니다.

향후 전 세계 에너지 패권을 조심스럽게 예상해본다면, 자본과 기술력으로 무장한 신재생에너지 산업을 이끄는 **중국**과 셰일오일/가스 기반의 안정적인 에너지원을 기반으로 신재생에너지와 탈탄소에너지 비즈니스까지 섭렵한 **미국**, 각종 청정에너지 규제로 EU 내 산업을 보호하기 위한 판을 이미 촘촘히 짜놓고, 신재생에너지 산업으로의 대대적인 변화의 기틀을 준비한 **EU**의 3자의 대결로 치달을 것이라 봅니다. 이들의 틈바구니에서, 우리는 기술력과 깐깐한 제조 능력을 갖춘 신뢰감 있는 파트너가 되어 누구의 손을 잡고 동참할 것인지를 선택해야 하는 순간입니다.

중국은 재생에너지 산업 굴기를 통해서, 전 세계 태양광, 해상풍력 등의 선두자리를 굳건히 차지하며 에너지 전환의 혼란한 틈에서 다른 후발주자가 살짝 끼어들 자리 하나 허락하지 않고 달려가고 있습니다. 우리 기업들은 오히려, 중국이 독식하고자 하는 재생에너지 비즈니스 내에서의 높은 기술력과 신뢰를 기반으로 지속적 사업과 협력이 가능한 파트너로서 신규 시장에서 자리를 굳건히 할 수 있으리라 예상합니다. 이미 우리 기업들의 기술적 우위와 빠르고 정교한 디테일로 각 국가별 중요한 에너지 비즈니스에 함께 사업을 진행하고 있고, 새로운 판을 뒤흔들 준비를 함께 진행해야 할 것입니다.

에너지 비즈니스는 호흡이 길고, 막대한 자본이 투여되는 국가기간 인프라로서 움직이는 특성을 고려하고, 에너지 안보와 지정학적 이슈에 의한 크고 작은 다툼이 격화되는 지금의 현실에서 에너지 산업의 파트너십과 초국가적 협력은 서로의 생존을 위한 필수불가결한 선택이 되고 있습니다.

에너지 비즈니스의 다양한 분야에서 한국 기업의 체력과 서비스 수준은 이미 전 세계적으로 입증이 되었습니다. 이제는 한국을 넘어 전 세계적으로 시장 점유율을 넓히고, 그 영향력을 확대하며 가장 중요한 산업의 플레이어로서 그 존재감을 더 드러낼 기회가 점점 열리고 있습니다.

재생에너지 비즈니스에 필요한 기술과 하드웨어가 반도체, 퀀텀 컴퓨터 등과 같이 전략 자산(Strategic Asset)으로 지정될지는 알 수 없습니다. 하지만, 에너지 패권전쟁이 심화될수록 재생에너지는 에너지 안보차원에서 그 전략적 중요성은 점차 중요해질 것입니다.

에너지 전환의 중차대한 변화의 흐름 속에, 기술과 경험으로 단단히 무장한 한국의 에너지 비즈니스기업들이 팽팽한 에너지 패권의 줄다리기 속에 결정적인 힘을 더해주는 Game Changer로서 각광을 받고 있습니다. 에너지 비즈니스 내의 다양한 분야에서 전 세계를 리딩하는 리더로서 존재감을 드러내며 사업의 성장과 시장 확장을 통해 보여주고 있습니다. 이러한 고무적인 현상이 K-Energy, K-Electricity, K-ET(Energy Tech.) 등으로 표현되며 시장의 투자와 정치/외교 측면의 더 많은 관심을 받기를 희망합니다.

6.2

기존 전통에너지 산업의 강자가 신에너지 시장에서도 강자를 유지할까?

IEA의 '에너지원별 투자규모 변화' 자료를 통해, 석유, 천연가스로 대표되던 화석에너지의 시대가 불과 몇 년 사이 저탄소 전력 에너지, 에너지 효율화로의 투자 패러다임이 변화함과 동시에, 전기화(Electrification)에 대응하는 투자가 증가된 흐름을 보였다는 것을 알 수 있습니다.

'23년 세계 에너지원별 투자규모 변화추이

(출처: 'World Energy Outlook 2023', IEA, https://www.iea.org/reports/world-energy-outlook-2023)

모든 사물과 기계들이 전기를 사용하게 되는 전기화(Electrification)는 현재 가장 우선하는 화두가 되며, 청정에너지를 기반으로 한 전기 생산에 많은 관심이 모이고 있습니다.

화석연료(석탄, 가스), 원자력을 기반으로 한 생산에서 '발전의 저탄소화'라는 큰 변화의 흐름을 타고, 재생에너지(태양광, 풍력 등), 무탄소전원(원전, 수소, 암모니아), 화력발전에 CCS(Carbon Capture Storage) 기능을 더하는 방식, SMR 등으로 변화되고 있습니다.

전력소비의 구조는 에너지 안보가 강화되고, 화석연료 축소 기조가 지속되며 수송분야에서는 전기자동차가, 건물에서는 냉난방을 위한 히트펌프 도입이, 산업에서는 공정 내 전기 사용이 극대화되는 추세로 변화하고 있습니다.

전통적인 화석에너지 비즈니스의 강자들은 이런 추세를 더 빠르게 읽고, 미래를 위한 준비를 단계적으로 진행하고 있는 중입니다. 앞서 ExxonMobil, Chevron, BP, Shell, OXY의 사례처럼, 그들의 막강한 자본금뿐만 아니라, 국가/주 제도와 지원금 등의 전방위적인 후원과 지원을 기반으로, 에너지 전환의 첨병 역할을 하고 있습니다. 그들의 현재 비즈니스인 화석에너지 채굴, 활용을 위한 사업에서 계속적으로 돈을 벌고, 사업을 영향력을 발휘하기 위한 저탄소 에너지화에 대한 기술 개발을 앞다퉈서 진행하고 있습니다.

특히, 항공업계는 탄소 배출 저감을 위해 지속 가능한 항공 연료(SAF, Sustainable Aviation Fuel)와 e-Fuel(Electricity-based Fuel) 사용을 촉진하는 규제와 인센티브 등을 도입하고 있습니다.

SAF와 e-Fuel은 항공 산업의 탄소 배출량을 크게 줄일 수 있는 혁신적인 대안 연료입니다. SAF는 폐유, 녹색 폐기물, 비식용 작물 등 다양한 원료로 생산되며, 최대 80%의 CO2 배출량 감소 효과가 있는 것으로 알려져 있습니다. e-Fuel은 재생 에너지로 생산된 수소와 포집된 CO_2를 결합하여 만든 합성 연료입니다. 이 분야의 선두 기업으로는 Aramco, Norwegian, Norsk e-Fuel 등이 있으며, 이들은 대규모 SAF 및 e-Fuel 생산 시설을 구축하고 있습니다.

● [참고] SAF vs. e-Fuel ●

SAF(Sustainable Aviation Fuel)는 재생 가능하거나 폐기물에서 유래한 항공 연료로, 기존 항공유와 동일한 화학적 특성을 가지고 있어 현대 항공기 엔진에서 바로 사용할 수 있습니다. 주로 사용된 조리용 기름, 식물성 기름, 고형 도시 폐기물, 목재 폐기물, 폐가스, 당류, 바이오매스 등에서 생산되며, 기존 항공유 대비 수명주기 기준으로 최소 65% 이상의 CO_2 배출 감소 효과가 있습니다. 현재 글로벌 항공유 소비량의 0.1% 미만을 차지하고 있으나, EU는 2025년까지 항공유에 2%의 SAF 혼합을 의무화하는 등 수요가 급증할 것으로 예상됩니다.

e-Fuel(Electricity-based Fuel)은 재생에너지 전기를 사용한 수전해로 생산된 그린수소와 포집된 이산화탄소를 합성하여 만든 탄소중립 연료입니다. e-메탄올, e-가솔린, e-디젤 등 다양한 종류가 있으며 전기자동차, 수소 자동차가 보편화되는 과정에서 기존 주유소 기반 시설을 활용해 내연기관 산업을 지속시켜줄 수단으로 현실성 높은 차세대 동력원으로 도로 운송, 해운, 항공 등 직접 전기화가 어려운 분야에서 주목받고 있습니다. e-메탄올이 현재 가장 앞선 기술을 보유하고 있으며, 2030년까지 전 세계적으로 1,500만 톤의 연간 생산능력이 계획되어 있습니다. 원유가 섞이지 않은 인공 연료임에도 휘발유나 경유와 비슷한 성질을 띠기 때문에 기존 가솔린과 디젤 엔진을 개조 없이 사용할 수 있습니다. 특히 수송 분야에서 기존 내연기관을 활용할 수 있어 즉각적인 탄소 감축이 가능하며, 화학산업의 원료로도 활용될 수 있습니다.

EU의 ReFuelEU Aviation 규정은 2025년부터 EU 공항에서 공급되는 항공 연료에 최소 2%의 SAF 혼합을 의무화하며, 이 비율을 2030년 6%, 2050년 70%까지 단계적으로 증가시킬 예정입니다. 미국은 2030년까지 연간 30억 갤런의 SAF 생산을 목표로 하는 SAF Grand Challenge를 추진 중이며, 연방 및 주 차원의 세금 공제 정책을 통해 SAF 생산을 장려하고 있습니다. 국제민간항공기구(ICAO)는 2050년까지 탄소중립 달성을 위한 장기 목표를 설정하고, CORSIA(국제항공 탄소상쇄감축제도)를 통해 항공사들이 SAF 사용으로 상쇄 요구사항을 줄일 수 있도록 하고 있습니다. 이러한 규제들은 SAF와 e-Fuel의 생산 및 사용을 촉진하여 항공 산업의 탄소 배출을 크게 줄이는 것을 목표로 하고 있습니다.

주력 상품의 수익을 대체하거나, 자기잠식(Cannibalization)이 되는 분야를 미리 선점하고 투자하는 전통적인 에너지 산업의 강자들은 현재의 에너지 비즈니스에서도 중요한 플레이어이자, 청정에너지로의 전환과 그 중간의 Bridge 에너지 비즈니스까지 다방면에 걸쳐서 사업을 영위하기에, 앞으로도 여전히 강한 플레이어로서 에너지 비즈니스를 리딩할 거라 예상됩니다.

6.3

지속가능한 에너지 비즈니스를 가능하게 하는 힘, "AI + Digitalization"!

지속가능한 성장을 이루며 산업의 기반이 되는 에너지 비즈니스는 어떤 모습으로 진화되고, 어디를 향해 가야 할까요?

서로 관련이 없을 것 같은 기술 간의 융합을 통해서 더 큰 변화와 진보의 결과물들을 만들어 내고 있고, 이러한 기회는 기존 비즈니스에 DT(Digital Transformation)과 AI(인공지능)가 더해지면서 본격적인 기회로 다가오고 있습니다.

> **디지털 기술과 AI의 강자가 에너지 산업을 이해하면 독보적인 강자가 될까요?**

> **에너지 비즈니스의 강자가 디지털 기술과 AI를 혁신의 DNA로 사용한다면 향후 에너지 산업과 비즈니스는 어떻게 변화할까요?**

에너지 산업의 미래는 디지털 기술과 AI의 혁신적 활용에 크게 좌우될 것입니다. 이러한 다양한 접근을 통해서 에너지 비즈니스의 지형에도 큰 변화가 꿈틀대기 시작하였습니다.

디지털 기술과 AI 기업이 에너지 산업에 진출할 경우, 데이터 분석과 예측 능력을 활용한 효율적인 에너지 생산 및 분배, 스마트 그리드 구축을 통한 시스템 최적화, 그리고 신속한 기술 혁신이 가능할 것입니다. 그러나 이들은 복잡한 규제와 인프라에 대한 이해가 부족할 수 있습니다. 반면, 기존 에너지 기업이 디지털 기술과 AI를 혁신의 DNA로 활용한다면, 산업에 대한 깊은 이해를 바탕으로 맞춤형 솔루션을 개발하고, 기존 인프라와 새로운 기술을 효과적으로 통합할 수 있을 것입니다. 이러한 접근은 에너지 생산의 효율성 향상, 스마트 그리드 구축, 예방적 유지보수, 소비자 중심 서비스 제공, 신재생에너지의 효과적인 통합, 그리고 에너지 거래 최적화 등 다양한 분야에서 혁신을 가져올 것입니다. 결과적으로, 기존 에너지 기업이 디지털 기술과 AI를 효과적으로 도입하고 활용한다면, 산업에 대한 깊은 이해와 새로운 기술의 장점을 결합하여 더욱 강력한 변화를 이끌어낼 수 있을 것입니다. 이는 에너지의 생산, 분배, 소비 전 과정에서 효율성을 높이고, 지속가능한 에너지 미래를 실현하는 데 큰 역할을 할 것으로 예상됩니다.

이런 변화의 흐름은 Shell의 Next Kraftwerke* 인수 사례와 Octopus Energy 사례를 통해서 중요한 시사점을 얻게 됩니다.

Shell의 2021년 Next Kraftwerke 인수는 전통 에너지 기업의 재생에너지와 디지털 기술 분야로의 전략적 확장을 보여주며, Grid Edge Solution 전략의 일환으로 글로벌 전력시장 진출을 가속화하고 있습니다. 이러한 인수는 Shell의 기존 에너지 인프라와 Next Kraftwerke의 디지털 기술을 결합하여 더욱 효율적인 에너지 관리 시스템을 구축

* Next Kraftwerke는 2009년 설립된 독일의 선도적인 가상발전소(VPP) 운영 기업으로, 유럽 전역에서 7,660여 개의 분산 자원을 관리하며 재생에너지 분야에서 중요한 역할을 하고 있습니다. 이 회사는 다양한 재생에너지원을 네트워크로 연결하여 효율적인 전력 공급 시스템을 구축하고, 예측 기술과 데이터 분석을 통해 전력시장 안정화에 기여하며, 분산형 에너지 시스템으로의 전환을 가속화하고 있습니다.

할 수 있게 하며, 에너지 시장의 경쟁 구도 변화와 함께 지속가능한 에너지 미래를 향한 글로벌 에너지 기업들의 변모를 시사합니다. 이러한 변화는 에너지 산업의 디지털화와 분산화를 가속화하며, 재생에너지의 보급과 효율적인 에너지 관리 시스템 구축에 크게 기여할 것으로 예상됩니다.*

또한, 이러한 전략적 인수는 에너지 기업이 전통적인 화석연료 사업에서 벗어나 지속가능한 에너지 솔루션 제공자로 변모하는 과정에서 디지털 기술의 중요성을 강조합니다. 이 사례는 에너지 산업의 미래가 디지털화와 재생에너지의 융합에 있으며, 기업들이 이러한 변화에 적극적으로 대응해야 함을 보여줍니다.

Octopus Energy는 2015년 영국에서 설립된 혁신적인 에너지 기업으로, 현재 영국 최대 전력 공급업체이자 2위 가스 공급업체로 성장했습니다. 2024년 기준 전체 전력시장의 22%를 차지하며 680만 가구에 서비스를 제공하고 있습니다.**

Octopus Energy의 성공은 자체 개발한 Kraken 플랫폼을 통한 기술 혁신, 고객 중심의 서비스, 그리고 재생에너지 중심의 비즈니스 모델에 기인합니다. 이 회사는 고객 중심의 접근방식과 첨단 기술을 활용하여 에너지 산업에 새로운 패러다임을 제시하며, '고객 집착'이라 불릴 정도로 고객 경험을 최우선으로 여깁니다. Kraken 플랫폼을 통해 고객 서비스, 에너지 거래, 청구 등을 통합 관리합니다. 이 플랫폼은 다른 에너지 기업들에게도 라이선스로 제공되고 있습니다. AI와 클

---

* https://www.next-kraftwerke.com/news/shell-next-kraftwerke, https://www.shell.com/what-we-do/digitalisation/digitalisation-in-action/digital-technologies-impact-on-the-energy-transition.html

** https://octopus.energy/press/Octopus-Energy-Group-results-for-FY23/

라우드 컴퓨팅을 활용한 효율적인 에너지 관리, 스마트 미터를 활용한 Octopus Tracker, Octopus Agile 등의 유연한 요금제, 전기차 충전 솔루션 등을 통해 시장을 선도하고 있습니다.

2023년 회계연도 기준 매출은 130억 파운드로 전년 대비 197% 증가했으며, 2억 3백만 파운드의 순이익을 기록했습니다. Octopus Energy는 현재 18개국에서 770만 가구 고객을 보유하고 있으며, Kraken 플랫폼은 전 세계 5,400만 고객 계정에 라이선스 되어 있습니다. 또한 회사는 2030년까지 영국 재생에너지 프로젝트에 20억 파운드를 투자할 계획을 발표하는 등 지속적인 성장과 혁신을 추구하고 있습니다.

Octopus Energy의 사례는 전통적인 에너지 산업에서도 고객 중심의 혁신적 접근과 첨단 기술의 활용을 통해 빠른 성장과 고객 만족을 동시에 달성할 수 있음을 보여줍니다. 이는 에너지 기업들이 미래 경쟁력을 확보하기 위해 기술 혁신, 고객 중심 전략, 그리고 지속가능한 비즈니스 모델의 중요성을 인식해야 함을 강조하는 성공사례입니다.

6.4
다양한 에너지원이 이끌 미래 에너지 비즈니스

상용화를 위한 실증을 거듭하고 있는 에너지원부터, 아직은 연구 단계인 에너지에 이르기까지, 궁극의 에너지원을 찾기 위한 우리의 도전은 계속되고 있습니다. 상상 속에서만 존재하고 멀게만 느껴졌던 새로운 에너지원이 기술의 진보와 함께 눈앞에 실재하는 기술로 구현이 되고 있습니다. 빠르게 진화하는 에너지 비즈니스의 향후 최종 도착점이 될 수 있는 이러한 에너지원의 실재 상용화 신기술에 대한 관심이 높아지고 있으며, 국가 예산과 민관의 협업 프로젝트가 중요하게 진행되며 기술의 고도화와 더불어 전문가 또한 확보되고 있습니다. 최근에는 **중력 에너지**, **페로브스카이트**, **바이오가스**, **그린수소**, **핵융합** 등에 대한 많은 관심이 모이며, 관련한 산업에 투자도 잇따르며 상용화에 박차를 가하고 있습니다.

중력 에너지를 활용하는 기술 중 가장 널리 상용화된 것은 양수발전입니다. 이 기술은 상부와 하부에 두 개의 저수지를 만들고, 전력 수요가 적을 때 하부의 물을 상부로 펌핑하여 저장했다가, 전력이 필요할 때 상부의 물을 하부로 흘려보내며 발전하는 방식입니다. 한국의 양양, 청평, 무주, 예천 등에서 이미 양수발전소가 운영 중이며, 전 세계적으로도 널리 사용되고 있습니다. 양수발전은 대규모 에너지 저장이 가능하고 전력 그리드의 안정성을 높일 수 있는 장점이 있습니다.

최근에는 새로운 형태의 중력 에너지 저장 기술도 개발되고 있습니다. 영국의 그라비트리시티(Gravitricity)*와 스위스의 에너지볼트(Energy Vault)**는 각각 50톤 규모의 중력 배터리와 35톤 콘크리트 블록을 이용한 중력 에너지 저장 시스템을 개발하여 실증 단계에 있습니다. 또한, 소형 중력 발전 장치인 그래비티라이트(Gravity Light)는 10kg 정도의 무게를 이용해 약 20분간 LED 램프를 밝힐 수 있는 기술로, 전기 공급이 어려운 저소득 국가에서 활용되고 있습니다. 이러한 중력 에너지 저장 기술들은 친환경적이고 수명이 길며, 에너지 그리드의 안정성을 높일 수 있는 장점이 있어 앞으로 더욱 발전할 것으로 예상됩니다.

페로브스카이트(Perovskite)는 양이온 두 개와 음이온 세 개가 결합한 특수 구조의 광물로, 태양광 발전과 그린수소 생산 분야에서 혁신적인 소재로 주목받고 있습니다. 이 소재는 태양광 발전의 효율을 크게 높이고 생산 비용을 낮출 수 있어, 현재 20% 전후인 태양전지 효율을 최대 50%까지 향상시킬 수 있을 것으로 기대됩니다. 또한, 그린수소 생산에서도 페로브스카이트를 촉매로 사용하여 생산 효율을 높이고 비용을 절감할 수 있습니다. 특히, 고체산화물 수전해(SOEC) 기술과 결합하여 더욱 효율적인 그린수소 생산이 가능해질 전망입니다. 한국은 페로브스카이트 연구에서 세계적으로 앞서 있어, 이를 바탕으로 태양광 에너지와 그린수소 분야에서 강국으로 도약할 수 있는 기회를

* '중력 전지가 에너지 저장 문제를 해결할 수 있을까?', BBC News 코리아, 2022.05.22, https://www.bbc.com/korean/international-61419568

** '신재생 에너지 최대 약점인 저장 문제… 콘크리트 '중력 전지'로 푼다', 조선일보 Weekly Biz, 2023.02.24, https://www.chosun.com/economy/weeklybiz/2022/06/16/JSTL44NXCBEXDF4KUJPCXUBTYI/

가지고 있습니다. 이는 친환경 에너지 기술 발전과 탄소중립 목표 달성에 크게 기여할 것으로 보입니다.*

페로브스카이트 관련 상업화 및 사업화에 주력하고 있는 주요 기업으로는 Tandem PV, 유니테스트, 한화솔루션, 옥스퍼드 PV, 롱지(LONGi) 등이 있습니다. Tandem PV는 4.7백만 달러의 미국 에너지부 지원금을 확보하고 총 2,700만 달러의 자금을 조달하여 첫 페로브스카이트 태양광 패널 제조 시설을 건립 중이며, 29.8%의 텐덤 셀 효율을 달성했습니다.

페로브스카이트가 활용되는 텐덤 셀은 서로 다른 영역대의 빛을 흡수하는 두 개 이상의 태양전지를 적층하여 만든 차세대 태양전지입니다. 주로 상부에 페로브스카이트 셀, 하부에 실리콘 셀을 결합하는 구조를 가집니다. 페로브스카이트의 특성으로 인해 온도와 일사량 변화에 따른 출력 변동이 작아 다양한 기후 조건에서 안정적인 발전이 가능하고, 같은 면적에서 더 많은 전력을 생산할 수 있어 태양광 발전의 경제성을 높일 수 있는 이유로 태양광 산업의 게임 체인저로 주목받고 있습니다.

이들 기업은 모두 페로브스카이트 기술의 상용화와 대량 생산을 통해 태양광 에너지 시장에서의 경쟁력 확보를 목표로 하고 있습니다.

바이오가스는 농업·산업·유기 폐기물을 원료로 하여 생산해 내는 메탄, 수소 등을 뜻하며, 바이오가스를 에너지원으로 활용하는 주요 사례로는 발전, 열병합발전, 수송용 연료 생산, 도시가스 활용 등이 있습니다.

---

* '"태양광 발전 효율↑ 그린수소 가격↓" 친환경 에너지 만능열쇠 '페로브스카이트'', SK ecoplant Newsroom, 2024.02.23, https://news.skecoplant.com/plant-tomorrow/15100/

발전 분야에서는 바이오가스를 이용한 전력 생산이 대표적이며, 열병합발전에서는 산업용 증기와 전기를 동시에 생산합니다. 수송 분야에서는 바이오가스를 정제하여 자동차 연료로 사용하고 있으며, 일부 국가에서는 도시가스망에 주입하여 활용하고 있습니다.

바이오가스 산업을 리딩하는 기업으로는 EnviTec Biogas AG, Air Liquide, Ameresco, StormFisher 등이 있습니다. 국내에서는 지엔씨에너지, 서진에너지, 에코바이오 등이 바이오가스 생산 및 활용 사업을 주도하고 있습니다. 특히 지엔씨에너지는 바이오가스 발전소를 여러 지역에 설치하여 운영 중이며, 연간 1만 2,000여 가구가 사용 가능한 전기를 생산하고 있습니다.*

바이오가스 시장의 향후 성장성은 매우 긍정적입니다. 글로벌 바이오가스 시장은 2023년 487억 4천만 달러에서 2032년 783억 2천만 달러로 성장할 것으로 예상되며, 연평균 성장률(CAGR)은 5.50%로 전망** 됩니다. 국내에서도 환경부는 2030년까지 바이오가스 생산량을 현재보다 80% 증가한 연간 300만 톤으로 확대할 계획***입니다.

바이오가스 관련 상업화 및 사업화에 주력하고 있는 주요 기업으로는 부강테크, 삼천리ES, 에코바이오, 비이에프, 서진에너지 등이 있습니다. 부강테크는 혐기성 소화 기술인 AAD(Advanced Anaerobic Digestion)를 통해 바이오가스 생산량을 30% 증가시켰으며, 삼천리ES는 파나시아와 협력하여 바이오가스 수소 개질 사업의 상업화를 추진 중입니다. 에코바이오는 고순도 바이오메탄 생산 기술을 개발하여 청

* https://www.kharn.kr/news/article.html?no=19555

** https://www.fortunebusinessinsights.com/ko/industry-reports/biogas-market-100910

*** https://www.todayenergy.kr/news/articleView.html?idxno=276697

정수소 생산 사업에 참여하고 있으며, 비이에프는 국내 최대 규모의 유기성 폐기물 처리 및 바이오가스 생산 시설을 운영하며 그린메탄올 생산을 준비 중입니다. 서진에너지는 충주시에서 음식물바이오에너지센터를 운영하며 바이오가스와 수소 생산을 통한 지속가능한 에너지 사업을 확장하고 있습니다. 이들 기업은 모두 바이오가스 기술의 고도화와 상용화를 통해 신재생에너지 시장에서의 경쟁력 확보를 목표로 하고 있습니다.

바이오가스는 화석 연료에 비해 50% 이상 적은 온실가스를 배출하여 온실가스 감축에 기여하고, 국내에서 생산된 바이오가스를 활용함으로써 에너지 수입 의존도를 줄일 수 있습니다. 또, 유기성 폐기물을 에너지원으로 활용함으로써 자원순환에 기여합니다. 바이오가스 산업의 성장으로 새로운 일자리가 창출될 것으로 예상됩니다. 농업 폐기물을 활용한 바이오가스 생산은 농가 소득 증대와 연계될 수 있습니다.

그린수소는 재생에너지를 이용해 물을 전기 분해하여 생산하는 수소로, 생산 과정에서 이산화탄소를 배출하지 않는 청정에너지원입니다. 물에서 생산되어 고갈 위험이 없고, 연소 시 물만 배출되어 오염물질 발생이 거의 없습니다. 운송, 산업, 에너지 저장 등 여러 분야에 활용할 수 있어서 차세대 에너지원으로 평가받고 있습니다. 맥킨지는 전 세계 수소 경제는 2050년까지 연 2조 5,000억 달러(약 3,000조 원) 규모로 성장할 것으로 전망*하고, 딜로이트는 청정수소 시장은 2030년 액화천연가스 시장을 뛰어넘을 것으로 예상하였습니다.** 그린수소 생산, 공급, 운반, 저장 등 전 과정에서 역량을 확보하기 위한 글로벌 기

* https://www.sisajournal-e.com/news/articleView.html?idxno=256162

** https://www.the-stock.kr/news/articleView.html?idxno=18458

업 간의 경쟁이 본격화되고 있습니다.

그린수소 산업의 상업화 및 사업화를 주도하는 글로벌 기업들은 다양한 프로젝트와 기술 개발을 통해 시장을 선도하고 있습니다. Air Products and Chemicals, Inc.는 사우디아라비아 NEOM에 세계 최대 규모의 그린수소 시설을 건설 중이며, ENGIE는 네덜란드에서 대규모 그린수소 허브를 개발하고 있습니다. Air Liquide는 캐나다에 세계 최대 규모의 PEM 전해조를 건설하는 한편, 유럽 수소 백본 이니셔티브에 참여하여 대규모 수소 인프라 구축에 힘쓰고 있습니다. Linde PLC는 ITM Power와 협력하여 독일에서 대규모 PEM 전해조를 개발하고 있으며, Siemens Energy는 칠레와 프랑스에서 각각 풍력 에너지를 활용한 그린수소 생산과 산업 공정에의 그린수소 통합 프로젝트를 진행하고 있습니다. 이러한 기업들의 노력은 그린수소의 생산, 저장, 운송, 활용에 이르는 전체 가치 사슬을 강화하고, 글로벌 수소 경제의 발전을 가속화하는 데 중요한 역할을 하고 있습니다.

한국의 기업은 그린수소의 상업화와 사업화에 가장 적극적으로 참여하고 있습니다. 삼성물산, 한국서부발전, 현대건설 등은 글로벌 기업과 기술협력을 진행하며 세계 시장으로 수소사업을 확장할 계획을 추진하고 있습니다. SK이노베이션 E&S는 재생에너지와 연계한 그린수소 생산 계획 수립하고, 저탄소 LNG, 재생에너지, 수소, 에너지솔루션 등 4대 핵심사업의 시너지를 통한 그린포트폴리오 구축 중에 있습니다. 현대자동차는 수소 사업에서 세계 최초로 수소연료전지 자동차를 양산하고 수소전기차 판매 점유율 세계 1위를 달성하는 등 선도적인 성과를 거두었습니다. 현대자동차는 'HTWO' 브랜드를 통해 수소 생산, 저장, 운송, 활용에 이르는 전체 가치 사슬을 통합하는 종합 솔루션을 제공하며, 수소를 미래의 청정에너지원으로 활용하는 데 있어 산업 전반에 걸친 혁신을 주도하고 있습니다.

그러나, 그린수소 산업의 성장은 여러 한계점과 병목 현상에 직면해 있습니다. 가장 큰 문제는 그레이수소 대비 6~8배 높은 생산원가로, 이는 경제성 확보를 어렵게 만듭니다. 또한, 수전해 과정에서 전기요금이 생산비용의 대부분을 차지하여 규모의 경제 효과가 제한적이며, 수소의 운송과 저장을 위한 인프라가 부족한 상황입니다. 수소 생산 과정에서 발생하는 상당한 에너지 손실, 수소 플랜트 구축에 필요한 막대한 초기 투자비용, 그리고 일부 국가에 국한된 그린수소 수요 부족 등도 주요 한계점으로 지적됩니다. 이러한 요인들이 복합적으로 작용하여 그린수소 산업의 빠른 성장을 저해하고 있습니다.

그럼에도 한국 기업들이 이러한 한계를 극복할 수 있는 방안을 찾으며 수소경제를 리딩하기 위해 많은 노력을 기울이고 있습니다. 국내 기업들은 그린수소 기술 개발과 대규모 투자를 통해 글로벌 시장에서의 경쟁력 확보를 목표로 하고 있습니다. 정부의 지원과 함께 기업들의 적극적인 참여로 그린수소 산업의 성장이 가속화될 것으로 전망됩니다. 이러한 기업들의 노력을 통해 그린수소 산업은 지속적으로 성장하고 있으며, 향후 청정에너지 전환에 중요한 역할을 할 것으로 예상됩니다.

핵융합 에너지는 온실가스 배출 없이 대량의 에너지를 생산할 수 있는 장기적인 해결책으로 여겨지고 있습니다. 청정에너지 시대로 전환하는 데 있어서 궁극적으로 도달해야 할 에너지로 핵융합 에너지에 대한 논의가 부각되고 있습니다. 이는 핵융합 에너지가 가진 여러 장점 때문입니다. 국제원자력기구에 따르면 핵융합은 석탄 연소에 비해 킬로그램당 약 400만 배 더 많은 에너지를 생산할 수 있고, 고효율의 대용량 전기 생산이 가능하다고 합니다. 연료인 수소 동위원소는 바닷물에서 무한히 연료를 얻을 수 있어 고갈 걱정이 없습니다. 또한 온실가스 배출이 없는 청정에너지이며, 안전성이 높고, 폭발 위험이 낮습니다. 또한 방사성 폐기물이 거의 없습니다. 이러한 특성으로 인해 핵융합 에너지는 미래의 에너지 고갈과 기후 변화 문제를 해결할 수 있는 녹색에너지원으로 평가받고 있습니다.

그러나 핵융합 에너지의 상업화에는 여러 어려움이 있습니다. 가장 큰 문제는 플라스마를 1억℃ 이상의 고온에서 장시간 안정적으로 유지하는 기술적 과제입니다. 또한 연료 공급, 반응로 벽 재료의 내구성, 에너지 변환 효율 등의 문제도 해결해야 합니다. 초기 투자 비용이 막대하고, 기술 개발에 장기간이 소요되는 점도 상업화의 장애물입니다. 전 세계 핵융합 투자는 약 71억 달러(한화 약 10조 원)에 이르며, 45개의 핵융합 기업이 존재*하지만, 자금조달 문제가 가장 큰 걸림돌로 지적되고 있습니다. 그럼에도 핵융합은 에너지 전환의 최종 목적지로 주목받으며 끊임없이 천문학적 투자가 진행되고 있습니다.

빅테크 기업으로부터 천문학적인 투자금을 받은 핵융합 스타트업에 대한 사례를 통해, 새로운 에너지원에 대한 관심과 투자규모를 가늠해 볼 수 있습니다. TAE Technologies는 구글, 골드만삭스 등으로부터 12억 달러(한화 약 1.7조 원) 이상의 투자를 유치하여 핵융합 기술 개발에 주력하고 있습니다. 이 회사는 비방사성 수소-붕소(p-B11) 연료를 사용하는 독자적인 자기장 빔 구동 역장 배열(FRC) 기술을 개발 중입니다. Commonwealth Fusion Systems(CFS)는 MIT에서 분사한 기업으로, Eni, 빌 게이츠, 구글 등으로부터 대규모 투자를 받아

* '美 에너지부가 택한 핵융합 스타트업 잽에너지, 1.3억 달러 규모 자금조달 성공' 체결', Greenuim, 2024.08.07, https://greenium.kr/news/55255/

SPARC라는 토카막(핵융합 발전을 위해 초고온의 플라스마(plasma)를 자기장으로 가두는 장치)을 개발하고 있습니다. Tokamak Energy는 1억 2,500만 달러의 투자를 유치하여 핵융합 및 자석 기술 상용화에 주력하고 있으며, 고온 초전도체(HTS) 기술을 활용한 구형 토카막 ST40을 개발 중입니다. 또한, 미국의 핵융합 기술개발 스타트업 잽에너지*가 최근 1억 3,000만 달러의 신규 자금을 조달하여 총 투자금이 3억 3,780만 달러에 이르렀습니다. 잽에너지는 'Z-핀치' 효과를 활용한 독특한 핵융합 기술을 개발 중으로, 자석이나 레이저 없이 플라스마를 안정화시키는 방식을 연구하고 있습니다. 이 기술은 2m 크기의 설비에서 플라스마 온도를 3,700만℃까지 올리는 데 성공했으며, 2024년을 순에너지 생산의 원년으로 삼고 2030년까지 미국 전력망에 연결하는 것을 목표로 하고 있습니다.

한국은 핵융합 에너지의 상업화에 따른 여러 도전에 대응하기 위해 다각도로 노력하고 있습니다. 한국핵융합에너지연구원(KFE)을 중심으로 KSTAR 프로젝트를 통해 핵융합 연구를 수행하고 있으며, 국제 핵융합 실험로(ITER) 프로젝트에도 참여하고 있습니다. 정부는 2026년부터 10년간 1조 2천억 원을 투자해 핵융합 발전소와 관련 인프라를 개발할 계획이며, 2030년대에 100메가와트 규모의 소형 파일럿 반응로 건설을 목표로 하고 있습니다. 이를 통해 한국은 핵융합 에너지 상용화를 위한 기술력을 확보하고 글로벌 경쟁력을 강화하고자 합니다.

현대중공업은 국제 핵융합 실험로(ITER) 프로젝트의 진공용기 제작에 참여하고 있습니다. 한국전기연구원(KERI)은 핵융합 플라스마 진단

* '美 에너지부가 택한 핵융합 스타트업 잽에너지, 1.3억 달러 규모 자금조달 성공', Greenuim, 2024.08.07, https://greenium.kr/news/55255/

및 제어 기술 개발에 참여하고 있습니다. 두산중공업은 ITER 프로젝트의 열차폐체 제작에 참여하고 있으며, KAT는 ITER 프로젝트의 초전도 선재 제작에 참여하고 있습니다. 또한, EnableFusion과 같은 새로운 핵융합 스타트업들이 한국에서 등장하고 있습니다. 한국 정부는 2026년부터 10년간 1조 2천억 원을 투자해 핵융합 발전소와 관련 인프라를 개발할 계획이며, 2030년대에 100메가와트 규모의 소형 파일럿 반응로 건설을 목표로 하고 있습니다.

핵융합 에너지의 상용화까지는 아직 많은 시간과 기술적 과제가 남아있습니다. 대부분의 전문가들은 2050년 이전에 대규모 핵융합 에너지 생산이 어려울 것으로 예상합니다. 핵융합은 장기적인 관점에서 매우 유망한 에너지원이지만, 아직 많은 부분에서 연구와 상용화가 진척되어야 합니다. 핵융합의 상업화를 준비하는 중에, 이미 상용화되어 있거나 상용화에 더 가까운 단계에 있는 재생에너지(태양광, 풍력, 수력 등)와 그린수소를 활용한 청정에너지원을 현실적인 대안으로 활용해야 할 것입니다. 재생에너지, 그린수소, 그리고 궁극적으로 핵융합이 함께 미래의 에너지 믹스를 구성할 것으로 예상됩니다.

제7장

新에너지 비즈니스가 이끄는 새로운 시대

이미 시장의 중요한 에너지 비즈니스로 자리 잡고 있는 사업부터, 이제 막 관심을 받기 시작한 분야까지, 전 세계의 관심이 집중되는 에너지 비즈니스와 연관된 기술, 사업 연계 영역이 무척 많습니다.

국가적 관심으로 집중 육성되는 분야도 있는 반면에, 그 중요성에 비해 아직도 시장의 논리로 서서히 게임의 링으로 올라오는 에너지 비즈니스 분야도 있어 앞으로의 흥미진진한 경쟁이 기대됩니다.

7.1
'AI반도체', '전력반도체'가 이끌어가는 에너지 비즈니스

AI반도체와 전력반도체는 에너지 비즈니스의 미래를 형성하는 핵심 기술로, 에너지 효율 향상, 신재생에너지 통합, 스마트 그리드 구현, 전기차 산업 발전, 데이터센터 효율화 등 다양한 분야에 혁신을 가져오고 있습니다.

AI반도체는 인공신경망을 효율적으로 처리하기 위해 설계된 고성능 반도체 칩으로, 생성형 AI의 등장과 함께 시장의 모든 이슈를 다 삼키고 있습니다. AI반도체는 데이터센터, 자율주행차, 스마트폰 등 다양한 분야에서 AI 연산을 가속화하는 데 쓰일 뿐만 아니라, 에너지 효율을 높이는 데도 활용되고 있습니다.

글로벌 AI반도체 시장은 Nvidia가 시장을 주도하고 있으며, AMD는 MI350 시리즈로, Intel은 Gaudi 3로 AI 반도체 시장에서 경쟁력을 강화하고 있습니다. AWS와 Google도 각각 Trainium3와 Trillium 칩을 개발하며 시장에 진출했습니다. 한국의 경우, Rebellions이 '판교의 엔비디아(NVIDIA)'로 불리며 에너지 효율성과 탄소 배출 감소에 중점을 둔 AI 반도체를 개발하고 있고, IBM과 협력하여 ATOM 칩을 테스트하는 등 글로벌 시장 진출을 가속화하고 있습니다. 또한 FuriosaAI는 760억 원 규모의 기업가치 평가를 받으며 IPO를 준비 중이고, DEEPX는 삼성전자의 5나노 공정을 통해 88% 수율을 달성하며 첫 양산을 앞두고 있습니다. 숨 막히게 빠르게 성장하는 AI반도체의 경쟁은 더더욱 가속도가 붙은 경쟁의 체제로 돌입하며, 'AI 패권'을 움직이는 첨병으로 가장 중요한 인프라 요소가 되었습니다.

AI반도체를 활용한 지능형 전력 관리 시스템으로 전력 수요-공급을 최적화하는 데 기여하고, 데이터센터의 연산 능력을 높이면서 동시에 에너지 소비를 줄입니다. 또한, AI 기반 열 관리 솔루션으로 고성능 컴퓨팅 환경의 에너지 효율을 개선하고, 설계와 공정 최적화를 통해 재료 사용과 에너지 소비를 최소화하게 합니다. 이러한 기술들은 AI반도체의 성능을 향상시키는 동시에 에너지 소비를 줄여 더욱 지속가능한 AI 인프라 구축에 기여하고 있습니다.

AI반도체 시장은 2027년까지 연평균 33% 이상의 고성장*이 예상되며, 전력반도체 시장도 지속적인 성장세를 보이고 있습니다. 이러한 기술의 발전은 에너지 산업의 디지털 전환을 가속화하고, 기업들 간의 기술 확보 경쟁을 심화시키며, 정부의 산업 지원 정책 강화 필요성을 부각시키고 있습니다. 또한, 글로벌 기업들의 자체 AI반도체 개발 트렌드와 함께 에너지 효율 및 지속가능성에 대한 관심이 증대되고 있어, 향후 에너지 비즈니스 전반에 걸쳐 큰 변화와 혁신이 예상됩니다.

전력반도체는 전력망의 효율성, 안정성, 유연성을 크게 향상시키는 데 있어 핵심 요소로 현대 전력망의 핵심 요소로 자리 잡고 있습니다. 전력반도체는 전력의 변환, 제어, 분배를 담당하는 반도체로, 태양광, 풍력 등 신재생 에너지의 전력 변환 및 그리드 연결을 효율적으로 관리하고, 에너지 효율 향상에 중요한 역할을 합니다. 특히 SiC(탄화규소)

* https://www.samsungsds.com/kr/insights/ai-semiconductor.240306.html

와 GaN(질화갈륨) 기반의 차세대 전력반도체는 높은 전력 밀도와 효율성으로 주목받고 있습니다.

전력반도체는 AC/DC 변환, 전압 조정 등 전력 변환 과정에서 손실을 최소화하고 효율을 높이기에 전력망 전반의 에너지 효율을 개선하고, 고속 스위칭이 가능한 전력반도체를 통해 전력 흐름을 실시간으로 정밀하게 제어할 수 있어, 스마트 그리드 구현에 필수적입니다. 특히, 태양광, 풍력 등 변동성 재생에너지의 안정적 계통 연계를 위해 전력반도체 기반의 인버터와 컨버터가 중요한 역할을 합니다. 전력반도체는 전압, 주파수 등을 신속하게 조절하여 그리드의 안정성을 높이고 정전 위험을 줄입니다. 또한, 배터리 에너지 저장 시스템(BESS)의 충방전 효율을 높이는 데 전력반도체가 핵심적인 역할을 합니다. 이러한 주요한 역할을 하는 전력반도체는 점차 그 중요성이 더욱 커지고 있습니다.

ST마이크로일렉트로닉스, 온세미, 미쓰비시 전기, 도시바 등이 있으며, 한국에서는 삼성전자와 삼성전자, SK키파운드리, DB하이텍 등도 경쟁에 가세하고 있습니다. 특히 인피니언은 전체 전력반도체 시장에서 1위를 차지하고 있으며, SiC 시장에서도 선두권을 유지하고 있습니다.

SiC 기반 전력칩의 주요 매출처인 전기차 시장이 일시적인 수요 정체를 겪고 있지만, SiC·GaN 기반 전력반도체 시장, 2028년까지 400% 이상 성장*할 것으로 전망되고 중장기적으로는 미국, 중국, 유럽 등 시장이 확대될 것으로 보여 글로벌 반도체 기업들이 공격적으로

* '차세대 전력칩에 꽂힌 글로벌 반도체 기업들… 삼성·SK 등 후발주자도 가세', Chosun Biz, 2024.10.16, https://biz.chosun.com/it-science/ict/2024/10/16/HTLMILQ47ZC2TB6DFJSHA7THTU/

설비투자에 나서고 있습니다.

'AI반도체', '전력반도체'를 필요로 하는 산업의 수요는 급격히 증가하고 있습니다. 에너지 비즈니스와 새롭게 부각되는 Hi-Tech 산업과의 접점을 AI반도체와 전력반도체가 연관 고리를 만들어내며 각 분야의 성장을 이끄는 트리거(Trigger)가 되고 있습니다.

7.2

빅테크 기업들의 각축장이 된 'AI 데이터센터'

폭발적인 AI 산업과 서비스의 성장으로 인해, 빅테크 기업들의 관심이 AI 시대에 더욱 적합한 인프라를 제공하는 'AI 데이터센터'에 집중되고 있습니다.

AI 데이터센터는 기존 데이터센터와 비교하여 고성능 GPU나 TPU를 활용한 병렬 처리 능력, AI 워크로드에 최적화된 아키텍처, 더 높은 에너지 소비와 첨단 냉각 시스템 등이 요구됩니다. 이를 위해, 미국 등 여러 국가에서 AI 인프라 개발을 위한 대규모 정부 지원이 이루어지고 있으며, 국제에너지기구(IEA)는 AI 관련 워크로드로 인해 2030년까지 데이터센터의 전력 수요가 크게 증가할 것으로 예상하고 있습니다.

[참고] AI 반도체 사용증가에 따른 전력 사용량 추이

AI 반도체의 사용 증가에 대한 전력사용량 데이터를 확인해보면, AI 모델 훈련에 사용되는 엔비디아의 AI반도체인 H100 GPU(Graphics Processing Unit)가 2024년까지 약 350만 개가 판매될 경우, 연간 약 130TWh가 추가로 소모된다고 합니다.* 이러한 'H100 GPU'의 연간 소비 전력량이 일부 소규모 국가와 맞먹는다는 연구결과도 있어, 생성형 AI의 대중화는 데이터센터의 에너지 소비를 급격히 증가시키며, 점차 전력 공급망과 탄소 배출 목표에 큰 부담을 주는 요인이 되고 있습니다.

(* 'AI 붐에 웃는 '닥터 코퍼'… 전력 소비 늘자 '21세기 석유로', 동아일보, 24.05.18, https://www.donga.com/news/Economy/article/all/20240517/124985778/1)

'AI 데이터센터'가 대두되면서 막대한 양의 전력 수급을 어떻게 감당할 것인지에 초점이 모아지고 있습니다. 또한, 데이터센터 내에서 소비되는 전력을 절감하고, 효율화하는 기술들에 많은 관심이 모이고 있습니다. 결국, AI 분야의 최고가 되기 위해서는 개발자, 연구자의 전문가 확보 경쟁뿐만 아니라, AI 개발과 연구에 드는 기본 인프라인 AI 데이터센터의 확보가 선결되어야 하고, 이를 가동시킬 전력은 가장 기본 전제사항 중의 필수 사항이 되고 있습니다. 이미 그 경쟁은 천문학적인 금액의 돈이 모이는 사업분야로 많은 관심을 받으며, 전 세계 기술과 자금을 빨아들이고 있습니다.

AI 전쟁의 중심에는 AI 데이터센터와 전력 확보가 반드시 선점해야 하는 고지입니다. 이렇듯 AI 산업의 발전과 에너지 비즈니스는 매우 밀접하게 상생하며 성장하고 있기에, 'AI 데이터센터'를 통해 '에너지 비즈니스'에 어떤 기회와 변화의 요소로 다가오는지 반드시 확인해 봐야 할 부분입니다.

'Data Center Cost Index'는 전 세계 주요 데이터센터 시장의 건설 비용을 비교하는 중요한 지표입니다. 비용은 "US$ per watt"로 측정되며, 이는 데이터센터의 전력 용량 대비 건설 비용을 나타냅니다. 23년에 발표된 Data Center Cost Index에 따르면, 도쿄가 와트당 13.7달러로 데이터센터를 건설하는 데 있어 가장 비싼 지역으로 선정되었습니다. 이러한 수치를 비교하고, 대규모의 전력 공급이 가능한 적합한 지역에 AI 데이터센터 건설을 위한 논의와 관심은 높아지게 될 것입니다. 한국은 해당 자료에서는 데이터센터 건설에 드는 비용이 비교적 경쟁력 있는 곳으로 나왔으나, 향후 전력 수급 등의 실질적인 가능성 및 여러 조건이 매력적으로 어필되어야 해당 경쟁력을 유지할 수 있을 것으로 예상됩니다.

Data Center Cost Index

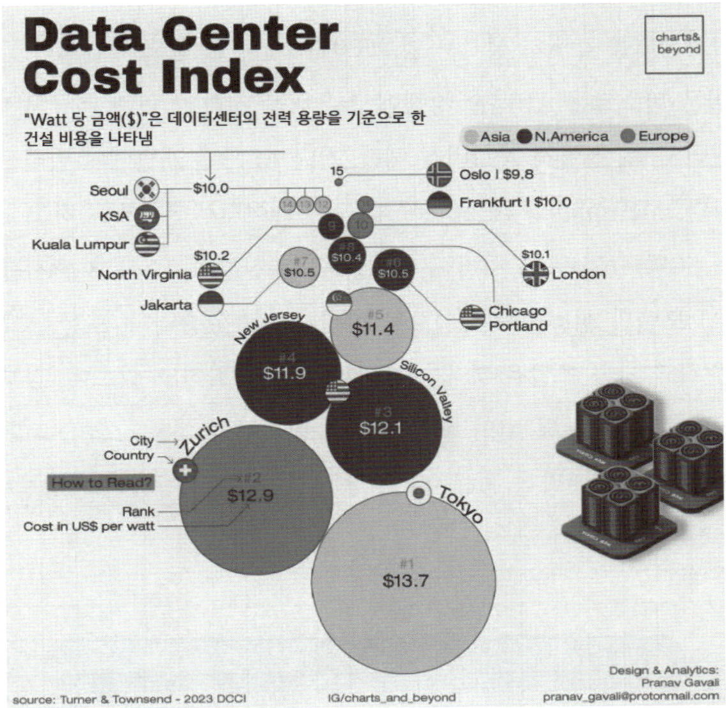

(출처: 'The cost of Data Center (US$ per watt)', Voronoi by Visual Capitalist, 2024.07.24, https://www.voronoiapp.com/technology/The-cost-of-Data-Center-US-per-watt-1870)

미국의 빅테크 기업들의 움직임은 지난 2~3년 동안 전력 확보를 위한 대규모의 투자 건과 AI 데이터센터 관련 투자 사례 등으로 잘 알려져 있습니다. 그중에서도 Trump 2.0의 시작과 함께 발표된 Stargate 프로젝트는 미국의 AI 패권을 공고히 하는 전략적 움직임으로 OpenAI, SoftBank, Oracle 등 주요 기술 기업들이 주도하는 민간 중심의 프로젝트입니다. 5,000억 달러(한화 약 720조 원) 규모의 이 대규모 AI 인프라 투자는 미국의 기술 혁신을 가속화하고, 글로벌 AI 리더십을 강화할 것으로 전망됩니다. 또한, Tesla 최고경영자(CEO)이자, 미국 정부효율부(DOGE)를 이끌고 있는 일론 머스크(Elon Musk)의 AI 데이터센터를 각별히 챙기는 행보도 매우 눈길을 끌고 있습니다.

일론 머스크는 AI 기술 경쟁에서 우위를 점하기 위해 대규모 데이터센터 구축, 전략적 파트너십 체결, 첨단 AI 모델 개발에 주력하고 있습니다. Memphis와 Atlanta에 대규모 데이터센터를 구축하고 Dell과의 50억 달러 규모 서버 구매 계약을 추진하며, Grok 3 출시를 통해 AI 모델의 성능을 지속적으로 향상시키고 있습니다. 또한, 오픈소스 전략과 자금 조달을 통해 기술 혁신을 가속화하고 있으며, 정부 기관과의 협력을 통해 AI의 실용적 적용 범위를 확대하고 있습니다. 이러한 다각적인 전략을 통해 머스크는 글로벌 AI 시장에서의 경쟁력을 강화하고 있습니다.

● [참고] 빅테크 기업들의 'AI 데이터센터' 및 '전력' 확보 경쟁 ●

전 세계 주요 기업들 또한 AI 데이터센터 구축과 관련 기술 개발에 막대한 투자를 진행하고 있습니다. 마이크로소프트는 2025 회계연도에 AI 데이터센터 구축에 800억 달러를 투자할 계획이며, 메타는 2025년까지 AI 인프라에 650억 달러를 투자하고 대규모 데이터센터를 건설할 예정입니다. 알파벳(구글)은 2025년 자본 지출의 대부분을 AI 기술 인프라에 집중할 계획이며, 아마존 웹 서비스(AWS)는 AI 칩 설계에 투자하여 클라우드 서비스를 최적화하고 있습니다.

특히, 엔비디아는 OpenAI, SoftBank와 함께 'Stargate' 프로젝트를 통해 미국 전역에 공유 컴퓨팅 시설을 구축하는 5,000억 달러 규모의 투자 컨소시엄을 주도하고 있습니다.

이러한 대규모 투자와 노력들은 AI 기술의 발전과 함께 데이터센터 산업의 혁신적인 변화를 이끌고 있으며, 향후 AI 응용 프로그램의 성능 향상과 새로운 기술 개발을 가속화할 것으로 예상됩니다.

마이크로소프트(MS)는 글로벌 대체자산운용사 브룩필드의 재생에너지 프로젝트에 약 13조 원(100억 달러)을 투자하고, 10.5GW 규모의 재생에너지를 공급받는 계약을 체결했습니다. 이는 단일 기업으로는 역대 최대 규모의 전력구매계약(PPA)으로, MS는 이전에도 미국 버지니아주 데이터센터 운영을 위해 원전 에너지를 구매한 바 있습니다. 아마존은 펜실베이니아 데이터센터 인수 후 인근 원전에서 10년간 전력을 공급받기로 했으며, 구글은 지열발전 스타트업과 협력해 청정에너지 확보를 추진 중입니다. 또한, 오픈AI 창업자 샘 알트만과 MS 창업자 빌 게이츠, 아마존 창업자 제프 베이조스는 태양광, 핵융합, 소형모듈원전(SMR) 등 청정에너지 스타트업에 적극 투자하며 지속 가능한 에너지 전환을 도모하고 있습니다.

국내에서는 SK그룹이 AI 데이터센터와 관련하여 다양한 프로젝트와 협업을 통해 에너지 효율화 및 글로벌 확장을 추진하는 데 앞장서고 있습니다. SK텔레콤은 2024년 11월 'AI 인프라 슈퍼하이웨이' 구축 계획을 발표하며, AI 데이터센터의 추진 목표와 리더십을 가지고, 사업을 이끌고 있습니다. SK텔레콤을 중심으로 기가와트 규모의 AI 데이터센터 구축, GPUaaS(GPU as a Service) 제공, Edge AI 개발 등 다각적인 전략을 추진 중입니다. Penguin Solutions 및 SK하이닉스와의 전략적 협력을 통해 기술력을 확보하고 있습니다. 특히, Penguin Solutions 社와의 AI 인프라 관리 솔루션 개발과 글로벌 시장 확대를 통해 SK그룹의 반도체(SK하이닉스), 에너지(SK이노베이션 E&S), 액체 냉각 기술(SK엔무브) 등 다양한 역량을 결집하여 경쟁력 있는 AI 인프라 비즈니스 모델을 구축하고자 합니다. 이를 통해 아시아 태평양 지역의 AI 데이터센터 허브로 도약하고 글로벌 AI 기업으로 성장하는 것을 목표로 하고 있습니다.

최근, 스톡 팜 로드(Stock Farm Road)가 한국 전라남도('솔라시도' 부지가 유력)에 3기가와트(GW) 규모의 세계 최대 AI 데이터센터 건설을 추진하고 있다는 계획이 공유되며 많은 관심을 받고 있습니다. 이는 미국의 OepnAI와 SoftBank가 추진 중인 'Stargate 프로젝트'의 텍사스 데이터센터(1GW)보다 약 3배 큰 규모입니다. 2028년 완공을 목표로 최대 350억 달러가 투자될 이 시설은 세계 최대 규모의 AI 데이터센터로, 1만 개 이상의 일자리를 창출하고 연간 35억 달러의 매출을 올릴 것으로 예상됩니다. 이는 한국의 AI 기술 리더십을 강화하고 글로벌 AI 시장에서의 경쟁력을 높일 것으로 기대되며, 아시아 지역의 기술 발전과 경제 번영을 이끌 핵심 인프라가 될 전망입니다. 아직 계획으로만 알려졌지만, 실제 구체적인 계약사항과 파트너사 간의 협력사항 등의 움직임이 명확하게 보이기를 기대합니다. 반드시 한국의 AI 인프라 산업 및 아시아의 대표적인 AI 데이터센터로 많은 변화와 성장의 기회를 갖게 할 큰 호재가 될 것이라 예상됩니다.

많은 빅테크 기업뿐만 아니라 정부 차원에서도 AI 데이터센터에 투자하는 것은 향후 미래를 준비하는 가장 기본적인 인프라 산업의 투자로 이해하고 있습니다. AI 데이터센터를 건설하기 위해 필요한 하드웨어 측면의 고려사항, 전력의 수급 등의 현안에 이어, AI 데이터센터 내에 필요한 고효율 냉각 기술 및 저전력 하드웨어 개발 분야, 재생 가능 에너지와 원자력을 포함한 대체 에너지 투자가 가속화되고 있습니다. 이러한 데이터센터에서 필요로 하는 기술은 에너지 비즈니스를 여러 방향으로 확장시키는 촉매가 되고 있습니다. 향후 AI 모델 운영 비용 상승과 함께 데이터센터 구축 및 운영 전략이 에너지 효율성을 중심으로 재편되고, 이를 기회 삼아 전 세계 빅테크 기업들의 안정적인 전력 확보를 위한 전방위적 투자도 활발히 일어나고 있습니다. 그들의 사활을 건 에너지 확보 전쟁의 승자가 곧 AI 산업의 승자가 될 것입니다.

7.3

전력 수요 급증과 함께 주목받는 에너지 효율화(Energy Efficiency) 기술

HVAC(Heating, Ventilation, and Air Conditioning)는 데이터센터에서 난방, 환기 및 공기 조절을 통합적으로 관리하는 시스템으로, 데이터센터의 온도와 습도를 적정 수준으로 유지하여 서버와 장비의 안정성을 확보하는 데 필수적입니다. 데이터센터의 냉각에 소요되는 전력은 전체 에너지 소비의 약 40%를 차지*하며, 이는 데이터센터 운영에서 에너지 효율성을 높이는 중요한 요소입니다.

HVAC 기술을 통해 데이터센터의 냉각 효율을 극대화하면 PUE(Power Usage Effectiveness)를 낮출 수 있습니다. 이는 IT 장비 외에 드는 에너지 사용량을 줄이는 데 기여하므로, 데이터센터 운영에 필수 요소로 자리 잡고 있습니다.

HVAC 분야의 기술 리더**로는 존슨콘트롤스(Johnson Controls International), 트레인 테크놀로지스(Trane Technologies), 레녹스 인터내셔널(Lennox International), 다이킨(DAIKIN), 미쯔비시(Mitsubishi) 등이 있으며, LG전자가 고효율 에어컨과 HVAC 시스템을 개발하여 글로벌 시장에서 경쟁을 펼치고 있습니다. 이들은 정밀 에어컨과 냉각

* https://ko.boydcorp.com/blog/energy-consumption-in-data-centers-air-versus-liquid-cooling.html

** https://www.fortunebusinessinsights.com/ko/north-america-hvac-system-market-106243

시스템을 제공하여 데이터센터의 효율성을 극대화하고 있습니다. 특히, LG전자의 경우 HVAC 사업의 본격적인 성장을 위해 ES(에코솔루션)사업본부를 신설하며, 사업의 성장을 위한 시동을 강하게 걸고 있습니다.

HVAC 시장은 2030년까지 약 480조 원 규모*로 성장할 전망이며, 특히 북미와 유럽 지역에서 탈탄소 정책에 따른 수요가 급증하고 있습니다. B2B 중심의 HVAC 시장은 경기변동에 영향을 적게 받아 장기적인 수익성이 기대되고 있습니다.

삼성전자가 존슨콘트롤즈 HVAC 사업 인수에 나서 매우 화제가 되었으나, 보쉬(Bosch) 그룹이 존슨콘트롤즈 HVAC 사업부를 81억 달러에 인수하면서, 전략방향을 수정해야만 했습니다. 이후, 삼성전자는 빠르게 Lennox와 합작법인 'Samsung Lennox HVAC North America'를 설립하며, 향후 지속적인 성장이 예상되는 HVAC 시장에서의 중요한 플레이어로 성장하고자 하는 의지를 보이고 있습니다.**

데이터센터의 전력 소비량 중 약 40%가 서버, 스토리지, 네트워크 하드웨어 및 기타 다양한 장치, 장비들의 열을 시키기 위한 냉각 시스템에 사용되고 있습니다. AI 데이터센터는 고성능 AI 반도체와 AI 워크로드에 최적화된 아키텍처 등을 지원하는 구조로 설계되기 때문에 많은 연산 처리로 인한 발열량도 증가가 뒤따르고, 기존 데이터센터보다 냉각시스템에 들어가는 전력량이 더 많이 소요되는 상황입니다. AI 반도체의 발열문제로 바닥 환기구를 통해 데이터센터의 냉기 통로(Cold Aisle)로 차가운 공기가 유입되는 기존 공랭식 시스템은 한계에

* https://www.sisajournal.com/news/articleView.html?idxno=286527
** https://www.businesskorea.co.kr/news/articleView.html?idxno=218009

직면했고, 새로운 냉각 시스템으로의 전환이 불가피한 상황입니다.

냉각 관련 에너지 비즈니스 분야로는 액체 냉각 기술, 고효율 냉각 장비 제조, 스마트 냉각 관리 시스템 등이 있습니다. 이 중 액체 냉각 기술과 관련하여, SK엔무브와 GS칼텍스, 한화에어로스페이스, 에쓰오일 등 국내 대표 정유·석유화학·방산 기업이 잇따라 액침냉각유 시장에 진출하고 있습니다. 열을 식히는 냉각유로 윤활유를 활용하는 액침냉각유는 기존 냉각 방식보다 전력 효율이 20~30% 높아 저탄소 시대에 걸맞은 신기술이자 신성장동력으로 인정받고 있습니다. 특히 SK엔무브는 미국 데이터센터 액침냉각 시스템 전문기업 'GRC'에 2,500만 달러(약 340억 원)의 지분투자를 실시하고, 데이터센터용 액침냉각 기술을 개발하고 있습니다. 또한, SK텔레콤, Iceotope Technologies와 함께 AI 데이터센터를 위한 정밀 액체 냉각(PLC) 솔루션을 개발 중입니다. 이러한 기술 혁신은 데이터센터의 에너지 효율성을 크게 향상시키고, 운영 비용을 절감하며, 환경 영향을 줄이는 데 기여할 것으로 기대됩니다.*

젠슨 황 엔비디아 CEO가 액체 냉각 기술이 필요하다고 강조하며, 24년 10월 버티브 홀딩스(VERTIV)와의 NVIDIA Blackwell의 AI 데이터센터용 전력 및 냉각 아키텍처 공동개발을 발표하였습니다. 투자자들의 많은 관심을 받으며, 데이터센터의 에너지 효율화의 첨병이 될 기술이 될 것으로 예상되고 있습니다.

히트펌프(Heat Pump)는 외부의 열을 실내로 전달하거나 실내의 열을 외부로 방출하는 고효율 에너지 시스템입니다. 이 기술은 냉매를

* https://www.sisajournal-e.com/news/articleView.html?idxno=402449

이용해 저온의 열원에서 고온의 열원으로 열을 이동시키는 원리를 활용하며, 난방, 냉방, 온수 공급 등 다양한 용도로 사용됩니다. 히트펌프는 에너지 효율성, 탄소 배출 감소, 다목적 활용성으로 인해 전 세계적으로 주목받고 있습니다.

에너지 효율성이 높아 일반 전기 히터에 비해 전기 사용량을 약 50%가량 줄일 수 있는 것으로 알려져 있으며, 난방과 냉방을 겸할 수 있어 효율적입니다. 특히, 러시아-우크라이나 전쟁으로 인한 에너지 위기로 가스 의존도를 낮추려는 움직임으로 인해 유럽 내에서는 폭발적으로 수요가 늘었습니다. 최근 많은 국가에서 히트펌프 설치에 대한 보조금과 세제 혜택을 제공하고 있고, 기술 발전으로 저온에서도 효율적으로 작동하는 고성능 히트펌프가 개발되는 등 규제, 환경, 기술이 점진적으로 발전하고, 서로 지원하는 체계가 만들어지며 히트펌프 도입을 위한 선순환을 만들어내고 있습니다.

글로벌 히트펌프 시장은 2023년 687억 달러에서 2029년 1,096억 달러로 성장할 것으로 전망되며, 연평균 성장률은 9.80%로 예상됩니다.*

Daikin, Midea Group, Mitsubishi Electric 등이 시장을 주도하고 있으며, 정부의 지원 정책과 기술 혁신이 시장 확대의 핵심 요인이 될 것으로 보입니다.

한국에서는 히트펌프가 초기에 설치하는 데 드는 비용이 높고, 전기 요금 누진제로 인해 전기를 주 에너지원으로 사용하는 히트펌프의 운영비용이 증가하기에 적극적으로 사용되지 않았습니다. 특히, 공동주택 중심의 주거문화로 히트펌프 설치를 위한 공간 확보가 어려운 것

* 'Global Heat Pumps - Market Share Analysis, Industry Trends & Statistics, Growth Forecasts 2024 - 2029', GII, 2024.01, https://www.giikorea.co.kr/report/moi1405373-global-heat-pumps-market-share-analysis-industry.html

도 큰 몫을 차지했습니다. 그러나 최근 산업계 내에서 히트펌프에 대한 관심이 높아지면서 정책적 지원에 대한 논의가 일어나고 있고, 전 세계 히트펌프의 성장성에 한국의 주요 기업인 LG전자, 삼성전자 등에서 고효율 히트펌프 개발에 적극적으로 돌입하면서 새롭게 뜨는 산업이 되고 있습니다.

해외에서는 지붕 태양광 패널과 에너지저장장치(ESS), 히트펌프를 패키지로 묶어서 설치하는 경우가 많고, 히트펌프 도입의 다양한 사례를 기반으로 새로운 에너지 비즈니스가 다양하게 생겨날 분야로 관심을 두고 있습니다. 국내에서도 가스를 기반으로 하는 난방기기 퇴출과 함께 탈탄소 난방 시스템에 대한 논의가 필요한 시점이라는 의견이 대두되면서, 히트펌프에 대한 관심은 날로 증가될 것으로 보입니다.

7.4

자동차 메이커들이 전력시장을 Knock-Knock 하는 이유는?

자동차 메이커들이 전력시장에 지속적인 관심을 보이며, 에너지 비즈니스의 다양한 기업들과의 협업을 통해 전기차의 활용도를 높이고 에너지 시장의 새로운 가치를 창출하고자 노력하고 있습니다. 전기차 시장의 급속한 성장으로 인해 자동차 메이커들은 전력 산업과 밀접한 관계를 맺게 되었고, 탄소중립 목표 달성을 위한 글로벌 에너지 전환 정책으로 인해 자동차 산업의 전동화가 가속화되고 있습니다. 전기차 배터리를 활용한 에너지 저장 및 그리드 안정화 서비스 등 새로운 사업 기회가 창출되고 있습니다.

전기차 배터리를 이용해 전력망에 전기를 공급하는 V2G(Vehicle-to-Grid) 기술 개발로 실증 사업에 참여하고, 전기차 충전소 구축 및 운영, 스마트 충전 기술 개발에 전력을 집중하고 있습니다. 가정용 에너지 저장 장치와 전기차를 연계한 통합 에너지 관리 솔루션 개발, 사용 후 배터리를 활용한 에너지 저장 시스템(ESS) 개발, 태양광 등 재생에너지와 전기차 충전을 연계한 솔루션 개발 등도 박차를 가하며 진행 중에 있습니다.

현대차와 기아는 제주도와 협력하여 V2G 시범사업을 추진하며, 아이오닉 5와 EV6의 V2L 기능을 기반으로 전력보조서비스를 개발하고 있습니다. 토요타는 미국 전력회사 Oncor와 협력하여 V2G 실증 프로젝트를 진행 중이며, GM을 포함한 7개 완성차 기업은 북미 지역에 전기차 충전 네트워크 구축을 위한 합작법인을 설립했습니다. 또한 포드, 혼다, BMW는 V2G 기반의 충전 플랫폼 합작회사 ChargeScape를 설립하여 관리형 충전 서비스를 제공할 계획입니다. 이러한 협업을 통해 자동차 메이커들은 전기차를 단순한 이동수단을 넘어 에너지 저장 및 공급 장치로 활용하며, 전력망 안정화, 신재생에너지 통합, 에너지 효율 향상 등 다양한 분야에서 시너지를 창출하고 있습니다.

한국 정부는 V2G 기술의 활성화를 위해 다각도로 지원 정책을 구체화하고 있습니다. 법적 기반 마련을 위해 2025년부터 전기차 충전시설에 양방향 V2G를 의무화하는 법안을 추진하고 있으며, 전기차를 '움직이는 ESS'로 활용할 수 있도록 정의를 확대했습니다. 정책적으로는 제10차 전력수급기본계획과 제3차 지능형 전력망 기본 계획을 통해 V2G 활용 기반을 구축했습니다. 재정적으로는 약 200억 원을 투입하여 대규모 실증 연구를 지원하고 있으며, 인프라 측면에서는 2025년까지 4만 5천기의 충전 기반시설 확충과 2028년까지 1,500기 이상의 충·방전기 설치를 계획하고 있습니다. 또한, 전기차 구매 보조금 지원, 충전 요금 할인, 방전 요금제 신설 검토 등 경제적 인센티브를 통해 V2G 기술의 상용화와 확산을 촉진하고 있습니다. V2G를 위한 기술적 준비는 어느 정도 되어 있으나, 제도적 장벽과 인프라 구축 등의 과제가 남아 있습니다. 정책, 제도, 시장, 서비스에 대한 실증을 바탕으로 상용화 사례를 만드는 데 집중이 필요한 시점에서, 최근 현대건설이 주관하고 15개 기업·기관·대학이 참여한 컨소시엄이 V2G 기술 개발 및 상용화 추진 계획을 발표하며, 그 추진 결과에 많은 관심이 모이고 있습니다.

● [참고] 한국의 V2G(Vehicle-to-Grid) 기술 상용화 추진 사례 ●

현대건설은 한국에너지기술평가원이 공고한 「24년도 1차 에너지기술개발사업 공모」에서 '에너지수요관리 핵심기술개발' 품목의 연구과제를 수행하는 주관사로 선정되며, 현대건설이 주도하는 15개 기관 컨소시엄이 V2G(Vehicle-to-Grid) 기술 개발 및 상용화를 위한 대규모 프로젝트를 시작했습니다. 약 380억 원의 연구개발비를 투입하여 2028년까지 1,500기 이상의 충·방전기를 설치해 실증을 수행할 예정입니다. 이 프로젝트는 전기차 배터리를 ESS처럼 활용하여 전력 수급을 안정화하고, SDV(Software Defined Vehicle) 기술을 통해 사용자 편의성을 높이는 것을 목표로 합니다. 현대건설은 이를 통해 VPP(Virtual Power Plant) 사업을 강화하고, 분산에너지 비즈니스 모델을 개발하여 전력중개거래사업을 선도할 계획입니다.

'SDV(Software Defined Vehicle) 연계 V2G 활용한 VPP 서비스 구조' 개념도

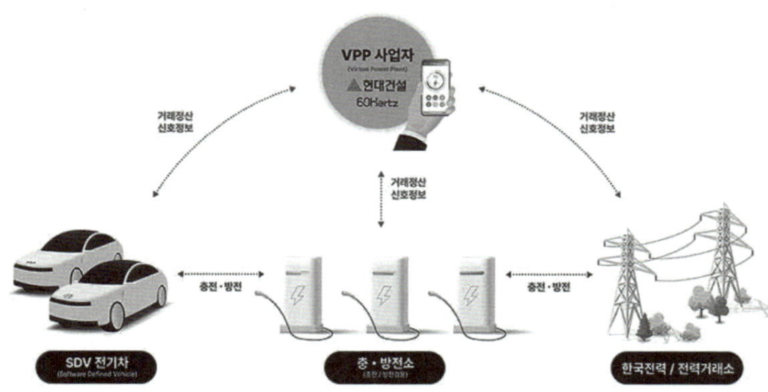

<SDV 연계 V2G 활용한 VPP 서비스 구조> 개념도

(출처: '현대건설, 전기차 활용 양방향 충·방전 플랫폼 기술(V2G) 상용화 나선다', Hyundai E&C Newsroom, 2024.05.28, https://newsroom.hdec.kr/kr/newsroom/news_view.aspx?NewsSeq=983&NewsType=latest&NewsListType=news_list)

차세대 비즈니스 확장 영역으로, V2G를 비롯한 신규서비스 제공분야에서 소비자와의 직접적인 접점을 만들어 다양한 비즈니스 모델을 펼쳐 보일 준비를 하고 있습니다. V2G가 상용화되기 위해서는 하드웨어의 인프라뿐만 아니라, 전력의 판매와 정산을 지원하는 V2G 플랫폼으로도 연결이 되어야 합니다. '움직이는 ESS인 전기차'에서 남는 전력을 판매함으로 버는 돈은 V2G 플랫폼에서 관리되며, 전기차 사용자를 위한 필요한 서비스와 사람들을 모이게 할 것입니다.

플랫폼 회사의 전유물이던 소비자 밀착 서비스를 자동차 회사들이 진행한다면 어떤 소비자 경험을 만들어줄까요? 매우 기대되는 신규 비즈니스 영역입니다. 차량에 탑승한 소비자의 라이프 스타일에 따른 개인 정보를 수집하고, 분석하여 소비자가 원하는 편리한 서비스를 제공하는 분야로 영역을 확장하게 될 것입니다. 전기차 시대로 접어들면서 이와 연관된 전후방 산업의 변화와 혁신이 예고되고 있습니다. 특히 하드웨어 성능이 평준화되는 흐름 속에서 소비자의 경험과 편의성에 집중하는 전기차 메이커가 시장 내에서 살아남을 것입니다. 소비자가 더 많은 시간을 차에서 보내도록 유도하고, 차에서 일상의 기록을 남기는 모든 것은 데이터화되어 소비자를 이해하는 데 사용됩니다. 차 안에서 머무는 시간을 최상의 만족의 시간으로 제공하는 것이 전기차 메이커들의 목표가 될 것입니다. 이는 향후 새로운 차를 구입할 때도 내게 최적화된 경험을 제공한 차량을 선호하는 기본적인 전제 사항이 되며, 그와 연관된 산업들과 협업으로 고객 Royalty를 높이는 방향으로 지속적으로 발달하게 될 것이라 예상됩니다.

미래의 도시에서 항상 멋지게 등장하던 전기차 속에서의 삶이 이제 머지않은 것일까요? 이 모든 상상이 전기화로 촉발된 자동차 산업의 변화와 혁신적인 소비자 경험이 만들어낼 미래입니다.

7.5 전 세계 전력망 확충 기조에 탑승하라

AI와 전기화가 촉발시킨 전력 수요의 급증은 전력망 확충으로도 연결되어, 관련 산업의 성장이 눈에 띄게 보이고 있습니다. 선진국뿐만 아니라, 이제 막 산업화와 전기화가 진행되고 있는 개발도상국에서도 전력망 확충은 우선순위 중에 가장 상위에 올라 있는 주제이기도 합니다. 신규로 만들어야 하는 전력망뿐만 아니라, 노후화된 기존 전력망의 보강도 필요한 상황[*]이어서 한동안 전력 수급의 불균형과 전력망 확충의 화두는 함께 거론될 것으로 보입니다.

IEA가 2023년에 발표한 자료에 따르면, 선진국의 전력망 신설 물량은 현재 대비 50% 수준이고, 개발도상국은 150% 이상으로 급속한 보급이 필요한 상황입니다. 또한 선진국은 2050년까지 전력망의 70% 이상, 개발도상국은 약 60% 이상이 설비 노후화로 인한 전력망 보강이 필요하다고 합니다. 또한, 노후화된 송·배전 선로의 교체 및 변전소, 변압기, 보호 설비 등에 대해서도 보강의 필요성이 계속 제기되고 있습니다.

전 세계 전력망 교체, 개선, 확충에 대한 요구사항은 갈수록 커지며, 그 중요성에 따른 사업기회가 뒤따라 올 것으로 예측됩니다.

* IEA, Electricity Grids and Secure Energy Transition, 2023.10, http://www.keaj.kr/news/articleView.html?idxno=5671

미국 전력기기 시장 규모 및 AI 데이터센터 투자액

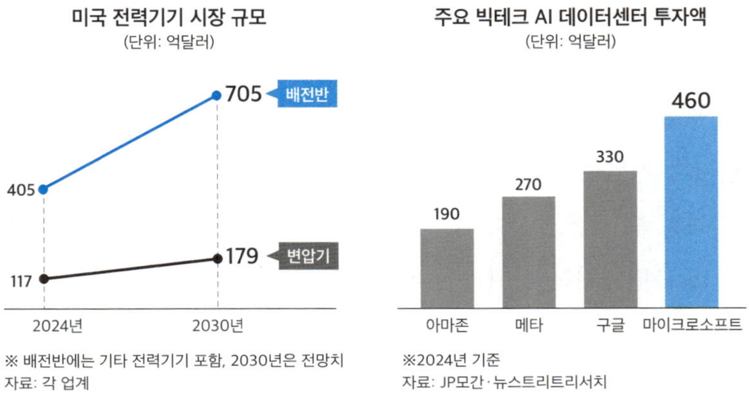

(출처: 'Trump 2.0 시대 퀀텀점프 기회-전력- S · HD현대일렉트릭, 美시장 공략 속도', 한국경제, 2025.01.16, https://www.hankyung.com/article/2025011612861)

점차 전력망 확충이 매우 시급하고 중요한 이슈로 부상하면서, 우리 기업들에게는 글로벌 시장에서 성장과 확장을 노려볼 수 있는 매우 중요한 시기가 되고 있습니다.

'5.4 "에너지 신사업 비즈니스"로 넘어가는 중요한 시기를 맞이하다'에서 언급한 한국의 기업들의 성장세가 더 가팔라질 것으로 보입니다. 변압기, 차단기 등으로 대표되는 전력기기, 전력케이블의 공급을 통해, 대규모 전력 공급에도 전력망의 안정된 계통운영에 기여하는 리딩 기업들로 성장할 것이라 예상되고, 이들의 향후 성장성은 당분간은 견조하게 유지될 것 같습니다.

전 세계의 전력망 확충의 사업 기회가 보이는 이때, 우리의 기술과 경험이 필요한 나라에서 사업 기회를 얻고, 경쟁력을 지속하기 위해서는 정부의 지원과 기업의 단단한 준비가 필요합니다. 정부의 규제 측면에서 규제 샌드박스 활용과 규제프리 실증존 조성을 통해 신기술의 실증과 상용화를 촉진해야 합니다. 국가 차원의 전력망 확충 지원, 대규모 투자 확대, 국제 협력 강화, 지역 혁신 생태계 조성, 신속한 인허가 절차 구축 등이 절실합니다. 이러한 종합적인 접근과 국가기간 전력망 확충을 위한 특별법 제정을 통한 체계적인 지원이 이루어진다면, 우리나라 기업들은 글로벌 에너지 비즈니스 시장에서 강력한 경쟁력을 확보할 수 있을 것입니다.

기술 측면에서는 장거리 송전 효율을 크게 향상시키는 초고압직류송전(HVDC) 기술과 AC(Alternating Current, 교류)/DC(Direct Current, 직류) 하이브리드 배전네트워크를 가능하게 하는 중압직류(MVDC) 기술의 고도화를 통해, 기존 배전 계통의 문제를 해결하는 데 활용해야 할 것입니다. 또한, 디지털화와 인공지능 기술을 활용한 재생에너지 발전량 예측, 전력 설비 수명 예측, 전력수요 예측 정확도 향상 등의 사례 확보가 필요합니다. 분산형 에너지 시스템에서는 P2X 전력거래 모델과 한국형 배전망 운영모델 개발이 진행되고 있습니다. 이러한 기술 혁신들은 전력망의 효율성, 안정성, 경제성을 크게 향상시켜 미래의 전력 수요에 대응하고 기술 격차를 확보하는 근간이자 중심이 될 것입니다.

재생에너지로의 대전환에 있어 안정적인 전력망 확충은 화룡점정이 되는 중요한 사업으로 그 중요성이 갈 수록 강조될 것입니다. 한국의 전력망 확충도 현안이 된 지 오래입니다. 한국의 전력망 성공사례를 우선적으로 만들면서, 이를 기반으로 전 세계 비즈니스를 펼칠 수 있는 핵심 기술을 확보하였으면 합니다. 향후 오랫동안 진행될 전력망 확충 사업에 참여하며, 글로벌 에너지 비즈니스 사업자로 성장할 수 있는 기회로 지금의 기회를 꼭 잡기를 바랍니다.

7.6

배터리 기술의 강자, 자동차를 넘어 기간 인프라 사업자가 되다

전 세계적인 탈탄소화 추진과 신재생에너지 부상, AI 트렌드에 따른 전력 공급 안정성에 대한 수요 증가로 전기를 배터리에 저장했다가 필요할 때 사용할 수 있는 전력 저장 시스템 ESS(Energy Storage System) 수요가 전 세계적으로 급증하고 있습니다. 이러한 ESS 시장의 성장을 견인하는 데 있어 BESS(Battery Energy Storage System, 대규모 배터리 저장 시스템)는 주요 비중을 차지하고 있으며, 미국, 중국, 유럽 등 주요국에서는 ESS 설치 의무화, 보조금 지급, 수익성 개선 등의 정책을 시행하여 ESS 도입을 가속화하고 있습니다.

에너지 '발전-배전-송전'의 밸류체인에 에너지 저장과 관련된 BESS 영역이 점점 뜨거운 사업 분야가 되고 있습니다. 청정자원을 통해 만든 에너지를 잘 저장하고 활용하는 것이, 청정에너지 전환에서 경쟁력을 유지하기 위한 중요한 요소가 되고 있습니다. 전기화의 핵심이 배터리 성능개선과 함께, BESS 사업이 얼마나 빠르게 성장하느냐가 관건이 될 것입니다.

BESS 최대시장 미국에서의 지금의 사업의 성과는 향후 이 사업의 지속가능한 성장과 매출확보를 의미합니다. 미국의 BESS 관련 사업을 추진하는 기업들 중에 주목할 회사는 단연 NextEra Energy와 Tesla 입니다.

NextEra Energy는 1925년 설립되어, 전력 생산, 송배전, 재생에너지 개발 등의 사업을 영위하며, 송배전 사업의 강점을 가지고 미국 최대의 전력 유틸리티 및 재생에너지 기업 중 하나로 부상하였습니다. 대규모 BESS 프로젝트 추진 및 운영을 주도하고 있습니다. 세계 최대 규모의 풍력 및 태양광 발전 사업자이기에, 간헐성으로 인한 재생에너지 발전의 어려움을 누구보다도 잘 알고 있습니다. 이로 인해, 배터리에 에너지를 저장하는 사업은 관심을 가질 수밖에 없습니다. 미국의 청정에너지 전환 정책으로 수혜를 받으며 미국 및 글로벌 에너지 전환을 주도하고 있으며, 지속적인 기술 혁신과 사업 확장을 통해 앞으로도 성장이 기대되는 기업입니다.

한국의 미국주식 투자자들에게 가장 잘 알려진 기업이자, Trump 2.0의 최대 수혜 회사로 거론되는 Tesla는 BESS 분야에서도 발 빠른 사업 이력을 쌓고 있습니다. Powerwall, Powerpack 등 가정용 및 상업용 ESS 제품 제공이 이미 상업화 궤도에 올랐고, 미국 전역에서 펼쳐지는 대규모 BESS 프로젝트에도 참여하면서 BESS 사업의 강자로 떠오르고 있습니다. Tesla의 BESS 사업은 청정에너지 전환을 촉진하고 회사를 종합 에너지 기업으로 도약시키는 핵심 동력입니다. 2023년 Tesla의 IR자료에 의하면 에너지 사업부 매출이 60억 달러를 기록하며 전년 대비 54% 성장했고, 2024년에도 지속적인 성장세를 보이고 있습니다.*

Tesla의 사명은 "지속가능한 에너지로의 전환을 가속화하는 것"으로, 이는 단순히 전기차 제조사를 넘어 태양광, 배터리 저장, 전기차를 통합한 지속가능한 에너지 생태계를 구축하는 것을 목표로 함을 나타

* https://www.newspim.com/news/view/20240813000890

냅니다. Tesla는 생산능력 확대, 기술 혁신, 글로벌 시장 진출, 수직계열화, 그리고 재생에너지와의 시너지를 통해 BESS 사업을 더욱 강화할 계획입니다. 이를 통해 Tesla는 자동차 제조업체에서 지속가능한 에너지 미래를 선도하는 종합 에너지 기업으로 진화하고 있으며, BESS 사업의 성장률이 자동차 사업을 앞지를 것으로 전망하고 있습니다.

Tesla의 ESS 사업 확장은 전기차 시장의 성장 둔화에 대응하는 전략적 움직임으로 볼 수 있습니다. 2024년 ESS 부문의 성장률이 전기차 부문을 앞지를 것으로 예상되며, 이는 Tesla가 지향하는 '종합 에너지 기업'으로의 도약을 위한 중요한 발판이 될 것입니다. LFP(리튬인산철) 배터리 기술의 도입으로 ESS의 경제성을 높이고, 메가팩 프로젝트를 통해 대규모 에너지 저장 시장에 진출하는 등 Tesla의 전략은 성과를 거두고 있습니다. 그러나 중국 기업과의 협력에 따른 미국 정부의 규제 리스크가 존재하며, 이는 Tesla의 성장 전략에 잠재적인 걸림돌이 될 수 있습니다. 따라서 Tesla는 중국 의존도를 줄이면서도 기술적 우위를 유지하는 균형 잡힌 전략이 필요할 것으로 보입니다.*

한국의 배터리 3사의 BESS 시장에 대한 기회 확보는 그들의 비즈니스 지속과도 직결된 분야이기에, 기술 우위를 기반으로 제품의 다양화, IRA 인센티브 요건에 충족하는 제품, 현지에 공장을 직접 설립을 검토하는 적극적인 사업 수행으로 보조를 맞추고 있습니다.

LG에너지솔루션의 경우, 미국 BESS 시장 진출 1년 만에 10GWh 수주를 달성하고, 애리조나주에 16GWh 규모의 BESS 셀 생산 라인 구축 계획을 밝혔습니다. 또한, LFP(리튬인산철) 배터리 생산으로 미국

* '전기차 기업 테슬라, 에너지저장장치(ESS) 사업 확장에 진심인 이유는?', Greenium, 2024.02.05, https://greenium.kr/news/30678/

IRA 인센티브 요건을 충족하며 세제 혜택의 수혜 측면으로도 접근하는 기민함을 보여주고 있습니다. 미국 BESS 시장에서의 입지를 강화하기 위해 여러 전략을 추진 중에 있는데, 북미에서의 수요 증가에 대응하기 위해 8개의 배터리 제조 시설을 건설 중이며, 기존 전기차 배터리 생산 라인을 ESS 생산으로 전환하는 방안을 모색하고 있습니다. 최근에는 Excelsior Energy Capital과 7.5GWh 규모의 BESS 공급 계약을 체결*하여 안정적인 공급망을 구축하고 있습니다. LG에너지솔루션의 북미 ESS 시장 공략은 전기차 시장의 성장 둔화에 대응하는 전략적 움직임으로 볼 수 있습니다.

삼성SDI는 NextEra Energy와 1조 원 규모의 ESS용 NCA 배터리 공급계약을 추진하고, 2026년 양산을 목표로 ESS용 LFP 배터리 개발 중입니다. 미시간 공장의 생산 라인을 ESS용으로 전환하는 투자를 진행 중이며, 제품 경쟁력 강화를 위해 'SBB 1.5'와 같은 차세대 ESS 배터리 솔루션을 개발하고 있으며, 미국 내 추가 공장 설립과 OEM과의 합작법인 설립 등 다양한 방식의 사업 확장을 검토 중입니다. 이러한 노력들은 IRA 혜택을 활용한 미국 현지 생산을 통해 경쟁력을 확보하고, 미국 BESS 시장에서의 입지를 강화하기 위한 전략의 일환으로 볼 수 있습니다.

SK온은 미국 BESS 시장 진출을 위해 적극적인 전략을 펼치고 있습니다. IHI 테라썬 솔루션(IHI Terrasun Solutions)과의 전략적 파트너십을 통해 북미 시장 협력을 강화하고 있으며, 미국 현지에 ESS 배터리 전용 공장 신설을 검토 중입니다. SK온이 ESS용 배터리를 공급하

* 'LG엔솔, 美엑셀시오와 7.5GWh 규모 'ESS 공급계약' 체결', 뉴스트리, 2024.12.20, https://www.newstree.kr/newsView/ntr202412200001

고, IHI 테라썬이 시스템 통합(SI)을 담당합니다. IHI 테라썬은 SK온의 배터리에 변압기와 소프트웨어 등을 더해 완제품을 만들어 북미 시장에 판매할 예정으로 알려져 있습니다. 기술 혁신 측면에서는 삼원계와 LFP ESS, 에너지관리시스템 등 다양한 연구를 진행하고 있습니다.

또한, 한화큐셀은 미국 BESS 시장에서 통합 에너지 솔루션 제공업체로 자리매김하기 위해 다각도로 전략을 추진하고 있습니다. 대규모 ESS 프로젝트 수행 경험을 바탕으로, 미국 상업용 태양광 개발업체인 서밋 리지 에너지(Summit Ridge Energy)와 2GW 규모의 태양광 및 ESS 프로젝트를 진행하며, 마이크로소프트와는 12GW 규모의 장기 파트너십을 체결했습니다. 메타에 전력을 공급하는 대규모 태양광 및 ESS 복합 단지를 완공하는 등 글로벌 기업들과의 협력을 강화하고 있습니다. 또한, 1억 5천만 달러의 금융 계약을 통해 BESS 프로젝트 파이프라인을 지원하며, 미국 내 제조 시설과 현지 파트너십을 활용해 경쟁력을 높이고 있습니다. 이러한 전략적 파트너십과 투자를 통해 한화큐셀은 미국 BESS 시장에서의 입지를 확대하고, 지속가능한 에너지 전환을 선도하고 있습니다. 한화큐셀은 미국 태양광 시장에서의 입지를 강화하고 있으며, 모듈 공급부터 EPC 서비스까지 다양한 영역에서 사업을 확장하고 있습니다.

한국 기업들은 BESS 시장을 새로운 성장 동력으로 인식하고 있으며, BESS 시장이 전기차 배터리 시장의 성장 둔화를 상쇄할 수 있는 새로운 기회로 보고 있습니다. 수동적인 배터리 납품 업체로 날로 경쟁이 심화되는 배터리 시장에서 살아남기는 어려울 것으로 보입니다. 결국, 시장 내 기존 에너지 비즈니스 강자와의 협업을 통해 그 영역을 확장해 나가고, 단단한 비즈니스로 안착시켜야 할 중요한 시기입니다.

우리 배터리 업계에 가장 필요한 것은 무엇일까요? 적극적인 투자와 기술 개발을 통해 글로벌 시장에서의 경쟁력을 강화하는 것뿐만 아니라, 전략적으로 기존의 에너지 비즈니스의 리더가 하고 싶지만 해당 역량과 기술이 부족해서 진행하지 못했던 영역을 커버해 주고, 문을 열어주는 부분이 아닐까 하고 생각해 봅니다. 재생에너지로 전환되는 지금의 이 시기에, 중국과 에너지 패권전쟁을 하고 있는 전 세계 에너지 비즈니스의 리더들에게 신뢰할 수 있는 파트너로서의 한발 앞선 협력과 제안, 시장 돌파력이 필요한 지금입니다.

7.7

다양한 이름으로 등장할 "스마트 에너지 플랫폼"

소비자(수요자)와 생산자(공급자) 간의 교환을 촉진함으로써 가치를 창출하는 비즈니스 모델인 플랫폼은 유독 에너지 산업에서는 강조되지 않았고, 일반 소비자들이 알 수 있는 사례도 많지 않았습니다. 에너지 자원을 독점하는 기업들이 지배하던 에너지 비즈니스였지만, 에너지 전환으로 인한 다양한 에너지원을 활용할 수 있는 기술 업체들이 신규로 에너지 산업에 유입되고, AI, Digitalization이 경쟁적으로 도입되면서 변화가 시작되고 있습니다. 에너지 비즈니스는 향후에도 지속적인 성장이 예상되는 분야이기에 그 선두를 유지하는 수단과 전략으로서 플랫폼 도입이 검토되고 있습니다. 앞선 기업들은 전문 조직을 신설하고, JV(Joint-Venture)를 신설하는 등의 적극적인 행보가 감지되고 있습니다.

빅데이터와 AI를 활용한 에너지 생산, 분배, 소비의 최적화에 중점을 둔 플랫폼의 등장과 함께, 단일 플랫폼보다는 상호 연결된 플랫폼 생태계가 구축되고 있습니다. 개인화된 에너지 관리 솔루션과 투명한 정보 제공이 경쟁력의 핵심이 되며, 고객 중심 서비스로 발전하는 중입니다. 재생에너지 통합과 탄소 배출 감소를 위한 디지털 솔루션의 중요성도 더욱 강조될 것으로 보입니다.

효율적인 에너지 관리 플랫폼에 기반한 다양한 비즈니스 모델은 건물 분야의 **스마트빌딩 에너지 관리 플랫폼**(BEMS, Building Energy Management System) 등으로 계속적인 확산이 이뤄지고 있고, 이제는 에너지 거래와 관련된 플랫폼으로도 발전하고 있습니다. 고객 맞춤형 주거용 **분산에너지자원**(DER) **중개 플랫폼**인 Sunverge Energy Platform, EnergyHub의 DERMS, Enel X의 DER.OS와 같은 글로벌 플랫폼들은 주택 소유자에게 에너지 생산 및 사용에 대한 제어권을 제공하면서 유틸리티 회사와 그리드 운영자에게 고급 그리드 서비스를 제공합니다. **신재생에너지공급인증서**(REC)**와 자발적 탄소배출권 같은 환경상품을 거래할 수 있는 플랫폼**인 CnerG Platform 등이 그 시작을 달리고 있습니다.

CnerG 플랫폼

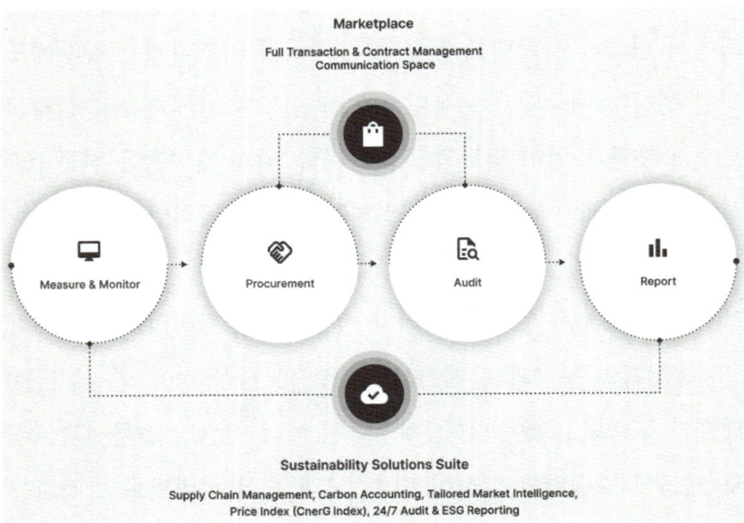

(출처: https://www.cnerg.net/)

주목할 만한 변화는 화석에너지 산업 리더들의 발 빠른 행보입니다. 신에너지 분야로의 혁신에 디지털화와 AI를 통해 적극적인 사업 확장을 진행하고 있습니다. 에너지 산업의 탈탄소화 추세에 대응하고 기존 석유·가스 사업의 수익성을 유지하면서도 지속가능한 에너지 기업으로의 변모를 추구하고 있습니다. 이것은 지속가능한 성장을 위한 전략적 변화를 반영하기 위한 행보입니다. 이미 많은 기업들이 자회사 설립 및 협업을 통해, 이러한 행보를 가시화하고 시장 선점을 위한 투자를 경쟁적으로 진행하고 있습니다.

화석에너지 산업 리더들이 가장 관심을 가지고, 참여한 에너지 비즈니스의 신사업 분야는 무엇일까요?

대표적인 전통적인 석유기업인 BP는 재생에너지, 전기차 충전, 수소 등 다양한 에너지원을 통합적으로 다루는 통합 에너지 기업(IEC, Integrated Energy Company)으로의 전환을 적극적으로 추진하며, 자회사 BP Pulse를 통해 글로벌 전기차 충전 인프라 구축을 주도하며, 2030년까지 100,000개의 충전소 설치를 목표로 하고 있습니다. 또한, BP는 Launchpad라는 자회사를 통해 디지털 저탄소 분야에서 Beyond Limits, PowerShare, Grid Edge 등에 투자하고 있습니다.

Shell은 Shell Recharge Solutions를 통해 2025년까지 50만 개, 2030년까지 250만 개의 충전소 구축을 목표로 하고 있습니다. ENEL X는 DER(분산에너지자원) 최적화 소프트웨어를 통해 에너지 자산을 통합 관리하고 있으며, Schneider-Electric은 AI 기반의 데이터센터 솔루션을 통해 에너지 효율화와 지속가능성을 추구하고 있습니다. Duke Energy는 AWS와 협력하여 스마트 그리드 소프트웨어를 개발하고 있으며, 수백만 건의 전력 흐름 계산을 15분 이내로 단축하는 등 획기적인 성과를 보여주고 있습니다. ABB는 Ndustrial과 GridBeyond에 투자하여 AI 기반의 에너지 관리 기술을 발전시키고 있으며, 이를 통해 실시간 생산 최적화와 에너지 비용 절감을 실현하고 있습니다.

이러한 기업들의 행보는 전통적인 에너지 기업들이 디지털 전환을 통해 지속가능한 에너지 기업으로 변모하고 있음을 보여주며, 특히 자회사 설립을 통한 전문성 확보와 투자 확대가 주요한 전략으로 자리잡고 있는 것을 알 수 있습니다.

에너지와 관련된 비즈니스는 어떤 기술이 추가적으로 연계되는지에 따라, 정말 다양한 비즈니스 모델과 플랫폼의 연결의 수단으로 시장에 큰 반향을 일으킬 수 있습니다. 전기화(Electrification)가 진행되면서 향후 에너지 비즈니스는 'OOO 플랫폼'의 이름으로 우리 주변에서 꼭 필요한 서비스와 방법으로 돈을 만드는 새로운 축으로 함께하게 될 것입니다.

7.8

원자력 발전의 진화, SMR(Small Modular Reactor, 소형모듈원자로)의 대중화에 쏠리는 관심

전력의 생산에 있어서 원자력 발전이 주는 득(得)과 실(失)은 다양한 측면으로 논쟁의 여지가 많습니다. 하지만, 전력 수요가 급증하는 현실에서 원자력 발전의 LCOE(Levelized Cost of Electricity, 전력생산비용)[*]는 아직까지 가장 경제성 있는 발전원으로 고려되며, 향후에도 한참은 활용해야 하는 발전원으로 손꼽히고 있습니다. IEA 보고서에 따르면, 원자력 발전의 LCOE는 약 53.30달러/MWh로, 석탄(75.59달러), 가스복합(86.76~95.89달러), 태양광(96.56~98.13달러), 풍력(113.33~160.98달러)보다 낮습니다.[**]

원자력 발전은 우리에게 가장 저렴한 발전비용으로 경제성을 확보하고, 대규모 전력을 안정적으로 공급할 수 있는 점에서 강력한 강점이 되고 있습니다. 그러나 방사성 폐기물 관리와 안전성 문제는 여전

* 발전설비 운영기간에 발생하는 모든 비용을 수치화해 나타낸 값으로, 발전소가 1kWh의 전기를 생산하기 위해 얼마의 비용이 필요한지, 시설 투자비, 운영비, 사회적비용, 환경비용을 모두 합산하여 나타낸 비용

** 에너지경제연구원, 21.02.01, IEA의 '전력생산 비용전망(Projected Costs of Generating Electricity)' 2020년 보고서를 에너지경제연구원에서 분석한 내용으로, 해당 보고서는 5년마다 발간됩니다. https://www.keei.re.kr/board.es?mid=a10202030000&bid=0009&act=view&list_no=60311&nPage=4&act=view&list_no=60311

히 해결해야 할 과제로 남아 있습니다. 이러한 원자력 발전의 득실(得失) 때문에, 지속가능한 투자와 관련된 EU와 한국의 녹색분류체계(Green Taxonomy)인 EU-Taxonomy와 K-Taxonomy에 원자력 발전 포함 여부가 많은 논쟁을 불러일으켰습니다. 원자력 발전은 중단기적으로 녹색성장과 온실가스 저감을 위한 역할이 있기에, 청정에너지로의 완전한 전환을 진행하는 지금 원자력 발전의 사용은 필수불가결한 것으로 판단하고, 각국의 이해득실을 따져 녹색분류체계에 포함되었습니다.

● [참고] EU-Taxonomy vs. K-Taxonomy ●

EU-Taxonomy와 K-Taxonomy는 모두 지속가능한 경제 활동을 분류하고 정의하는 체계입니다. 두 분류체계는 온실가스 감축, 기후변화 적응, 수자원 보호, 순환경제, 오염 방지, 생물다양성 보존이라는 6가지 환경 목표를 공유하며, 경제 활동이 이러한 목표에 실질적으로 기여하면서 다른 목표에 중대한 해를 끼치지 않아야 한다는 원칙을 따릅니다. 그러나 K-Taxonomy는 EU-Taxonomy를 참조하여 만들어졌지만, 한국의 경제 및 산업 상황을 반영하여 일부 기술적 기준과 세부 사항에서 차이를 보이고 있습니다.

K-Taxonomy는 LNG와 수소 발전을 포함하는 '전환' 부문을 별도로 두고 있으며, 원자력 발전에 대한 입장도 다르며, EU-Taxonomy가 법적 구속력을 가진 규제인 반면, K-Taxonomy는 비구속적 가이드라인의 성격을 띠고 있어 적용 방식에서도 차이가 있습니다.

EU-Taxonomy와 K-Taxonomy에서 원자력 발전에 대한 논쟁은 지속가능성, 안전성, 경제성, 에너지 전환, 그리고 기후변화 대응 측면에서 이루어졌습니다. 결과적으로 EU는 2022년 7월, 한국은 2022년 9월에 각각 원자력을 엄격한 조건하에 '녹색' 또는 '전환' 활동으로 분류하는 결정을 내렸습니다. 향후 논의는 안전성 강화, SMR(소형모듈원자로) 등의 차세대 원자력 기술 개발, 재생에너지와의 조화, 민간 투자 활성화, 국제 협력 강화, 그리고 지속적인 영향 평가에 초점을 맞출 것으로 예상됩니다. 이러한 논의는 원자력 발전의 역할을 재평가하고, 각국의 에너지 정책과 기후변화 대응 전략에 중요한 영향을 미칠 것으로 보입니다.

이제, 원자력 발전을 경제적이고 안전하게 사용하기 위한 기술적 논의와 실용화 단계에 접어들며, SMR(Small Modular Reactor, 소형모듈원자로)에 대한 관심이 매우 높아지고 있습니다. SMR은 발전 용량과 크기가 기존 대형 원전에 비해 작으며, 용기 하나에 원자로, 증기발생기, 가압기, 냉각재 펌프가 모두 포함돼 있는 소형원자로로, 대형 원전에 비해 안전성과 경제성이 높다고 평가됩니다. SMR은 전기 출력 300MWe 이하의 소형 원자로로, 모듈화 설계를 통해 공장 제작 및 현장 조립이 가능하며, 기존 대형 원전 대비 건설 기간과 비용을 단축하고 안전성을 향상시킨 원자력 발전의 새로운 진화입니다. 가장 주목할 점은 태양광, 풍력 등 신재생에너지와 연계해 분산형 원전을 구축할 수 있는 부분으로, 에너지 전환의 큰 흐름에서 유연한 에너지 믹스를 진행할 수 있는 대안으로 손꼽히고 있습니다.

전 세계적으로 약 70여 개 기업이 3세대와 4세대 SMR 모델을 개발 중이며, 피동 안전 시스템(Passive Safety System, 사고 시 전원의 공급 없이 자연력을 이용하여 원자력 발전소를 냉각시키고 노심의 안전성을 유지할 수 있는 설비)과 일체형 설계 등 혁신 기술을 적용하고 있습니다. 주요국의 투자 현황을 보면, 미국은 32억 달러를 투자하여 뉴스케일 SMR 설계 인증을 획득했고, 영국은 6.85억 파운드를 투자하여 2035년까지 10기 상용화를 목표로 하고 있으며, 중국은 90억 달러를 투자하여 20기 설치를 목표로 하고 있고, 러시아는 1,200억 루블을 투자하여 세계 최초로 해상부유식 SMR을 상용화했습니다.

빅테크 기업들도 SMR에 관심을 보이고 있는데, 구글은 카이로스 파워와 500MW 규모의 전력 구매 계약을 체결했고, 아마존은 에너지 노스웨스트, 엑스에너지와 SMR 개발을 지원하고 투자하고 있으며, 마이크로소프트는 기존 원전에서 대량 전력 구매 계약을 체결했습니다.

한국 기업들도 SMR 개발에 참여하고 있는데, 한국수력원자력은 혁신형 SMR(i-SMR)을 개발 중이며 2028년 표준설계인가를 목표로 하고 있고, 두산에너빌리티는 글로벌 SMR 기업들과 협력하여 주기기 제작에 참여하고 있으며, 삼성중공업은 시보그와 협력해 소형용융염원자로 SMR을 개발 중이고, DL이앤씨는 엑스에너지와 고온가스로 SMR 개발에 협력하고 있습니다. SMR은 탄소중립 달성과 안정적 전력 공급을 위한 주요 대안으로 부상하고 있으며, 특히 AI 데이터센터의 전력 수요 증가에 따라 빅테크 기업들의 관심이 높아지고 있고, 한국 기업들도 글로벌 SMR 시장 진출을 위해 기술 개발과 협력을 확대하고 있습니다.

최근 미국 와이오밍 주 캐머러시의 SMR 공사현장을 방문취재한 기사*에서, Trump 2.0 시대의 퀀텀점프의 기회를 SMR에서 찾고자 하는 시도와 SMR 시장이 본격 열리는 데 있어 주요 부품 생산과 단지 건설 등을 맡은 한국 기업에도 큰 기회가 올 것을 예상하는 전망에서 원자력 발전과 관련된 기술을 가진 몇 안 되는 국가 중에 한국이 다시 한번 퀀텀점프를 할 수 있는 실질적 기회를 거머쥘 수 있을지 기대해 보게 됩니다.

Trump 정권에서도 공약 패키지였던 **Agenda 47**을 통해 SMR 인허가 절차 간소화, SMR 개발에 대한 재정적 지원 등을 약속했던 만큼, 빠르게 SMR에 대한 기술, 사업 리더십을 가져갈 것으로 예상됩니다. AI와 전기화로 촉발된 전력 부족은 이제 현실이고, 전기가 좌지우지하는 에너지 패권 싸움에서 절대 물러설 수 없는 절실함이 어느 방향으로 표출되는지가 돈의 흐름을 좌우하게 될 것입니다.

---

* '원자력-세계 첫 SMR 짓는 美테라파워 현장 방문', 한국경제, 2025.01.15, https://www.hankyung.com/article/2025011587841

이렇게 전 세계가 주목하는 SMR에 대한 기술 주도권을 거머쥐기 위한 시도와 발 빠른 상업화 시도는 26년 상업운전을 앞두고 있는 중국이 주도하는 ACP100을 통해서 곧 확인할 수 있을 것 같습니다. 'Linglong One'으로도 불리는 ACP100은 중국 원자력공사(CNNC, China National Nuclear Corporation)가 개발한 소형모듈형원자로(SMR)의 공식 기술 명칭으로, 세계 최초의 상용 SMR입니다. 이는 지속가능한 원자력 에너지를 위한 중국의 첫 번째 모듈형 원자로이자, 중국의 원자력 기술 혁신을 대표하는 성과로 알려져 있습니다. 전 세계 SMR 시장은 현재 80개 이상의 설계가 18개국에서 개발 중이며, 미국(22개), 러시아(17개), 중국(10개) 순으로 기술 개발을 주도하고 있습니다. 이 중 중국의 Linglong One(ACP100)은 세계 최초로 IAEA(국제원자력기구, International Atomic Energy Agency) 안전성 검토를 통과한 상업용 육상 SMR로, 2021년 7월 착공 이후 2026년 상업운전을 목표로 하고 있습니다. 125MW 용량으로 연간 10억 kWh의 전력을 생산할 수 있으며, 52.6만 가구에 전력을 공급할 수 있습니다. 특히 중국은 향후 15년간 250~350억 달러를 Linglong One 국내외 보급에 투자할 계획이며, 대형 원자로와 SMR의 수출 잠재력은 1,400~1,500억 달러로 추정되어 25~30GW 규모의 해외 건설이 예상됩니다.*

이러한 상황에서 우리가 주목해야 할 점은 중국이 단순한 기술 개발을 넘어 글로벌 시장 선점을 위한 전략적 접근을 하고 있다는 것입니다. Linglong One은 전력 생산뿐만 아니라 난방, 증기 생산, 해수 담수화 등 다목적 활용이 가능하도록 설계되었으며, 모듈식 제조 및 설치 방식의 표준화를 통해 비용 경쟁력을 확보하고 있습니다. 이는

* https://www.enerdata.net/publications/executive-briefing/smr-world-trends.html

향후 SMR 시장에서 기술 표준을 선점하고 글로벌 공급망을 주도하려는 전략으로 해석됩니다.*

SMR 분야에서도 중국의 기술리더십과 상업화 적용까지의 거침없는 행보는 타 국가들이 따라가기에 버거울 정도입니다. 중국 외에는 현재 SMR 건설을 시작한 국가가 아직 없고, 미국이 2029년 상업 운전을 목표로 SMR 건설을 추진 중이고, 한국이 2030년 상업 운전을 목표로 하고 있지만, 이미 중국은 Linglong One이 2026년에 상업 운전을 시작하게 되므로, 최소 3~4년 앞서 건설, 운영 등의 노하우를 쌓게 됩니다. SMR의 해외 수출을 본격화하는 데 세상에 유일무이한 상품과 경험을 가지고 시장에 나서게 되므로, 그 시간의 격차를 더 고도화된 기술로 메워야 하는 도전이 예상됩니다.

안정성이 무엇보다도 요구되는 SMR 분야에서, 우리는 그동안의 대형 원자력 발전을 통해서 쌓아 올린 노하우를 기반으로, SMR의 신규 시장의 진입부터 총체적인 준비를 해야 합니다. SMR 기술 개발에서 IAEA 등 국제 규제기관 간 협력 강화, 공통 표준 수립, 기업 간 전략적 제휴 등을 통해 경쟁력을 확보해야 하며, 특히 수출 시장에서의 경쟁력 확보를 위한 정부의 정책적 지원과 민간 기업의 적극적인 투자가 필요합니다. 아직은 한국에서 SMR에 대한 구체적인 논의가 신재생에너지 확대 및 전력망 확충 등의 현안과 SMR의 기술적 안정성에 대한 의심의 눈초리를 보내는 시선에 아직 조심스러운 행보가 이어지는 것 같습니다. 하지만, 앞으로는 에너지 수요지 인근에서 에너지의 생산과 소비가 함께 이뤄지는 지역 단위 에너지 시스템이 구축이 장려될 것이

* https://www.iea.org/reports/the-path-to-a-new-era-for-nuclear-energy/executive-summary

며, 이로 인한 원거리 해안가에 집중되었던 발전시설과 전국적 네트워크로 송전망이 건설되며 전력 수요에 빠르게 대응하지 못했던 시스템에서 탈피하는 시도를 적극적으로 할 것으로 예상됩니다. 기존 장거리 송전선로 중심의 전력 시스템을 보완하기 위한 차원에서도 SMR은 더 많은 논의의 주제로 떠오를 것입니다.

기업이 사용하는 전력을 100% 무탄소 에너지로 공급하자는 CF100(Carbon Free 100%)의 움직임에 있어, 재생에너지뿐만 아니라 원전, 수소, 연료전지 등 무탄소 에너지를 포함한 다양한 에너지 사용에 대한 논의가 본격화되고 있습니다. 이러한 논의와 AI, 전기화(Electrification)로 인한 전력 부족이 화두가 될 때마다, SMR은 그 논의의 중심이 되는 주인공이 될 것이라 예상됩니다.

● [참고] CF100 ●

CF100은 에너지의 100%를 재생에너지와 원자력을 포함한 무탄소 에너지로 공급하자는 이니셔티브로 Google과 UN Energy가 주도하고 있으며, 24/7 Carbon-Free Energy Compact(CFE 24/7)로 알려져 있습니다. CF100은 무탄소 에너지를 1년 365일 매일 매시간 매분 매초 실시간 사용하는 에너지가 무탄소가 되도록 하는 것을 목표로 하며, 전력 에너지원으로 전력 수요를 실시간 충족하는 것을 의미합니다. 재생에너지(태양광, 풍력, 수력 등)만 인정하는 RE100에 비해, CF100은 재생에너지와 원자력, 청정수소 등 모든 무탄소 에너지원을 포함하기에 제조업 중심국가들은 CF100을 현실적인 대안으로 고려하고 있습니다. CF100은 RE100을 대체하기보다는 보완적 성격으로 시장 내 영향력을 확장 중입니다.

RE100과 CF100 주요 내용 비교

	RE100	CF100
의미	RE(Renewable Electricity) 100 "기업이 사용하는 전력의 100%를 재생에너지로 충당하자"	24/7 Carbon-Free Energy(CFE) "24시간 일주일 내내 무탄소 전력만 사용하자"
주요 에너지원	재생에너지(수력, 풍력, 태양광 등)	무탄소 에너지(수소, 원자력, 수력, 풍력, 태양광 등)
목표	기업의 소비전력 100%를 재생에너지로 조달 (2030년 60%, 2040년 90% 이상 달성 권고, 2050년 100% 목표)	전력시스템의 탈탄소화를 2030년까지 달성
발족처	The Climate Group, CDP	UN, UN Energy 등 5개 협의체
가입 현황	전력소비기업인 일반기업이 대부분(글로벌 기업 400개사 이상 기업, 국내 기업 33개사 가입)	에너지공급기업, 전력기술기업, 협회, 지방정부 등 다양한 조직이 참여(전력소비기업은 구글, MS, 리비안 등 9개사)
특징	직접 재생에너지를 생산해 조달하지 않더라도 재생에너지가 아닌 나머지 에너지원을 활용한 전력 사용 가능. 이후 해당 전력량에 달하는 REC 구매, PPA 체결 등 다양한 방법으로 재생에너지 수급 가능하여 보다 현실적이라는 반응임.	재생에너지(풍력, 태양광)를 제외하고도 원전과 수소를 포함한 무탄소 에너지원 사용 가능. 하지만 PPA 체결 및 시간단위 정보가 기대된 에너지 공급 인증서 구매가 아니라면 모두 직접 생산해서 조달해야 한다는 점에서 RE100보다 달성조건 까다로움.

*REC(Renewable Energy Certificate): 신재생 에너지 공급 인증서

*PPA(Power Purchase Agreement): 전력 구매 계약 또는 전력 수급 계약

자료: RE100, 언론종합, 유진투자증권

7.9

AI가 가져온 에너지 비즈니스의 혁신, 강력한 스파이크가 튄다

에너지 비즈니스에서도 그간 풀리지 않던 난제를 해결하기 위해 AI의 도입을 적극적으로 모색하는 움직임이 활발합니다. 발전시설, 장비 설치 등의 하드웨어 인프라 측면의 구현과 확장 측면의 고민을 넘어, 효율적인 운영을 위한 진지한 고민을 이제는 더 이상 미룰 수 없는 상황에 이르렀기 때문입니다. 또한, 경쟁자와의 초격차를 견지하기 위한 수단으로 AI의 활용은 당연한 수순이 되었습니다.

에너지 인프라 분야에서는 미국의 에너지부(DOE)에서 24년 4월 "에너지를 위한 AI(AI for Energy)" 관련 3가지 보고서가 동시 발표되며 많은 관심을 받았습니다. 바이든 정부에서 2035년까지 미국 전력 시스템을 탄소 제로로 만들겠다는 목표를 세웠던 만큼, 에너지 비즈니스 분야에 AI 도입을 통한 혁신을 더해 목표를 이루고자 하였던 의지가 느껴집니다. 해당 보고서를 통해, 미국의 에너지와 기후위기 해결 위한 AI 활용 전략방향을 확인할 수 있습니다.

● '미국 에너지 분야 AI 활용 전략' 중요 보고서 ●

1. "에너지를 위한 AI: 현대 그리드 및 청정에너지 경제를 위한 기회"

(출처: 'AI for Energy : Opportunities for a Modern Grid and Clean Energy Economy', US DOE, April 2024)

해당 보고서에서는 미국 전력 시스템 관리에 AI를 적용할 수 있는 잠재적 이점을 다루며, 4가지의 활용 영역을 제시하였습니다.

- 전력망 계획: 미래 전력 수요 예측 및 새로운 에너지 자원 통합
- 허가 및 부지 선정: 에너지 프로젝트 허가 절차 간소화 및 최적 부지 선정
- 운영 및 신뢰성: 실시간 전력망 모니터링, 고장 예측 및 방지
- 탄력성: 자연재해나 사이버 공격으로부터 전력망 보호

2. "에너지를 위한 인공지능"

(출처: 'Advanced Research Directions On AI for Energy', US DOE, April 2024)

해당 보고서에서는 AI 기술이 에너지 분야 혁신을 가속화할 수 있는 방법에 대한 프레임워크를 제공하며, 5개 핵심 과제를 제시하였습니다.

- 원자력 허가 및 규제 절차 가속화
- 사이버 및 모든 위험에 대한 복원력과 보안을 갖춘 에너지 시스템 구축
- 탄소 관리
- 에너지 저장
- 에너지 소재

3. "핵심 에너지 인프라를 위한 인공 지능의 잠재적 이점 및 위험"

(출처: 'Potential Benefits and Risks of Artificial Intelligence for Critical Energy Infrastructure', US DOE, April 2024)

해당 보고서에서는 국가 전력망에 대한 4가지 AI 관련 위험을 설명하며, AI로 인한 위험도 경고하고 있습니다.

- AI 시스템에 대한 적대적 공격
- AI 모델의 의도하지 않은 오류
- AI를 사용한 사이버 또는 물리적 그리드 공격 실행
- 공급망 손상

(출처: https://www.net-zero.kr/news/articleView.html?idxno=1161)

에너지 비즈니스는 전통적으로 규제가 엄격하고 초기 투자 비용이 높으며 기술적 복잡성이 큰 산업 특성으로 인해 상대적으로 닫힌 협업 구조를 보여왔습니다. 이러한 진입 장벽은 빅테크 기업들의 에너지 비즈니스 참여를 제한하는 요인이 되었습니다. 그러나 최근 AI와 데이터

센터의 급증하는 에너지 수요와 탄소중립 목표 달성을 위한 노력으로 인해 빅테크 기업들의 에너지 분야 진출이 증가하고 있습니다. 에너지 비즈니스의 강자들, 이제 막 에너지 비즈니스로 진입하고자 하는 빅테크 기업들 모두, AI가 주는 기회에 주목하고 있습니다.

에너지 비즈니스는 타 산업에 비교해서 DT(Digital Transformation) 및 AI로 인한 혁신이 더디었던 만큼, 최근의 진일보한 AI가 가져온 혁신이 효율성과 생산성 측면에서 긍정적인 결과를 가져올 것으로 예상되며 많은 관심을 받고 있습니다.

최근 구글의 딥마인드는 미국 중부 700GW 규모의 풍력 발전소에 AI를 적용하여 기상 예보와 과거 풍력 터빈 데이터를 분석함으로써 풍력 발전량 예측 정확도를 높였습니다. 이를 통해 에너지 생산 효율을 20% 향상시켰습니다.* GE는 AI를 풍력 발전기의 터빈 제어와 석탄 발전소의 보일러 제어에 적용하여 발전 효율을 높이고 공해 물질 배출을 감축했습니다. 이는 전통적인 발전 방식의 한계를 AI로 극복한 사례입니다. 미국의 AI 스타트업 스플라이트는 AI 기술을 활용하여 전력망의 혼잡과 병목 현상을 해결했습니다. 이 기술을 통해 최대 2배의 추가 송전 용량을 확보할 수 있게 되어, 재생에너지의 대규모 배치를 가능하게 했습니다. 한국의 사례로, 한국에너지기술연구원은 AI를 활용하여 재생에너지 발전량 예측제도를 시행하고 있습니다. 이는 향후 가상발전소(VPP) 형태로 발전할 것으로 전망되며, 현재는 태양광 중심으로 자원이 모집되어 간헐성 완화 및 예측력 제고 목적으로 활용되고 있습니다.

* 구글의 딥마인드 풍력 발전소 AI 적용사례
'구글 딥마인드, 인공지능 통해 풍력발t전 가치 향상', 디센터, 2019.02.27, https://decenter.kr/NewsView/1VFH4SVY3C/GZ02

이러한 사례들은 AI가 에너지 산업의 효율성 향상, 비용 절감, 그리고 지속가능성 증대에 크게 기여하고 있음을 보여주며, 에너지 비즈니스의 난제 해결을 통해 빅테크 기업들이 에너지 비즈니스라는 새로운 영역으로의 진입을 수월하게 하는 중요한 기회가 되고 있음을 보여줍니다. 이처럼 다양한 비즈니스의 연결과 산업의 성장이 기대되기에 AI가 에너지 비즈니스에서 가장 강한 스파이크를 내며 반짝이는 이유가 되고 있습니다.

AI 연구개발 및 서비스를 위해, 빅테크 기업들은 전력(Electric Power)확보에 매우 발 빠르게 대처하고 있습니다. 빅테크 기업들은 점차 에너지 비즈니스로의 직접적 진출에 대한 의지를 드러내고 있으며, 기존의 에너지 비즈니스의 리더들과의 협상에서 AI를 기반으로 한 협상을 주도할 것으로 예상됩니다. 진정, 에너지 비즈니스의 큰 변화를 AI가 촉발하고 있으며, 에너지 비즈니스의 새로운 플레이어의 등장도 기대하게 합니다.

7.10

규제와 인센티브가 함께하는 건설분야의 에너지 비즈니스를 주목하라

건물 부문은 전 세계 최종 에너지 소비의 약 30%를 차지하며, 전체 에너지 관련 배출량의 26%를 차지하고 있어 에너지 전환 과정에서 중요한 관심사가 되고 있습니다. 건물 부문의 에너지 사용량이 큰 의미를 갖는 이유는 인구증가와 더불어 다양한 건물이 지속적으로 증가하고 있고, 이에 따른 전체 에너지 사용량도 함께 급격히 늘고 있기 때문입니다. 도시 내에서는 점차 고밀도 개발이 이루어지며, 높은 고층건물 및 첨단 기기가 설치되어 운영되는 신축 건물이 늘어나고 있습니다. 이로 인해 건물 부문의 급격히 증가하는 에너지 수급의 균형을 맞추기 위한 방안에 대해, 국가적 측면의 규제와 인센티브 방안이 고려되고 있습니다. 점차 에너지 효율화 관련 기술의 선도적인 적용과 시장 선점을 위한 도전과 실행이 다각도로 진행되고 있습니다.

공간과 건물에서의 에너지 효율성을 높이고자 하는 움직임이 규제와 인센티브로 나타나며 ZEB(Zero Energy Building)가 관심을 받고 있습니다. ZEB 또는 Net Zero Energy Building은 연간 에너지 소비량이 제로인 건물을 의미합니다. 이는 건물이 사용하는 에너지와 현장에서 생산하는 재생 에너지의 양이 균형을 이루는 것을 목표로 합니다. ZEB 관련 규제와 인센티브 확대를 통해, ZEB를 확대하고자 하는 움직임이 강화되고 있습니다.

EU는 2020년부터 모든 신축 건물에 대해 '거의 제로 에너지 건물(NZEBs, Nearly Zero Energy Buildings)' 기준을 적용하고 있으며, 미국 캘리포니아주는 2020년부터 모든 신축 주거용 건물, 2030년부터 모든 신축 상업용 건물에 대해 ZEB 기준을 의무화했습니다. 일본은 2020년까지 공공 건물, 2030년까지 모든 신축 건물에 대해 제로 에너지 목표를 설정했습니다. 인센티브로는 독일의 KfW 개발은행을 통한 저금리 대출과 보조금, 미국의 PACE 파이낸싱, 일본의 ZEB 보조금 프로그램 등이 있습니다. 한국의 경우, 2025년부터 연면적 1,000㎡ 이상의 민간 건물에 대해 ZEB 인증을 의무화할 예정이며, 2030년까지 공공 건물은 ZEB 3등급(에너지 자립률 60~80%), 민간 건물은 ZEB 5등급(에너지 자립률 20~40%)을 목표로 하고 있습니다. 인센티브로는 취득세 감면, 용적률 완화 등을 제공하며, 건물의 에너지 자립률에 따라 인센티브 규모가 달라집니다.

ZEB 건축물을 완공하는 데 있어, 에너지 효율을 높이기 위해, 고성능 단열재, 에너지 효율적인 창문 및 유리 시스템, LED 조명 및 조명 제어 시스템, 스마트 빌딩 제어 시스템(BEMS, Building Energy Management System), 에너지 효율적인 가전제품 등의 많은 고려사항이 있습니다. 하지만, 인센티브로 주어지는 용적률 및 세제 혜택을 고려하면 장기적인 관점에서 경제적 이익과 효용성이 주어지는 구조이기에, 땅값이 비싼 곳에 세워지는 건물의 경우 ZEB 요건을 충족하고 용적률의 인센티브를 얻기 위한 노력이 추가적으로 진행되고 있습니다.

한국 ZEB 인증제도 기준

인증 등급	건축기준 최대 완화 비율	비고
ZEB 1	15%	에너지 자립률이 100% 이상
ZEB 2	14%	에너지 자립률이 80% 이상 ~ 100% 미만
ZEB 3	13%	에너지 자립률이 60% 이상 ~ 80%미만
ZEB 4	12%	에너지 자립률이 40% 이상 ~ 60% 미만
ZEB 5	11%	에너지 자립률이 20% 이상 ~ 40% 미만

1 취득세 최대 20% 감면

2 주택도시기금 대출 한도 20% 상향

3 신·재생에너지 설치 보조금 가점 부여

4 주택건설사업 기반시설 기부채납률 최대 15% 경감

(출처: '한국에너지공단-제로에너지건축물 인증제도', https://min24.energy.or.kr/nzeb/BC/BC03/BC03_05_003.do)

에너지 관리 및 자동화 분야에서는 Siemens AG, Schneider Electric SE, Honeywell International Inc.가 선도적인 역할을 하고 있습니다. 스마트 HVAC 시스템 분야에서는 Johnson Controls International PLC, Carrier Global Corporation, Daikin Industries Ltd.가 주요 기업으로 꼽힙니다. 조명 및 센서 기술 분야에서는 Acuity Brands Inc., Osram GmbH, Legrand S.A.가 주목받고 있으며, 건물 자동화 및 제어 분야에서는 ABB Ltd., Mitsubishi Electric Corporation, Eaton Corporation PLC가 선두를 달리고 있습니다. 에너지 효율 솔루션 제공업체로는 Redaptive, Stem, BlocPower 등이 혁신적인 서비스를 제공하고 있습니다. 이러한 기업들은 각자의 전문 분야에서 AI, IoT, 데이터 분석 등 첨단 기술을 활용하여 건물의 에너지 효율성을 극대화하고 지속가능한 건축 환경을 조성하는 데 주력하고 있습니다.

또한, 건물 내 에너지 사용에 대한 정밀한 모니터링을 통해, 에너지의 효율성을 높이기 위한 다양한 플랫폼 사업도 떠오르는 사업영역으로 관심을 받고 있습니다. 여러 기업들이 혁신적인 솔루션을 제공하며, 기존의 에너지 관련 글로벌 기업뿐만 아니라, 전 세계 스타트업이 가장 많이 진출하는 영역이기도 합니다. 건물 내에 도입되는 서비스를 BEMS(Building Energy Management System), 공장 내 도입되는 서비스를 FEMS(Factory Energy Management System)라고 칭하며, 모니터링이 필요한 주요한 시스템에 IoT 및 IT·DT 서비스와 연계한 전문적인 서비스를 제공하며, 최근에는 AI 기반의 다양한 기능이 추가되어 전력, 용수, 열 등의 다양한 에너지를 종합적으로 관리하는 데 필수적인 플랫폼으로 도입이 규제화되고 있습니다. ZEB가 본격화되면서, BEMS 도입이 필수가 되고, 건물 내 에너지 관리 시스템에 대한 관심이 증가되고 있어 서비스의 세분화와 전문화가 다양하게 이뤄질 분야입니다.

ZEB에 대한 관심과 더불어, 건물의 설계, 건설, 운영 및 유지관리에 대한 환경 성능을 평가하고 인증하는 국제적으로 가장 널리 사용되는 녹색 건물 평가 시스템인 LEED(Leadership in Energy and Environmental Design) 등의 인증을 독려하고 있습니다. 건설분야의 프리미엄이 단순히 외면의 멋진 설계와 구조에서 오는 것뿐만 아니라, 효율적인 에너지 사용으로부터 기인한 총체적인 기술과 예술의 결정체로 인식되는 흐름이 시작되고 있습니다.

● [참고] LEED(Leadership in Energy and Environmental Design) ●

미국 그린빌딩협의회(USGBC)가 개발한 세계적으로 인정받는 친환경 건축물 인증 시스템인 LEED(Leadership in Energy and Environmental Design)는 미국 그린빌딩협의회(USGBC)가 개발한 세계적으로 인정받는 친환경 건축물 인증 시스템입니다. 이 시스템은 건물의 설계, 건설, 운영 및 유지관리의 환경 성능을 평가하며, 통합 프로세스, 위치 및 교통, 지속가능한 부지 개발, 물 효율성, 에너지 효율성, 자재 및 자원 선택, 실내 환경 품질 등의 영역을 중점적으로 다룹니다.

LEED와 유사한 국제적 인증 시스템으로는 영국의 BREEAM, 독일의 DGNB, 미국의 Green Globes와 NGBS, 국제적으로 사용되는 EDGE, 스웨덴의 Miljöbyggnad, 대만의 EEWH 등이 있습니다. 이러한 다양한 인증 시스템들은 각국의 특성과 요구사항을 반영하여 개발되었으며, 건물의 환경 성능을 평가하고 개선하는 데 중요한 역할을 하고 있습니다.

건물 분야에 필요한 에너지 효율화 기술 등은 스마트 빌딩 기술의 한 요소로 당연히 고려되어야 하는 부분이 되었으며, AI, IoT, 고급 분석 기술을 활용하여 에너지 관리와 자산 관리를 최적화하는 데 적극 활용되고 있습니다. 전 세계는 건물 분야에서의 에너지 사용 및 효율화에 대한 다양한 국제 건축물 가이드 등의 지침을 서로 공유하며, 저탄소 건축 자재와 에너지 효율적 설계를 우선시하며, 재생에너지 기반의 에너지 사용률을 높이고, 건물 내 탄소 배출을 감축하기 위한 솔루션을 적극 도입하도록 하는 움직임을 더욱더 강화하게 될 것입니다.

에너지 비즈니스가 환경과 삶의 질을 높이는 분야로까지 다양하게 펼쳐지고 있습니다.

움직임과 활력에 가장 기본이 되는 에너지원이 그 모습을 변화하여, 편리한 삶의 서비스로 체화되는 것까지… 그 모든 흐름에 에너지 비즈니스가 함께합니다.

제8장

에너지 비즈니스의 미래 기회와 준비

변화하는 에너지 패권 경쟁에서 주도권을 놓치지 않고, 새로운 도약의 역사를 어떻게 써야 할지를 에너지 산업과 에너지 비즈니스를 통해 찬찬히 살펴보았습니다.

앞으로의 에너지 비즈니스는 더욱더 빠르게 급성장할 것이고, 에너지 패권은 '전기'로 대표되는 힘으로, 그야말로 Power of Power가 될 것입니다. 이러한 시대적 변화의 흐름이 우리에게 더 큰 시장을 열어주고 있습니다. 지금, 어떻게 준비하고 한발 내딛느냐가 앞으로의 성공, 실패를 판단하는 중요한 한 걸음이 될 것입니다. 앞서 책의 여러 부분에서 짚었던 한국의 에너지 비즈니스는 생각보다 더 넓은 분야에서 촘촘하게 얽히면서 그 존재감을 과시하고 있는 중입니다. 에너지 전환이 가져오는 큰 기회를 반드시 우리의 것으로 만들어야 합니다.

Trump 2.0의 시대가 가져올 폭풍은 얼마나 거세게 불어질지, 다양한 힘의 균형과 도발은 어떤 방식으로 일어날지를 예상해보았습니다. Trump의 재집권으로 다양한 변화와 그로 인한 영향력에 고민이 깊어지지만, Trump 집권 4년 이후도 변하지 않고 계속될 흐름을 읽어야 합니다. 경제상황은 끊임없이 변할 것이고, 에너지 경제를 최우선으로 위시한 세계의 곳곳에서의 지정학적 위협과 어려움은 계속될 것입니다. 변화하는 세계정세, 경제 상황에서 본질은 무엇인지, 핵심을 꿰뚫는 혜안, 변하는 기조(Fundamental)에 대한 발 빠른 센싱(sensing), 누구와 손을 잡아야 하는지에 대한 전략적 고민은 우리의 숙제로 계속 주어지게 될 것입니다.

에너지 전환이 가져온 변화와 위협의 높은 파고를 정면으로 맞서면서, 반드시 에너지 비즈니스의 많은 기회로 엮어가야 할 판단과 행동이 중요한 시점입니다. 주저하며 누군가가 이끌어줄 미래를 기다리기에는 그 변화의 속도와 영향력이 너무나 크게 몰려오고 있습니다.

Trump 2.0 시대에서는 위험완화(De-Risking), 중국 공급망을 분리-차단하려는 탈 동조화(De-Coupling) 현상의 기조가 더욱 뚜렷해지는 양상이 펼쳐질 것으로 예상됩니다.

Trump는 양극 현상을 더 진행시키며, 미국 주도의 경제 패권을 움직이고자 더 노력할 것으로 예상되기에, 디커플링 현상은 더욱 강화될 것입니다. 이는 한국에 기회로 작용할 것이며, 돈을 좀 더 벌고 잃는 경제적 실리보다, 강력한 우군으로서 향후에도 함께할 수 있는 파트너 식별의 전략적 스탠스가 더 중요한 시대가 될 것입니다. 한국의 기업들이 Trump 2.0 시대에 더 심화될 신보호주의 위협을 이겨내고 세계 최대 시장인 미국에서 선전하고자 한다면, 미국 시장의 약점을 보완하는 솔루션을 제시하는 전략을 취해야 합니다. 또한, 세계의 지역적 특성 및 지정학적 정세를 고려한 전략적 방향을 변경할 수 있는 유연성과 시각의 전환이 가장 필요할 것 같습니다.

중국의 기술 자립도가 높아지고, 미국과의 다양한 영역에서의 패권 전쟁을 진행하고 있기에, 이러한 상황에서 중국과의 전략적 관계를 되짚어봐야 할 것입니다. 이제 막 경제적 성장을 열심히 진행하고 있는 동남아시아의 신흥국들과의 경제, 협력, 안보 등의 체계 강화를 통해 보완점을 찾을 수 있을 것이라 생각합니다. 불확실성의 시대에서 한국은 오히려 기회를 엿보아야 하고, Trump의 강력한 중국 견제는 기존 업체들에게 시간을 벌어주는 역할도 하고 있음을 상기해야 합니다. 미국이 "모든 것의 패권전쟁"에서 리더의 자리를 지키고자 할 수록, 글로벌 공급망 교란이 우려되고 지정학적 위협이 수면 위로 계속 떠오르면서 전 세계가 혼란의 시대로 갈 수도 있는 위기감으로 팽배한 지금입니다. 냉정한 상황 판단이 더욱더 중요해지는 이 시점에서 우리는 반드시 위험과 기회는 같이 오고 있음을 알고, 준비해야 합니다.

이제 막 시작된 Trump 2.0 시대에만 매몰되어, 이후의 미래를 예상하지 못하는 우(愚)를 범하면 안 됩니다.

다시 등장한 Trump 리더십의 시대에서도, 모든 이슈를 잠식한 AI의 발전에도 전력산업을 필두로 한 에너지 비즈니스가 매우 중요한 산업 기반이며, 중요한 Game Changer가 됨을 강조하고 싶습니다.

Trump 4년보다 더 길게 갈 에너지 산업, 에너지 비즈니스는 항상 산업의 주인공이었습니다.

인류의 삶과 함께 계속되어온 에너지 비즈니스를 균형 잡힌 시각으로 이해하며, 점차 부각되는 에너지 전환(Energy Transition)의 흐름을 타고 견지해야 할 지식들과 투자의 방향에 주목해야 합니다. 지금도 에너지 비즈니스는 더 큰 가치를 가진 산업으로 성장 중이며, 미래에도 여전히 주인공이 될 준비를 하고 있습니다.

전 세계가 온통 AI에 관심이 쏠려 있지만, AI 전쟁에서 승리하는 가장 기본 무기인 "청정에너지원 기반의 전력 확보"가 점차 화두 중의 화두가 될 것 입니다.

청정에너지 기반의 경제성을 확보한 에너지원으로 전력 생산을 하는 데 있어, RE100과 CFE(Carbon Free Energy)에 대한 허들을 통과한 전력을 생산하기 위한 경쟁이 치열해지게 됩니다. 전기화와 AI 데이터센터가 촉발한 청정 전력 확보를 위한 무한경쟁으로 진입하고 있습니다.

AI반도체, 반도체장비, 양자컴퓨터와 같은 최첨단 기술에 대한 광범위한 수출통제책을 펼치는 것처럼, 에너지 비즈니스와 관련된 최첨단 기술(SMR, 핵융합, AI 기반의 마이크로그리드 기술 등)에도 이러한 전략무기화를 통한 전략자산(Strategic Asset) 지정도 가능하리라 봅니다.

> AI, Digitalization을 활용한 에너지 비즈니스의 혁신은 에너지 비즈니스 내의 굳은자(현재의 업계 리더)들의 생존의 문제로 귀결될 것입니다.

에너지 산업의 기존 업무를 더 효율적으로 잘해낼 수 있는 방안을 넘어 해결하지 못했던 문제의 해결사로 AI, Digitalization은 경쟁자와의 초격차를 유지하는 데 필수적으로 고려해야 하는 분야가 되었습니다. 디지털화를 통해 편리해지는 것에 더불어, AI를 활용한 개인화 서비스 등을 펼치는 다양한 에너지 플랫폼 비즈니스가 점차 많아지고, 생활 속의 중요한 서비스로 자리 잡게 될 것입니다. 에너지 플랫폼과 관련한 무주공산(無主空山)의 산을 누가 점령하는지가 새로운 에너지 전환의 시기에서 큰 성장을 가져올 거라 믿습니다. 최근 디지털 기술의 강자가 전력시장의 리더와의 협업을 통해, 새로운 에너지 비즈니스를 만드는 시도가 매우 고무적입니다. 전력시장의 전문성과 폐쇄성을 이해하면 독보적인 강자가 될 수 있으리라 예상합니다.

> 신재생에너지 관련 분야의 신규 투자와 일자리는 에너지 전환의 테마(Theme)로 인해 긍정적 변화의 변곡점에 있고, 그 흐름은 이미 상승세입니다.

인류와 함께 성장한 산업으로 에너지 비즈니스는 단연 그 중요함과 익숙함에 있어서, 가장 오랜 시간 함께한 비즈니스입니다. 향후에도 여전히 신재생에너지로 전환으로 가는 길에 있어서의 많은 변화와 성장이 필요하기에 신규 투자와 새로운 일자리는 지속적으로 만들어지고 있습니다.

이제는 기술적 한계를 넘어, 기존의 화석에너지보다 경제성을 확보한 신재생에너지의 실질적 효용이 가시화되고 있습니다. 신재생에너지 분야의 연구, 개발뿐만 아니라, 실질적인 개발, 활용을 위한 건설, 서비스 산업까지의 모든 산업이 연계되어 새로운 기회가 계속 창출되고 있습니다.

기존 전통에너지 산업의 강자가 신재생에너지에서도 강자의 자리를 유지하기 위한 치열한 경쟁이 이미 시작되었고, 신재생에너지 관련 신사업에 꾸준히 진출하며 새로운 Cash cow를 만들기 위한 엄청난 규모의 투자가 국가차원의 지원사업과 연계되어 펼쳐지고 있습니다. 에너지 전환이 가져온 기회로 판은 이미 바뀌고 있습니다.

> 에너지 비즈니스 분야는, 미-중 갈등 속 한국이 균형을 유지하며 지속 성장을 할 수 있는 분야입니다.

축적된 제조업 역량, 기술의 구현, 가성비, 빠른 납기 등으로 이미 한국은 전 세계 유일하게 On-Time, On-Budget(정해진 일정과 예산)을 맞추는 플레이어로 그 우수한 산업 역량을 보여왔습니다. 에너지 비즈니스에서 우리가 찾고, 선점할 분야가 무척 많습니다. 앞서 예시로 들었던 기업들의 사업 확장뿐만 아니라 에너지 신사업 분야의 펼쳐질 기회에 긍정적 신호가 계속 들리는 것은 우연이 아닙니다.

에너지 전환의 '순조로운 전환(Smooth Transition)'과 '정의로운 전환(Just Transition)'의 큰 항해의 길목에서 우리는 많은 기회를 포착하고 있습니다. 이미 가지고 있는 역량으로 부족한 부분을 채워가며 긴 여행의 여정에서 안전히, 목표지점을 향해 나아가야 합니다. 그 여정 중에 많은 논의와 타협은 당연히 거쳐야 할 가장 큰 어려움이 되리라 생각합니다. 하지만, 우리의 다음세대에도 지속가능한 성장의 미래를 약속하기 위한 가장 최선의 선택이자, 반드시 가야 할 길이기에 다시 한번 강조하고자 합니다. 더 늦어지기 전에, 한국의 에너지 전환을 이끄는 정부, 기관, 공기업, 민간기업, 싱크탱크, 시민단체 등의 많은 이해관계자들, 그리고 우리 스스로의 개인 각자가 에너지 전환이 가져온 에너지 비즈니스의 변혁의 흐름을 감지해야 합니다. 에너지 전환에 대해 더 나은 미래를 준비하는 가장 중요한 주제로 같이 고민하기를 바랍니다.

우리가 생각하는 것보다 훨씬 빠르게 에너지 전환은 진행되고 있습니다. 현재, 한국에 살고 있는 우리가 느끼는 불편함이 크지 않고, 에너지 산업, 에너지 비즈니스의 거대한 세계와 나는 관계가 없다고 생각하기 때문일까요? 에너지 전환의 속도와 변화의 모습들을 실질적으로 잘 느끼지 못하고 있는 것이 사실입니다. 어느 순간 쓰나미처럼 변화가 몰려들기 시작하면, 미지의 상상이 이미 눈앞에 실현된 현실로 보이게 되면 과거의 그때가 기회의 시기였다고 생각하게 됩니다. 지금이 딱 그러한 시대라고 직감하며, 에너지 전환이 가져오는 새로운 기회를 알리고 싶었습니다.

에너지 전환에 투자하는 기술 비용이 점차 낮아지고, 정부 주도에서 시장 주도로 투자 전환을 이끌고자 많은 노력이 진행되고 있습니다. 에너지 전환을 위한 녹색금융과 전환금융을 포함한 포괄적 개념인 기후금융 및 세금 감면, 보조금 지원, 금리 우대 혜택 등의 재정적 인센티브(Incentive)를 제공하며, 에너지 전환을 이끌어 새로운 시대로의 변화를 순조롭게 준비하고자 하는 노력을 펼치고 있습니다. 이러한 정책과 세계적 흐름에 따른 사업의 기회 또한 포착할 수 옵션이 될 수 있습니다.

Trump 2.0 시대의 글로벌 기후 행동 후퇴가 예상되고, 세계적으로 느슨해지는 기후 행동과 압력 때문에 각국의 이해관계자로부터 한국 정부와 기업이 받는 압력도 약해질 것으로 생각한다면 정말 큰 오산입니다. 미국, EU 등의 자국 우선주의 정책으로 회귀하는 그들에게는 자국의 이익을 위해, 환경 보호를 보호무역수단으로 사용할 가능성은 항상 열려 있고, 자신들의 경제적 위기 때문에 오히려 기후변화 경쟁력 우위를 무기로 활용하려는 유인이 강해질 것입니다. 지금이 시간을 벌며 Next Step을 준비할 수 있는 절호의 기회가 될 수 있습니다. 단순히 'Trump 2.0 시대' 그 4년의 변화 소용돌이에 매몰되어서는 안 됩니다. 그 이후에도 변치 않고 지속될 주제에 집중해야 합니다.

하나의 주제가 부상하면, 나머지는 흐릿하게 보이는 문제들도 해결해야 할 것 같습니다. 전 세계가 AI에 온통 관심이 다 쏠려 있지만, 정작 중요한 것은 우리의 삶과 직결된 에너지 문제임을 강조하여 말씀드리고 싶습니다. 기후변화 대응과 안정적 전력 공급이 조화를 이루는 에너지 전환의 시대에서 다시 한번 크게 도약할 한국의 성장 기회가 있음을 말씀드리고자 합니다.

더욱더 강한 흐름으로 다가올 '에너지 전환'의 거대하고 거스를 수 없는 물결에서, 반드시 지속가능한 성장의 모멘텀과 기회를 잡기 바랍니다.

빈약한 자원으로 한강의 기적을 쓰고, 세계 경제를 이끄는 리더로 성장해온 한국이 최고의 에너지 비즈니스 강국으로 올라서기를 기대해 봅니다.

마치며

국내외의 많은 혼란과 어려움이 엄습하는 지금, 글로벌 경제에서 한국은 그야말로 기술과 문화의 선도적인 국가로 발돋움해 왔습니다. 한국은 반도체, 배터리, 전기차, 철강, 조선, 방산, 우주항공 등의 다양한 분야에서 앞선 기술과 각광받는 문화산업 등의 K 열풍으로 지금이 역사 중에 가장 부유하고, 호황의 시대에 있다는 얘기가 많이 나옵니다. 이 와중에, 한국의 'K-에너지', 에너지 산업, 에너지 비즈니스는 어떠한지에 대한 궁금증이 생기며, 우리의 현재 위치를 가늠하고 싶었습니다. 또한, 전 세계 에너지 비즈니스의 과거와 현재, 미래를 살펴보며 인사이트를 얻고, 향후 성장 기회를 확인해 보고 싶은 열망이 책으로 이어지게 되었습니다.

저자는 이미 전작인 책 "기후기술의 시대"에서 기후변화를 늦추고, 미래의 성장을 이끌 화두인 '에너지 전환(Energy Transition)'에 주목하였습니다. 전 세계가 주목하는 '에너지 전환'이 가져올 파급력과 미래 에너지 비즈니스를 준비하는 치열한 경쟁이 새로운 에너지 패권의 강자로 귀결되며 세계의 경제를 좌우하는 큰 힘이 될 것임을 직감하였습니다. 이로 인해, 에너지 산업과 에너지 비즈니스를 입체적으로 다루고, '**기술과 경영의 접점에서 인사이트를 드리자**'라는 저자의 목표를 달성하기 위한 치열한 작업이 시작되었습니다. 그간 업무 전문가로서 산업을 마주했던 시각에서 벗어나, 정치 · 경제 · 외교 · 기술 · 역사를 기반으로 세상의 큰 흐름과 변화, 다가오는 기회에 주목했습니다.

에너지 비즈니스에 푹 빠져 집필을 하는 동안에 평소 생각을 뛰어넘는 놀라운 사실을 참 많이 발견하였습니다. 에너지 빈국인 한국에서 국민들의 에너지에 대한 관심이 참으로 낮은 데 놀라고, 치열한 에너지 비즈니스에서 선전하고 있는 한국 기업들의 경쟁력과 보유하고 있는 높은 기술 수준과 비즈니스 영향력에 놀랐습니다. 전 세계 국가들의 가장 시급한 아젠다인 '에너지 안보(Energy Security)'에 있어서도, 한국 정부의 다방면의 노력이 있었고, 생각했던 것보다 더 많고 복잡한 현안들에 놀라게 되었습니다.

전 세계 그 어느 나라보다 소비자 사용 전기요금이 저렴한 편이었지만, 이제 그러한 상황이 지속될 수 없는 변화가 다가오고 있는 현실, 전기요금의 현행화에 대한 논의의 본격화를 모두가 두려워하는 현실, 에너지 패권주의의 심화로 전 세계 에너지 공급망이 불안해지며 에너지원 가격 불안이 뉴노멀(New Normal)이 될 미래를 체계적으로 준비하지 못하고 있는 현실에 많은 안타까움이 교차한 시간이었습니다.

하지만, 이러한 어려움과 위기의 순간 속에서도 우리가 가진 역량과 기회로 '에너지 비즈니스'의 리더로 성장할 수 있는 기회를 확인할 수 있었고, 에너지 패권을 이끌기 위한 전 세계 이해다툼 속에서 중요한 Key-man으로서 우리의 역할과 성장의 기회를 얻을 수 있는 분야를 확인하였습니다.

균형감 있는 시각과 명철한 혜안으로 전 세계 에너지 비즈니스 현황을 바라보고자 노력했던 그간의 시간이 빠르게 스쳐 지나갑니다. 인류의 가장 오래된 비즈니스인 '에너지 비즈니스'에서의 도전과 미래를 살피며, 우리가 갖는 기회에 대한 인사이트를 전달하고자 치열한 고민들로 가득 찼었던 시간을 반추하고 있습니다.

전 세계 모든 이슈를 이끌고 있는 AI, 국내외 정치 리더십의 큰 변화의 소용돌이 속에, 모두에게 필요하지만 목소리 높여 논의 테이블로 나오지 못한 '에너지 비즈니스'에 대한 그 담대한 이야기를 전하는 것에는 많은 용기가 필요했습니다. 이러한 집필의 어려움과 고민을 항상 큰 응원과 지원으로 함께해준 Ravi, 가윤에게 가장 큰 감사와 사랑을 보냅니다.

'에너지 비즈니스'를 세상에 선보일 수 있는 기회를 주신 '박영사' 출판사에도 진심으로 감사의 말씀 전합니다.

향후에도, 글로벌 이슈와 문제를 비즈니스와 연결하여 해결하며, 지속적인 성장을 이끄는 데 보탬이 되는 글로 다시 찾아뵙고자 합니다.

감사와 사랑을 전하며,

문 승 희

참고문헌

『국가 기후테크 육성 종합전략』, 서울대학교 기후테크센터, 2024.10

『글로벌 경제환경 및 리스크 점검 - 세계경제포럼(WEF) 2025 내용 중심』, 삼일PWC경영연구원, February 2025

『글로벌 에너지 동향 - 2025년 주목해야 할 ESG 관련 동향』, KEMRI 한전 경영연구원, 2025.01.24

『녹색분류체계(그린 택소노미) 국제 비교 연구』, 국회예산정책처, 2024.12

『더밀크 CES2025 필드가이드 V1.0』, 더밀크, 2024.12.20

『무탄소(CF) 연합, 미국 주요 기업들과 무탄소에너지(CFE) 논의 본격 시동』, 산업통상자원부, 2023.11.17

『미국 탄소포집 · 활용 · 저장(CCUS) 산업 동향 및 전망』, KOTRA, 2024.11

『세계 에너지시장 인사이트 제17-9호 - 캐나다 전원구조와 전력 공급 잠재력』, KEEI, 2017.3.20

『신재생에너지 The Next Energy』, 현대차증권, 2020.09

『에너지안보 강화와 탄소중립을 위한 한국의 대응방안』, KIEP 대외경제정책연구원, 2023.12.29

『일본 '제7차 에너지기본계획' 논의 동향과 전망』, KOTRA, 2024.11.27

『전력망 혁신기술 관련 동향』, KEMRI 한전 경영연구원, 2024.11.01

『전력반도체 최신 기술 이슈 및 향후 전망』, 한국산업기술평가관리원, 2021.11

『제11차 전력수급기본계획 주요내용』, 산업통산자원부, 2025.02.21

『제29차 유엔기후변화협약 당사국총회 폐막- 공동보도자료』, 환경부, 2024.11.25

『탄소중립을 위한 에너지기술 청사진 공개 - 보도자료』, 산업통상자원부, 2024.11.22
『Trump 행정부 2기의 정책과 국내 통상-산업 영향』, 법무법인 율촌, 2024.11.06
『한국 석유화학산업의 넷제로 로드맵』, Next Group, 2024.11
『한국전력공사 경영설명자료 2024년 3분기』, KEPCO, 2024.11.18
문승희, 『기후기술의 시대』, 위즈덤하우스, 2024.11.29
문진영, 나승권, 이성희, 김은미, 『에너지안보 강화와 탄소중립을 위한 한국의 대응방안』, KIEP 대외경제정책연구원, 2023.12.29
손서원, 『2025년 ESG 전망』, 삼성증권, 2024.12.17
임길환, 『탄소중립 에너지 전환 정책 평가』, 국회예산정책처, 2024.11.13
『2024 미 대선 이후 재생에너지 정책 전망과 시사점』, KIEP 대외경제정책연구원, 2024.10.25
『2024 미국 대선 : 미국 통상정책의 경제적 영향 분석』, KIEP 대외경제정책연구원, 2024.10.31
『2024년 미국 대선 결과에 따른 경제-통상정책 방향 전망과 시사점』, KOTRA, 2024.11
『2025 Investment Outlook』, Amundi, November 2024
『2025년 비즈니스를 흔들 '트리플 레볼루션'이 온다』, 더밀크, 2024.10.18
『Advanced Research Directions on AI for Energy』, US DOE, April 2024
『AI for Energy : Opportunities for a Modern Grid and Clean Energy Economy』, US DOE, April 2024
『Breakthrough Agenda Report 2024』, IEA, September 2024
『Business Focus - 도널드 Trump 대통령 당선과 국내 산업 영향』, 삼정KPMG 경제연구원, November 2024
『CES 2025 Preview: Dive In』, Deloitte Insights, 2024.12.23
『China's Climate Transition : Outlook 2024』, CREA, ISETS, November 2024
『Clean Energy Market Monitor』, IEA, November 2024

『COP29 Review 바쿠(Baku) 합의』, 삼정KPMG, November 2024
『Designing an Energy Statistics Roadmap』, IEA(International Energy Agency) , 2024.09.16
『EAF 프리미엄 리포트 - 2023 경제안보와 기술(Economic Security and Technology)』, 동아시아재단, 2023.04
『Electricity 2025 - Analysis and forecast to 2027』, IEA, February 2025
『Energy Efficiency 2024』, IEA, November 2024
『Energy Technology Perspectives 2024』, IEA, October 2024
『Energy Transition Investment Trends 2025』, BloombergNEF, January 2025
『ENERGY, ECONOMIC, AND ENVIRONMENTAL ASSESSMENT OF U.S. LNG EXPORTS』, U.S. Department of Energy, December 2024
『Enhancing Global Ambition for 2035 : Assessment of High-Ambition Country Pathways』, Center for Global Sustainability, November 2024
『Executive Report - Market Assessment of Clean Hydrogen Innovation in Developing Countries』, UNIDO, 2024
『Global Market Report - UAE 신재생에너지 트렌드 및 진출전략』, KOTRA, 2024.09
『Green industrial policies for the net-zero transition』, OECD, October 2024
『Guideline for Corporate Renewable Energy Procurement in Korea』, Corporate Renewable Energy Initiative (CoREi), December 2022
『High-Emitting Sectors: Challenges and Opportunities for Low-Carbon Suppliers』, WEF, September 2024
『How Is Primary Energy Defined and Used?』, Congressional Research Service, November 19, 2024
『Hydrogen Frontiers - The Future European Landscape』, Hydrogen Europe Research, November 2024
『i-KIET 산업경제이슈』, 산업연구원, 2024.01.15
『Innovation Landscape for Smart Electirification』, IRENA(International

Renewable Energy Agency), 2023
『Innovation Landscape for Smart Electrification - Decarbonising End-Use Sectors with Renewable Power』, IRENA, 2023
『KEMRI 전력경제 Review』, 한전경영연구원, 2023년 12월호
『KEMRI 전력경제 Review』, 한전경영연구원, 2024년 1월호
『KEMRI 전력경제 Review』, 한전경영연구원, 2024년 4월호
『Net Zero by 2050 - A Roadmap for the Global Energy Sector』, IEA, October 2021 (4th revision)
『Overcoming Turbulence in the Offshore Wind Sector』, Energy Transition Commission, May 2024
『Physical Climate Risk Assessment and Management』, UNEP, October 2024
『Potential Benefits and Risks of Artificial Intelligence for Critical Energy Infrastructure』, US DOE, April 2024
『RE100 Reporting Guidance 2024』, RE100-Climate Group-CDP, 2024.08.27
『Renewables 2021 - Global Status Report』, REN21, 2021
『State of Climate Tech 2023 - PwC 기후기술 보고서 2023』, PWC, 2023
『The future of the automotive value chain』, OECD, 2024
『The Global Risks Report 2024, 19th Edition』, WEF, 2024
『Transportation and Mobility Energy Demand Outlook』, International Energy Forum, November 2024
『WEC의 2024년 트릴레마 지수 분석』, 세계 에너지시장 인사이트 제24-17호, 2024.08.26
『World Energy Employment 2024』, IEA, November 2024
『World Energy Outlook 2024』, IEA, October 2024
『X-Change: The Race to the Top Cleantech competition between China, Europe, and the United States』, RMI, March 2024

저자 소개

문 승 희

저자는 비즈니스의 변화를 이끄는 최선(最先)에서 신사업을 추진하는 전문가로서 인사이트를 전달합니다.
기후변화를 늦추고, 미래 성장을 이끄는 '에너지 전환(Energy Transition)'이 가져올 파급력과 전 세계의 치열한 경쟁에 주목하였습니다.
'지속가능한 성장(Sustainable Growth)'이라는 확고한 신념 아래, 기술과 경영이 만나는 접점에서의 혁신에 집중하고 있습니다.

▌주요 이력

- 現 SK㈜ AX – SK그룹 및 대내외 AI / DX 신사업 추진
- CENTERO Platform (대한상의 Voluntary Carbon Market 인증/거래 플랫폼) 기획 및 PO
- UNFCCC COP28 (제28차 유엔기후변화협약 당사국총회) 산업계 대표단

KAIST 정보경영(Master of Information Management) 석사 졸업

동아시아재단(EAF) Premium Report 전문 필진 ('25)

JEJU Forum Panelist ('24)
(Carbon Market and Corporate Strategies for Achieving Net Zero Economy)

KAIST 녹색성장대학원 '녹색금융프로젝트' 멘토 ('22, 23)

▌저 서

『에너지 비즈니스』 ('25. 06)
『기후기술의 시대』 ('23. 11)

에너지 비즈니스

초판발행 2025년 6월 16일

지은이 문승희
펴낸이 안종만·안상준

편 집 김다혜
기획/마케팅 김민규
표지디자인 이영경
제 작 고철민·김원표

펴낸곳 (주) 박영사
서울특별시 금천구 가산디지털2로 53, 210호(가산동, 한라시그마밸리)
등록 1959. 3. 11. 제300-1959-1호(倫)
전 화 02)733-6771
f a x 02)736-4818
e-mail pys@pybook.co.kr
homepage www.pybook.co.kr
ISBN 979-11-303-2305-3 03320

정 가 22,000원